卓有成效的预算管理

打造高回报企业

于培友 —— 著

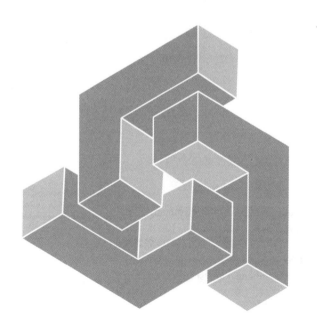

清华大学出版社
北京

本书封面贴有清华大学出版社防伪标签，无标签者不得销售。
版权所有，侵权必究。举报：010-62782989，beiqinquan@tup.tsinghua.edu.cn。

图书在版编目（CIP）数据

卓有成效的预算管理：打造高回报企业 / 于培友著. —北京：清华大学出版社，2024.5
ISBN 978-7-302-66298-3

Ⅰ.①卓… Ⅱ.①于… Ⅲ.①企业管理－预算管理 Ⅳ.①F275

中国国家版本馆 CIP 数据核字（2024）第 095617 号

责任编辑：顾　强
封面设计：徐　超
版式设计：张　姿
责任校对：王荣静
责任印制：丛怀宇

出版发行：清华大学出版社
网　　址：https://www.tup.com.cn，https://www.wqxuetang.com
地　　址：北京清华大学学研大厦 A 座　邮　编：100084
社 总 机：010-83470000　邮　购：010-62786544
投稿与读者服务：010-62776969，c-service@tup.tsinghua.edu.cn
质 量 反 馈：010-62772015，zhiliang@tup.tsinghua.edu.cn

印 装 者：三河市君旺印务有限公司
经　　销：全国新华书店
开　　本：170mm×240mm　印　张：22.25　字　数：357 千字
版　　次：2024 年 6 月第 1 版　印　次：2024 年 6 月第 1 次印刷
定　　价：98.00 元

产品编号：104112-01

序 言
PREFACE

在当今快速变化的商业环境中,企业面临着前所未有的挑战与机遇。为了保持竞争力,实现可持续发展,企业必须不断探索和实践更为高效和精准的管理模式。在众多管理工具中,全面预算管理因其在资源配置、成本控制、战略实施等方面的独特优势而备受推崇,预算管理已经成为企业运营中不可或缺的一部分。

然而,尽管预算管理的重要性不言而喻,市面上关于这一主题的书却往往过于偏重于技术层面的讲解,如预算编制的具体方法和工具等,而对于管理者而言,这些内容往往难以消化,更遑论运用于实际工作中。笔者有大型企业集团多年的财务管理工作经验,又为许多企业提供预算管理培训和咨询服务,基于丰富的实践经验,笔者努力创作一本既能让管理者轻松理解,又能实际指导预算管理工作的书。

本书旨在为企业管理者提供一个全面、深入、实用的预算管理指南,帮助他们在复杂多变的商业世界中驾驭企业,将企业打造成高回报的组织。它不仅涵盖了预算管理的基础知识,更深入探讨了如何将预算管理与企业战略紧密结合、如何通过预算管理提升企业的股东权益回报率(Return on Equity,简称ROE)。书中详细阐述了ROE的内在逻辑,以及如何通过预算管理的各个环节有效提升ROE,实现企业价值的最大化。

本书的一个显著特色是注重易读性和实践性。理论与实践之间的鸿沟往往导致许多优秀的管理理念难以落地生根。因此,本书在深入剖析理论的基础上,更加注重将理论与实践相结合,提供了大量实际案例分析,确保读者能够轻松理解并能够将所学知识应用于实际工作中。我们通过生动的案例、清晰的图表和详尽的叙述,使读者能够直观地感受到预算管理的力量,并且能够迅速掌握全面预算管理体系的要点。

本书的另外一个显著特色是对ROE的透彻讲解。ROE是衡量企业财务健康和股东回报的关键指标。因此，全书围绕如何通过预算管理有效提升ROE展开，指导企业如何通过精细化的预算编制、执行、控制和分析来优化资源配置，提高经营效率，最终实现ROE的提升，提高股东回报。本书首先详细阐述了ROE的计算逻辑，接着探讨了如何将ROE分解为销售净利率、总资产周转率和权益乘数三个关键组成部分，深入探讨如何通过预算管理实现ROE的提升，包括销售净利率的提升、资产周转率的提高以及财务杠杆的合理运用。本书提供了一系列的策略和方法，帮助企业在保证财务安全的前提下，通过预算控制和决策支持，实现股东回报最大化。

本书内容共分为八章，涵盖了全面预算管理的各个方面。从全面预算管理的基本概念、特性、功能，到全面预算的编制、执行（主要包括控制、分析、调整），再到预算考评与战略落地，旨在为读者呈现一个完整的全面预算管理知识体系。

第一章　重新认识全面预算管理。本章强调了全面预算管理的重要性，介绍了全面预算管理的四大特性——全面性、前瞻性、数量化和战略导向，介绍了全面预算管理的主要功能。

第二章　全面预算管理是一个"三全"体系。本章讨论了全面预算管理的三个维度：预算内容、预算组织和预算过程。每个维度都有三个要素，形成了一个完整的管理体系。

第三章　预算目标：以为股东实现高回报为核心。本章着重于分析如何确定预算目标，包括战略目标与预算目标的关系，以及如何构建预算目标体系，详细讲解了企业为股东获取回报的三个模式。

第四章　盈利能力预算：如何实现高利润率。本章探讨了销售净利率作为企业盈利能力的衡量，并通过差异化优势提高售价、成本费用率控制等手段提高利润率。

第五章　营运能力预算：如何加速资产周转。本章分析了资产周转率的重要性，包括轻资产与重资产的优劣，以及如何通过应收账款和存货管理等提高企业的营运效率。

第六章　财务杠杆预算：安全借钱。本章讨论了财务杠杆的概念，包括借款生钱的原理、股权和债务两大资金来源的差异，以及如何合理利用财务杠杆规避财务风险，用好无息负债及做好现金流规划。

第七章　预算执行：控制、分析与调整。本章强调了预算执行的重要性，包括预算控制、分析和调整的必要性，并讨论了如何有效地对预算进行控制、通过分析持续改进、如何合理调整预算。

第八章　预算考评：战略落地有保证。本章讨论了预算考评的必要性，强调其在激励和提升组织绩效中的作用。描述预算考评中常见问题，并提出改进措施。介绍了预算考评指标该如何设置，考评方法的使用及对赌契约和薪酬体系的创新，最后还简单介绍了超越预算。

这本书的面世，要感谢的人太多。感谢我的恩师陈琦伟教授，2003 年我到上海交通大学安泰经济与管理学院攻读博士，有幸拜在陈老师门下，在陈老师指导下，我得以受到了良好的学术训练，奠定了自己的研究基础，得知我这本书面世，陈老师也欣然推荐。感谢上海财经大学常务副校长徐飞教授，徐老师在我读博期间担任学院领导，主持各种报告会时的各种精彩点评如今我都记忆犹新。这些年我从教后，徐老师时常分享自己的教育著作、报告让我受益良多，深深感受到师者的教育情怀和风范，他也是本书的推荐人。

感谢我曾经工作过的海信集团、青岛钢铁集团的领导、同事，我在这两个地方完成了自己对企业经营管理、财务管理的认知和锻炼，领导、同事们给予我很多指导和帮助。感谢山东高端会计人才培养项目、青岛会计领军人才培养工程的诸位同学，感谢各位企业界的朋友，他们邀请我担任董事、专家等，这些工作使我保持着与业界的密切接触，也给我提供了服务社会的机会。感谢为本书提供推荐的青岛啤酒股份有限公司财务管理总部部长孙卓晗、上海松江国有资产投资经营管理集团有限公司财务总监沈怀龙、北京财智东方信息技术有限公司 CEO 武学东。感谢清华大学出版社经管与人文社科分社长刘志彬、责任编辑顾强，在他们的精心安排和专业指导下本书才得以早日发行。最后还要对我的家人说声谢谢。

目 录
CONTENTS

第一章　重新认识全面预算管理 …………………………………… 1

第一节　预算是什么? ……………………………………………… 2
　　一、人人都做过预算 ………………………………………………… 2
　　二、预算管理的"痛"与"痒" …………………………………… 5
　　三、预算管理的四大误区 …………………………………………… 7
　　四、预测、计划与预算 ……………………………………………… 15
　　五、预算是货币化的经营计划 ……………………………………… 17

第二节　四大特性定义全面预算管理 …………………………… 19
　　一、全面性：预算管理没有死角 …………………………………… 19
　　二、前瞻性：今天为明天做准备 …………………………………… 24
　　三、数量化：不能衡量如何管理? ………………………………… 27
　　四、战略导向：预算与战略相辅相成 ……………………………… 27

第三节　全面预算管理：功在何处? …………………………… 30
　　一、确定目标：理想还是要有的 …………………………………… 30
　　二、配置资源：企业比拼的就是效率 ……………………………… 33
　　三、促进协调：业财融合，共创价值 ……………………………… 35
　　四、强化控制：有轨才可控 ………………………………………… 37

第二章　全面预算管理是一个"三全"体系 ……………………… 41

第一节　预算管理要成体系：三个维度九个要素 ……………… 42

一、"三预"体系 ·· 42
二、三维度九要素体系 ·· 44

第二节　预算管理需要组织保障 ·· 52
一、预算管理组织的常见问题 ·· 52
二、各级预算组织的职责 ·· 53
三、领导重视预算才能落地 ·· 57
四、"全员参与"必不可少 ·· 58

第三节　建立网络化的自主经营组织 ·· 61
一、从金字塔型组织到网络化组织 ·· 61
二、企业组织的动态化调整 ·· 64
三、建立自主经营机制 ·· 66

第四节　预算编制：从战略、计划到数字 ·· 68
一、预算编制的常见问题 ·· 68
二、预算编制流程 ·· 70
三、预算编制方法 ·· 74
四、纲举目张：预算编制大纲 ·· 79
五、预算表格：数据说话 ·· 81
六、经营计划：预算依据 ·· 83
七、预算分解：千斤重担大家挑 ·· 84

第三章　预算目标：以为股东实现高回报为核心 ·································· 85

第一节　战略目标：预算管理航程中的灯塔 ······································ 86
一、以终为始，目标引领 ·· 86
二、生命周期阶段不同，预算重点不同 ·· 89
三、商业模式不同，预算目标不同 ·· 92
四、构建预算目标体系 ·· 94

第二节　目标该定多高 ………………………………………… 96

一、够苹果还是够星星 …………………………………………… 96

二、定目标有标准 ………………………………………………… 98

三、目标要协调，模型少不了 …………………………………… 100

四、如何解决预算松弛？ ………………………………………… 102

第三节　核心财务目标：股东权益报酬率最大化 ………… 106

一、ROE 是衡量股东回报的核心指标 …………………………… 106

二、如何拆解 ROE：盈利、营运、财务杠杆 …………………… 108

三、用 ROE 指导预算编制 ………………………………………… 112

第四节　企业为股东获取回报的三个模式 …………………… 117

一、美的集团和万科，谁给股东获取的回报多？ ……………… 117

二、股东获取回报的三个模式 …………………………………… 120

三、模式一：靠品牌优势多挣钱 ………………………………… 125

四、模式二：靠快速转钱生钱 …………………………………… 128

五、模式三：靠借钱用财务杠杆获取回报 ……………………… 129

第四章　盈利能力预算：如何实现高利润率 ………… 133

第一节　销售净利率衡量企业盈利能力 ……………………… 134

一、为什么要重视利润？ ………………………………………… 134

二、销售净利率衡量企业的综合盈利能力 ……………………… 137

三、区分固定、变动成本费用的销售净利率 …………………… 139

第二节　通过差异化优势提高售价 …………………………… 144

一、定价就是定位 ………………………………………………… 144

二、从经营产品到经营用户 ……………………………………… 145

三、销售价格及销量预算 ………………………………………… 148

第三节　变动成本费用率的控制 ……………………………… 154

一、如何控制采购成本? ······ 154

二、人工成本如何控制? ······ 157

三、变动费用率的控制 ······ 162

四、通过标杆管理降成本 ······ 164

第四节　扩大销售规模，降固定成本费用率 ······ 168

一、固定成本费用的固定性与变动性 ······ 168

二、如何利用好固定成本的经营杠杆效应? ······ 169

第五节　销售净利率预算 ······ 174

一、确定反映产品盈利能力的毛利率目标 ······ 174

二、确定费用率目标 ······ 178

第五章　营运能力预算：如何加速资产周转 ······ 183

第一节　轻资产与重资产孰优孰劣 ······ 184

一、万达商管是如何甩"资产包袱"的 ······ 184

二、资产"轻重"由何决定 ······ 188

三、资产结构的衡量 ······ 190

四、资产结构影响什么 ······ 192

第二节　资产周转率衡量企业营运能力 ······ 194

一、资产的价值在于被利用 ······ 194

二、用资产周转指标衡量企业营运能力 ······ 196

第三节　应收账款：别把赊销当"武器" ······ 201

一、赊销的利弊 ······ 201

二、如何分析应收账款? ······ 202

三、根据赊销情况制定应收账款预算 ······ 209

第四节　存货：供应链管理定高低 ······ 212

一、存货占用由什么决定? ······ 212

二、存货该如何分析？ ………………………………………… 216

　　三、存货预算 …………………………………………………… 220

第五节　固定资产：长期预算需谨慎 ………………………… 223

　　一、固定资产规模由什么决定？ ……………………………… 223

　　二、企业固定资产效率分析 …………………………………… 226

　　三、固定资产预算 ……………………………………………… 228

第六章　财务杠杆预算：安全借钱 …………………… 231

第一节　用财务杠杆撬动更多资金 …………………………… 232

　　一、借款生钱 …………………………………………………… 232

　　二、两大资金来源：股权和债务 ……………………………… 233

　　三、哪些因素影响财务杠杆高低？ …………………………… 242

第二节　财务杠杆是把"双刃剑" …………………………… 246

　　一、高负债下的财务困境 ……………………………………… 246

　　二、D 公司的财务困境是如何形成的？ ……………………… 250

　　三、资产负债率预算如何编制 ………………………………… 261

第三节　如何用好无息负债 …………………………………… 263

　　一、应付账款 …………………………………………………… 263

　　二、应付账款预算编制 ………………………………………… 267

　　三、预收款项 …………………………………………………… 268

第四节　现金流预算 …………………………………………… 271

　　一、生命周期阶段不同，现金流不同 ………………………… 271

　　二、经营活动现金流量预算 …………………………………… 273

　　三、投资活动现金流预算 ……………………………………… 277

　　四、筹资活动现金流预算 ……………………………………… 279

第七章 预算执行：控制、分析与调整 ………………… 281

第一节 三分战略七分执行 ………………………………… 282
一、预算执行的常见问题 ………………………………… 282
二、预算执行的三项内容 ………………………………… 285

第二节 预算控制：航行中的舵盘 ………………………… 286
一、预算控制：预算管理航行中的舵盘 ………………… 286
二、预算控制如何实现预算目标？ ……………………… 287
三、预算控制：三个阶段八个规则 ……………………… 288

第三节 预算分析并持续改进 ……………………………… 295
一、有预算报告才能心中有数 …………………………… 295
二、三维度预算报告体系 ………………………………… 297
三、预算分析：改进的起点 ……………………………… 302
四、闭环管理，持续改进 ………………………………… 308

第四节 预算调整：该调就调 ……………………………… 311
一、预算目标调还是不调？ ……………………………… 311
二、调整程序内外有别 …………………………………… 312

第八章 预算考评：战略落地有保证 ………………… 315

第一节 无考评不预算 ……………………………………… 316
一、预算考评的常见问题 ………………………………… 316
二、预算考评的作用与内容 ……………………………… 317

第二节 考评指标：不平衡就偏颇 ………………………… 321
一、对猎狗的激励与预算考评 …………………………… 321
二、预算考评指标设置原则 ……………………………… 322

第三节 考评方法：非白即黑不可取 ·················· **324**
    一、拼老命还是留一手？······························· 324
    二、自主高效才是好制度······························· 325
    三、从目标博弈到对赌契约····························· 327

第四节 薪酬挂钩：人人为己，客观为企 ·················· **330**
    一、人单酬账户体系·································· 330
    二、从企业发薪到向市场要薪··························· 331

第五节 从全面预算到超越预算 ·························· **335**
    一、传统预算的弊端·································· 335
    二、超越预算的由来·································· 337
    三、超越预算的原则·································· 338
    四、超越预算的过程·································· 339

第一章

重新认识全面预算管理

预算管理在企业中是一个被高频提及的管理术语。莎士比亚说"一千个观众眼中有一千个哈姆雷特",同理,不同人对于全面预算管理的认知也不同。到底什么是全面预算管理?它有哪些显著的特性?它对于企业经营管理有何作用?为了正确实施全面预算管理以发挥其价值,我们有必要重新认识全面预算管理。

第一节　预算是什么？

预算是什么？预算就是一些提前确定的数字和表格吗？生活中我们很少做预算，但企业管理中似乎又绕不开预算管理。企业管理实践中往往存在对预算管理的一些片面认识，而这些认识误区又导致企业实施的预算管理变成了"四不像"。

一、人人都做过预算

某天半夜，某小区的几十栋高层仍是灯火通明，家家亮着灯。

那是一种寂静的明亮，没有电视和音响的嘈杂，没有夫妻的争吵，只有鼠标嗒嗒嗒的响声，还有不时传出的叮咚、叮咚……

小区传达室的王大爷默默注视着这一切，思索良久，又点上一根烟，最终坚定地关掉了小区总电闸。

那一晚他为小区业主挽回了巨额的财产损失。

这一天，11月11日……

这是有关"双十一"的一个段子，"双十一"本来是网络上兴起的一个"光棍节"，现在俨然已经变成网上购物节。由于淘宝、天猫等电商平台在每年11月11日（现在甚至提前到了11月1日开始）降价销售，有力地刺激购买欲望，许多人不知不觉就买了很多商品，购完物后发现，自己居然花了这么多钱。为什么会如此？一个重要原因是在购物之前对于自己购买哪些商品、花多少钱买都没有预算，买后才后悔自己不够理性。

生活中，可能大多数人对日常收支是不做预算的，而涉及大额支出时，往往会提前估算并提前安排，比如对婚礼的支出、房屋装修的支出，一般都会做预算。

1. 婚礼预算清单

一场婚礼得以顺利进行,其中的计划与预算是不可缺少的。对于很多准新人来说,这可是一件难事,因为没有经验。首先需要提前估算一下,会来多少人,能收多少礼金。这是最主要的收入预算。而婚礼的支出项目很多,要预测婚宴需要安排多少席酒桌,婚礼的其他各项活动需要花费多少,最后看看收支相抵如何。可以通过婚礼支出预算清单将这些事项列出并进行测算,如表1-1所示。

表1-1 婚礼支出预算清单

具体项目	花费预计
会场	包括仪式大堂、会场草坪的使用等费用
婚宴	婚宴单价由于酒店和选择的菜品等不同而差异较大,一般每桌约10人,据总人数计算出桌数,计算出婚宴总价
仪式举办	邀请婚庆公司全权代理的费用通常涵盖了策划费、布置费、制作费、相关婚庆人员费用,另外还包括司仪、摄像师、化妆师等费用
婚车租借	视租赁的车辆品牌、数量等确定
新郎、新娘个人物品	如婚戒购买、婚礼服购买或者租借等支出
喜糖回礼	购买喜糖和给参加人员的回礼支出
其他支出	以上项目之外的其他支出

2. 几个预算管理的企业实例

人们在生活中很少进行预算管理,对企业而言,预算管理是一项常见的管理方法,各个企业的管理具有很强的个性,预算管理也是如此。我们来看几个企业实施预算管理的例子。

(1)预算都在老板脑子里

某私营餐饮企业,已成立三年多,老板一心扑在企业里,事必躬亲,连自己的休息时间都没有,不断研究菜品。在他的领导下,公司业务不断扩张,店面不断增加,生意兴隆,但老板也越来越累。在谈及预算管理时,他说我们变化这么快,哪能算准,人算不如天算,不如不算,算了也白算。所以他的企业根本不做预算。

不管是否有预算,老板脑子里有一本账,每个店大概多少收入、支出,老板心里都有数。没有预算，随着店面数量增加，如何为分店设立目标和考核标准？监控分店日常经营好坏的标准是什么？对于一些一心要扩张的老板，往往会发现开店越多并没有赚钱越多，每开一个新店，如果不提前做好资金预算，东挪西凑，在经营形势不好时，很容易出现资金链断裂的情形。

（2）预算是财务人员的事

有家公司的老板很重视预算，并且认为预算都是涉及钱的事，是财务的事，每年年底，老板要求财务人员编出下一年度预算，编完后财务人员给老板看，老板再调整一些收入、利润等重要目标，确定各部门费用额度，之后将编制的预算交给业务部门去执行。

这个公司将预算当成财务的事，业务部门不参与，其实是相当于直接给业务部门确定了目标。业务部门最了解业务和外部环境，脱离了业务部门的参与，数字往往难以建立在较准确预测的基础上，业务部门缺乏主动性，由此变成了一个自上而下压目标的过程。

（3）没有预算就别花钱

某大企业在全国各地拥有众多分支机构，企业对这些分支机构实行严格的预算管理，分支机构每年依照总部的规定编制预算，预算的内容主要是成本。当预算超支时，唯一的命运就是资金支出被冻结，没钱可花，不管有没有理由。预算执行的结果几乎没有讨价还价的余地，一定要和预算一致，否则绩效评价就不好，管理者绩效完成得差可能有被辞退的风险。所以编制预算时，上至子公司的总经理，下至每一个有责任编预算的人，都会保留一大块额度以保护自己，避免到年底时绩效指标无法完成。

这家大企业的子公司会利用预算的机会尽量争取资源，想办法争取更多的资源，以便整年能好过一点；争取不到资源，明年就难过了。把预算当作争取资源的手段，导致资源配置效率低，运营绩效差。

比较以上三个案例，哪一种预算做法最差？第一个案例，不编预算，缺少目标，缺少考核标准，对外投资与经营缺少预算，可能企业规模大了，也赚不到钱或者资金链断裂。第二个案例，业务人员不参与预算，预算可执行性差，预算难以发挥作用。第三个案例，虽然企业编制了预算，但员工与公司管理层博弈。不合理的预算带来了资源浪费，又没有产生经济效益。

二、预算管理的"痛"与"痒"

虽然预算管理非常重要，但在实践中常常有企业实施了预算管理却没有取得好的效果，导致了管理者和员工的怀疑和否定。企业在预算管理实践中经常存在一些问题，我们称之为预算管理的"痛"与"痒"，"痛"在实施预算管理的效果适得其反，"痒"在效果不佳，如图1-1所示。

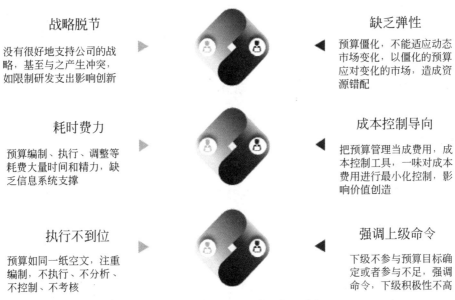

图1-1 预算管理的"痛"与"痒"

1. 预算不是万能的，没有预算却是万万不能的

世界500强企业中，哪家企业没有实施预算管理？中国较大较知名的企业中，哪个没有实施预算管理？预算管理已经成为众多企业管理必不可少的管理方法。

预算管理是企业管理的"标配"。买小轿车，标配是最基本的；而有条件的可以买更高配置的小轿车。预算管理是企业的标配，是每个企业都应具备的。虽然预算管理并不能成为企业竞争优势的来源,但至少可以促进公司战略落地,提升公司绩效水平。当然,标配也是不同的,比如奔驰的标配可能比某些低端品牌汽车的高配还要好。

过去企业靠天吃饭,现在要靠本事吃饭了。对于大多数中国企业而言,过去实现良好的绩效和增长,从外部环境来说,一方面得益于中国宏观经济增长快,从而创造了巨大的市场需求;另一方面得益于人口红利等带来的劳动力低成本优势。在有利的外部环境中,企业生存、发展更容易,实际上有些企业的管理水平并不高。现在外部市场需求增长放缓,劳动力成本低等有利条件在逐步减少,企业间竞争加剧,企业要靠自己的本事吃饭,要凭借自身管理水平和竞争力实现更好的发展。而全面预算管理就是企业提升管理水平、促进战略落地、提升经营绩效最合适的工具。

2. 帆船靠外力人力,轮船靠自身动力

历史上,郑和下西洋是一项壮举。当时的交通工具是帆船,帆船在海上的动力主要是风力和人力,主要依靠风帆(借助风力)以及水手划水,需要配备的装置是硬帆和旋转橹,受天气条件影响大,可谓是靠天吃饭。

渐渐地,轮船取代了过去的帆船,轮船最主要的优点是采用机械动力装置,主要有汽轮机、柴油机等,动力更强,行驶速度更快,而且不太受天气条件影响。全面预算管理就是要为企业建设一艘自带动力的轮船,而不是一艘靠天吃饭的帆船。

3. 华为的"四算"

无论从科技水平、规模和盈利、国际化程度还是管理水平等方面看,华为公司都是一家成功的企业。运营商业务是华为的主要业务之一,这类业务主要以项目方式运作,华为对其管理的重要工具是项目"四算",包括概算、预算、核算和决算,如图1-2所示。预算是项目"四算"中的重要内容,是华为保证项目管理质量必不可少的重要一环,是项目执行中监督控制的标准,也是项目决算的依据。

第一章 重新认识全面预算管理

概算	预算	核算	决算
评估项目需要花多少钱；要赚多少钱；基于竞争需要，报价是多少；方案如何调整才能既赚钱又满足竞争需要	与客户签订合同后，需要细化项目为预算包，根据利润目标和合同金额，确定项目费用投入标准，制定经营管理措施，签署最终合同	到核算时点项目投入了多少资源，项目验收进度情况，是否超出预算，预期未来的利润目标是否能实现，对比核算和预算检查问题并改进	项目交付后，决算最终的投入、利润，是否实现了合同书的约定，对项目进行评价，做出结论，总结、提炼经验教训，为后续项目打下基础

图1-2 华为的"四算"

三、预算管理的四大误区

在实践中，有些企业实施了预算管理，但是并没有取得好的效果，于是就认为预算管理没有用，是花架子，是花拳绣腿。实施预算管理的效果差异很大，主要在于实施者是否懂预算，是否善于应用预算管理工具。

一个企业要有共同的管理语言。就像我们对话，一个人说四川话，另一个人说广东话，二者相互是难以了解对方的，更难以达成共识，而大家都用普通话则解决了这个问题，因此合作、交流必须有共同的语言。

企业管理也是如此，要有共同的管理语言。共同的语言是需要共同学习的，参加培训就是学习的一种重要方式，其他还有公司内部文件、刊物、会议等各种方式。

有人自以为预算管理很简单，自己懂预算管理，但实践中经常存在关于全面预算管理的片面认识，如图1-3所示。也正是因为这些片面认识，大家对预算的作用认识不到位，对预算的参与度不够，工作效果差。

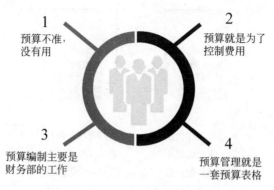

图 1-3　关于全面预算管理认识的四大误区

1. 误区一：预算不准，没有用

（1）预算不准是正常的

人们往往会过分纠结于预算数据的准确性，而这恰恰是预算的"软肋"。预算不是神算，预算不准是一个客观事实，原因在于预算是基于预测而做出的，而非事后核算的"会计报告与记录"。即使会计报告也会受会计政策选择和会计估计的影响，不同的财务人员出具的同一个公司的财务报表结果也会不一致。由于企业经营环境复杂多变，影响经营成果的许多因素难以准确预测，所以要准确制定企业预算目标是不现实的。对大多数企业来讲，目标定高了或定低了都是不可避免的。

（2）对预算的价值存在错误的认识

预算不准是否就代表预算没有用？不能简单说算得准就是好，算不准就是不好。追求预算目标100%准确的结果没有意义，相反，如果一味追求准确可能会"走偏"。事实上，我们做决策不可能依照100%的信息，如果非要等具备了100%的信息，决策时可能已经晚了，价值也就不大了。比如射击，能射中树上的鸟很厉害，但鸟往往不是静止不动的，高手不仅可以射中树上不动的鸟，而且可以打飞鸟，鸟从空中飞过时，举枪就可以射中。比如，马云当年做电子商务时，物流、电子支付等电子商务的外部环境还远远没有成熟，未来电子商务是什么模式等都不清晰，但马云看准了未来发展趋势，提前布局，不断优化发展战略，阿里巴巴成为一个非常成功的企业。

另外，管理既是一门科学也是一门艺术，关键在于能否达到预期的成果。实施全面预算管理的目的并非将企业严格限制在某一具体的目标上（例如特定的收入或利润水平），而是维持企业的运营与成长在一个合理的波动区间内。无论预算目标的完成情况是略高或略低，只要企业的长期战略目标实现，且经营成果在股东和其他关键利益相关者可接受的范围内，那么预算管理就可以说是成功的。就像投飞镖，不用准确地投到哪个点上，只要投到要求的环里面就是可以的。

衡量预算管理效果应该以企业战略是否达成、企业绩效是否改善为标准，而不是以预算是否准确为标准。有些企业把预算准确率当作重要的考核指标，结果适得其反。比如，让孩子定个学习目标，目标是考80分，实际考了81分好还是85分好？当然是85分好，但要按照准确率，是考81分好。非要与目标考分越接近越好，这是非常荒唐的。

如果预算目标要一味地考核准确率，就会导致潜力受限，从而带来损失。确定预算指标时会讨价还价，将收入指标定得低，费用指标定得很高，因为执行者要保护自己。而且，完成预算指标就不再努力，对于收入指标，完成了预算就把订单延迟到下年，这样做的原因一是要准确完成收入指标，二是下一年的预算目标以上一年为基数的话，下一年的预算目标可以低一些。对于费用，没花完的赶紧花完，因为要完成预算指标，同时，下一年可以多要些费用预算。

因此，预算准确度是个很糟糕的指标，没有人能准确地预测未来，我们要追求的不是预算准确度，而是提高公司绩效。

（3）为什么花了很多时间编制预算，却得不到准确的预算结果？

一是"预"得不好。部分企业外部环境变化大，且经营受产业政策、主要客户变化、技术创新等外部因素影响较大，导致年度预算编不准。或者企业的前瞻性差，对外部环境的了解不够，缺少预测能力。

二是"算"得不好。有些企业战略管理能力弱，不能正确进行战略规划，缺乏有效的预测方法或模型，预算的因果关系不清楚。还有的企业历史数据积累差，存在"小数据""乱数据""数据孤岛"等，难以在历史数据基础上进行研究和预测。

三是"干"得不好。企业在编制预算时对环境的预测和战略的规划均较合理,但企业战略落地能力弱,预算执行差,导致实际和预算偏差大。战略落地不好的原因有多个方面,比如考核不到位,执行者对预算目标既没有动力也没有压力,不努力去完成预算目标;再如预算管理流程制度等保障体系不完整,或制度流于形式,缺乏可执行性,例如在预算执行过程中缺少控制,没有对经营情况及时分析等。

由此可见,预算不准是正常的,因为预算不准而不做预算管理则是不正常的。

2. 误区二:预算就是为了控制费用

(1) 全面预算管理就是为了控制费用吗?

我们搞预算管理绝不是以少花钱为目的,会花钱比会省钱重要!不该花的不花,该少花的少花,该多花的多花。预算以提高花钱的效果为目的,旨在用有限的钱获取更多的收益,创造最大的价值增值,因此,预算管理绝不是费用管理这么简单。

预算管理包括费用预算管理,但全面预算的范围远超过了费用预算。预算一般包括销售、生产等各类业务预算,资产负债表、利润表、现金流量表等财务预算,以及资本支出、融资等各类资本预算。费用预算仅仅是预算的一小部分。

(2) 不同的费用控制方式

在费用的管理上,有些公司比较注重依据费用预算进行刚性控制,也有些公司则没有预算,比如下面的A、B两家公司。

A公司是典型的"no budget, no payment"(没有预算,不能开支),这就是预算的刚性控制。有人可能担心这样会影响业务,实际上一旦形成了规则,自然会对大家有约束,一方面预算责任人会尽量避免不必要的费用发生,对自己的预算精打细算,另一方面在可能超出预算时提前申请预算外批准或者预算调整流程。而B公司和A公司完全相反,B公司实行"人性化"管理,没有刚性的预算控制,钱该不该花,由领导来批准,这种公司费用会不会失控呢?还是要看其管理水平,如果领导对业务熟悉,事必躬亲,可能会控制不必要的费用,但管理效率较低。另外,即使没有预算,有些公司有各种费用控制的标准、审批流程、费用投入产出效果评估等，这样也可以起到控制费用的作用。大多数公司往往处于 A 公司和 B 公司两者之间，既有日常费用管理标准，也有预算管控，在预算超出之后履行预算外审批程序。

（3）有无预算管理对费用控制的影响

既然没有预算管理也能起到控制作用，有无预算管理进行费用控制的差异是什么？

差异之一在于预算会提前做好费用规划，而且这个费用预算目标是与其他目标配套和协调的。比如，根据公司加大产品创新的目标需要，增加研发费用的投入，根据市场计划加大广告费投入。而没有预算，则缺少系统、集中的费用规划过程，很可能会导致两个倾向：一是费用控制很紧，该花的钱也不花了；二是由于缺少规划，在某些方面投入的费用与其他目标不协调。

差异之二在于确定适度的费用目标，通过额度约束，激发人的努力和潜力，提高费用投入产出的效果。费用是投入，目标是产出，我们的目标不是费用的最小化，而是实现产出的最大化。例如，在市场拓展方面，企业有多种推广策略可供选择，包括但不限于广告投放、优惠活动、发放优惠券等。然而，这些策略通常要以支付成本或牺牲部分收入作为代价。在批准市场推广预算时，企业应当首先评估是否已经充分利用无须资金投入的推广方式，以及这些方式是否已经发挥最大效能。企业应当优先考虑那些成本低廉且效果显著的推广手段，仅在免费或低成本的推广策略已经穷尽之后，再转向那些需要投入的方法。

差异之三是有了预算就会区分预算内外，制定不同的控制流程，从而简化预算内的费用审批流程，有利于提高效率和基层的积极性。

（4）预算约束成就了里约热内卢奥运会

2016 年里约热内卢奥运会预算不足，但极少的预算也成就了里约热内卢奥运会。"我们原本期待着 1.1 亿美元的预算（分配给奥运会与残奥会开闭幕式），但一点点地，这笔预算不断缩减，现在 4 场仪式只有 5000 万美元可以使用，而且这笔钱大部分要用于安保以及购买演出用品。"里约热内卢奥运会开幕式的创意总监费尔南多·梅里尔说："我认为这笔预算比伦敦开幕式少 12 倍，比北京开幕式少20倍……这使得它（筹备开幕式）非常具有挑战性。"[1] 不得不说，一直不被看好的里约热内卢，至少在开幕式演出上，给了全世界一个惊喜。

因为预算不足，导演组将开幕式主题定为环保，里约热内卢奥运火炬台上的圣火盆是历届最小的，圣火盆过小意味着圣火可能不够庄严雄伟，为了解决这个难题，制作组不是简单通过加大预算加大圣火盆来解决，他们请来世界知名动能雕塑家打造空中火炬台，圣火通过金属的旋转律动反射圣火神光，照耀奥运赛场，其庄严雄伟不逊于以往的大型火炬台，而且这一设计既展示了科技的力量，也充满了艺术的美感。人的潜能是无限的，突破了限制条件，反而会使企业具备高效率，建立竞争优势。

3. 误区三：预算编制主要是财务部的工作

（1）把预算交给财务就OK了吗？

很多做预算的财务人员都有同样的感触，那就是公司内部普遍存在一种观念，即将预算编制工作视为财务部门的专属职责。这种看法导致业务部门往往不愿意积极参与，结果是财务人员不得不在缺乏充分合作的情况下，努力拼凑出一个全面预算方案。

一些公司领导也把预算与财务预算画上等号，认为预算是财务的事。某企业在召开预算编制会议时，公司总经理指示财务团队利用财务报表间的勾稽关系，并参照上一财年的实际营运数据，来编制一整套详尽的预算文件。通常，财务做预算的方法是在上一年的基础上加加减减形成利润表，如果预算需要资产负债表，则由财务人员在上一期资产负债表的基础上结合预算当年利润的情况调整形成，最终的交付成果就是"财务三张表"。在公司总经理的意识中，这就是合理的全面预算。

有些公司的财务部把上一年的数字每个数乘以一个倍数就变成了下一年的预算，拿给领导批准后，就发下去，强制销售等部门执行。这样的预算纯粹就是数字游戏，与业务脱离，制定的预算指标常常受到业务的质疑，也难以分解到各个部门。

---

[1] 陶短房.奥运南美"首秀"的骨感现实[J].南风窗,2016(17):28-31.DOI:10.19351/j.cnki.44-1019/g2.2016.17.010.

为什么会出现这种现象？因为财务预算是全面预算编制的最后环节，它可以从价值方面以金额形式总括反映业务预算的结果，财务部门往往是预算的组织者，将业务预算转化为财务结果。有了这个最后环节，如果不做好分工，前面的部门压力就会很小，将预算工作交由后面的环节完成。

（2）谁干谁预算，谁预算谁负责

财务作为预算管理的总体组织者，并不代表预算只是财务一个部门的工作。如果只重视财务预算，而轻视了其他预算，没有全面的预算，就无法发挥出它应有的作用。

一方面，业务部门参与预算才能提高预算数据的质量。业务数据来源于各个业务部门，企业预算覆盖了企业运营的每一个环节，而这些环节的任务通常由各个部门及其负责人来执行。这些负责人拥有最直接的决策权和专业知识。因此，应当鼓励企业的所有管理者积极参与到预算的制定和实施过程中。当各级管理者积极参与预算制定时，他们才更容易接受并执行预算。各级管理者的积极参与是实现良好预算执行和达成企业预算目标的关键。

（3）围绕预算目标促进财务与业务的融合

预算编制的过程就是财务与业务围绕企业目标融合、促进的过程。首先由业务部门编制业务预算，业务预算由两个部分构成：一是各种经营活动结果的预算，二是资源需求的预算。经营活动的预算就是要做什么、要做的那些工作将产生什么样的结果，包括销售预算、生产预算、采购预算、研发预算等。企业经营活动需要资金等资源，因此需要编制资源需求预算。因为事需要人来做，就是人力资源的预算；需要花钱，就是费用预算；需要一定的劳动工具、劳动手段，就是固定资产等资本支出的预算。

业务预算编制完成后还需要财务进行平衡。业务部门编制的预算往往存在两个问题：一是各个业务部门的预算不协调，比如产销不衔接，产量、销量、库存量不符合钩稽关系；二是往往考虑资源需求多于产出，忽视风险控制，可能会导致"业务发展了，但公司死了"的结果[1]。此时，就需要财务部门来平衡各部门的

---

[1] 于培友,郭勇.企业实施全面预算管理的内部环境保障研究[J].青岛科技大学学报(社会科学版),2017,33(1): 46–49+61.DOI:10.16800/j.cnki.jqustss.2017.01.010.

预算，测算利润如何，是否满足投资者要求的回报；测算资金需求能否满足，如何筹集发展所需资金；还需要考虑如果外部环境变化或者目标未能达成等可能带来的风险，以及风险是否可以承受。财务预算会发挥重要的平衡作用。

财务数据编制是财务人员的工作，但形成财务数据的业务过程则是管理的关键。管好过程才会有好结果，业务人员要利用财务数据做好分析、改进，而不是由财务人员对实际与预算偏差进行解释、分析，业务意识到问题所在、行动起来，才会改变财务结果。

（4）成功的预算管理需要建立预算管理组织体系

预算失败的一个常见原因是高层领导重视不够。高层领导把预算工作简单交给财务人员，不能亲自组织动员，不亲自审核预算的主要原则、主要目标，业务部门参与度也不够。一般要由财务领导和业务领导共同组成预算管理委员会，统筹负责预算管理的一些重要事项，比如预算编制前需要企业高层先定调子、对预算草案进行审批、控制预算执行的重大差异、对执行结果进行考评等。

预算管理办公室负责预算管理的具体工作，主要是协调和组织公司各部门的预算编制、执行和考核。财务人员要给业务部门提供预算编制的支持，如提供翔实的上一年数据供业务部门参考。此外，在预算编制过程中，应专门安排时间组织预算汇报会，由业务部门领导向公司管理层汇报。由于有向公司管理层汇报的压力，业务部门领导通常会认真准备预算，促进业务人员积极参与到预算编制工作中来。

各部门负责人是预算责任部门的第一责任人，将其预算业绩完成情况纳入绩效考核，业务部门负责人自然就会重视预算编制、执行等各项预算管理工作。

4. 误区四：预算管理就是一套预算表格

（1）预算不是确定几个大指标就可以了

预算不仅仅是定几个大指标，仅有大指标预算就变成了总经理一个人的预算。就像高中生高考要取得好成绩，仅仅确定高考总分目标还不够，还要分解为每科多少分的目标。企业的经营管理只有大指标是不够的，只有把目标分解到各个环节和内部最基层的考核组织，才能使每个部门、小组、个人清楚自己的目标，做到"千斤重担人人挑，人人肩上有指标"。

预算是一个过程，其重要价值在于从战略到计划到预算的过程。有人认为，既然预算不准，那编制明细预算有什么用，仅有预算大指标指导战略方向就可以了。企业经营不像演出可以提前排练，企业只能进行纸上排练，详细的预算是企业战略推演的过程，是对经营的一次模拟，可以使我们充分地考虑各种影响因素及这些因素的相互关系，以及它们如何影响最终的财务结果。而有些企业制定企业目标和决策时过于仓促，缺少目标确定的依据，没有工作计划，不知道未来做什么、怎么做，预算纯粹变成了一些不可落地、没有意义的数字。

（2）没有执行、控制和考评，预算就是空中楼阁

只有预算指标，不执行，预算等于零。许多企业的预算编制还是比较全面的，但执行结果却与预算相差较远，最主要的原因是企业在预算执行过程中控制、监督不力，同时缺少对预算执行结果的考核与评价。预算是预算，执行是执行，不控制差异，不分析和处理差异。

预算管理的价值是通过管理实现的。准确、合理的预算本身并不能改善经营管理、提高企业经济效益，只有认真严格执行预算，使预算成为企业的"硬约束"，使每一项业务的发生都与相应的预算项目联系起来，预算才会起作用。对比实际业绩和预算标准，找出差异，分析出现差异的原因，提出恰当的处理措施，是必不可少的环节。

考核是指挥棒。人们不会做你所希望的，只会做你检查和考核的。"在管理活动中，如果没有监督与考核，再美丽的天使都会变成可怕的恶魔。"没有预算考评，就没有人重视预算，企业预算就会流于形式。所以预算执行情况应作为各部门年度业绩的重要考核依据，也应作为对员工考核的重要依据，这样才能使管理者重视预算，努力完成预算目标。

四、预测、计划与预算

对于预算管理，我们首先要准确理解其含义，能够区分跟预算相关的一些概念。

我们有时会听到多种名词，比如预测、计划和预算，它们之间有关联，但又有所不同，这些术语分别是什么含义，它们之间又是什么关系呢？

1. 预测是对未来的判断

预测是对未来不可知因素、变量以及结果的不确定性的主观判断。

预测是预算的基础，先有预测，再有预算。预算正是以预测为基础，依据预测结果提出的解决方案，而这个方案的目的在于对可能出现的风险进行规避或削弱，抓住可能存在的机会，从而实现较好的结果。预测的基础越牢靠，预测的方法越科学，预算编制的基础和编制的导向性越准确，预算过程就会越简单，预算管理效果就会越好。

2. 计划突出对事的管理

计划是对未来活动所做的事前安排，计划是管理的首要职能。只有在明确了目标并制定了相应的计划之后，其他各项任务才能够有序展开，并且随着计划的调整而相应地进行调整。工作计划一般包括工作目标、工作内容、工作方法、责任人等，按照企业经营活动的类型可以分为销售计划、采购计划、生产计划、产品开发计划等。

计划是对具体事件的管理，核心内容是明确目标和计划事项。从表现形式上及表现内容上看，计划侧重于对经营活动以及财务活动的文字描述，以及各业务之间的业务逻辑关系，既有定性内容，也有定量的内容。比如，一家汽车制造企业2月份要生产2万辆车，需要具体决定生产什么品牌什么型号的车，每一种生产多少，需要配备多少生产人员，如何对生产人员进行培训，需要采购多少零部件，采用哪种生产工艺等。

3. 先预测再计划后预算

对于预测、计划、预算三者间的关系，举个生活中的例子，如果某地连续长时间干旱，为解决旱情，拟实施人工降雨，但人工降雨需要一定的外部条件，所以根据对未来天气的预测，预计下一天是多云天气，这就是预测；如果预计的天气情况比较适合人工降雨，相关部门制定了人工降雨的方案，这就是计划；将人工降雨方案中的降雨量目标、需要投入的设施、人力等资源的数量、金额等进行量化，并经批准确定下来，准备实施，这就是预算。

从逻辑上讲，先有预测再有计划最后有预算，其关系如图1-4所示。比如，预测到市场竞争激烈，通过电视广告可以带动销售，计划做广告；若没有预测、没有广告计划，就没有广告费的预算。预测、计划、预算都是必不可少的工作，在编制预算时，有些企业会明确区分这三项工作，有些企业会将三者合在一起，但无论采用何种方式，这三个过程都是必不可少的。

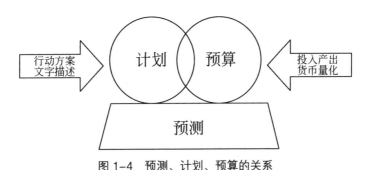

图1-4 预测、计划、预算的关系

五、预算是货币化的经营计划

如前所述，从时间和逻辑顺序上看，预测是制订计划和预算的基础和前提。预算管理作为一种管理方法，最早起源于政府，之后应用于企业。预算和企业经营计划之间又是何种关系呢？

1. 预算始于政府盛于企业

预算的英文是"budget"，该单词有一个意思是指用皮革制成的袋子或公文包。在19世纪中期，英国财政大臣有一种习惯，即在提出下一年度税收需求时，常在英国议员们面前打开公文包，展示他所需要的数字，因此，财政大臣的"公文包"就指下一年度的预算数[1]，这就是预算制度最初的来源。因此，近代预算制度产生于英国，首先应用于政府机构，发展于美国，后来逐渐被应用到企业管理当中，如今已变成企业管理中普遍使用的管理方法。

简单地说，预算是用以货币为主的数值表示的各类经营计划。货币形式或金额代表的是经济活动的产出和资源投入。例如，销售计划用金额表示就是销售预算，生产计划用金额表示就是生产预算，财务计划用金额表示就是财务预算。

为了突出企业所有经营管理活动都要纳入预算，往往使用"全面预算"这一

---

[1] 郭龙增.浅谈企业全面预算管理的问题及对策[J].中国总会计师,2012(5):84-85.

术语以区别于财务预算。

2.预算是以货币形式量化的计划

预算是以货币形式进行量化的一种计划。将经营计划中全部经营活动的各项指标及其资源配置用以货币为主的数量化形式表示出来就是预算，各类预算之间的数据有较严密的数字逻辑关系。比如，企业今年要实现利润1亿元，这是全公司的一个战略目标。要实现这个战略目标，首先要将其进行分解，比如把收入、成本费用等目标分解到销售、研发、市场、生产等公司的各个部门，这些分解到各个部门的指标就是各个部门的预算指标。

第二节　四大特性定义全面预算管理

前面我们介绍了预算的含义,那什么是预算管理呢?一些提前规划的金额类指标或表格就是预算管理吗?在实践中经常被提及的全面预算管理为什么要强调"全面"二字?

全面预算管理无疑就是基于预算而进行的企业管理,具备哪些特性才称得上是全面预算管理?我们下面从四个方面来定义全面预算管理。

一、全面性:预算管理没有死角

全面预算管理的第一个重要特性是全面性,即全面预算管理强调"全",要全员参与、全方位管理、全过程管理,如图1-5所示。

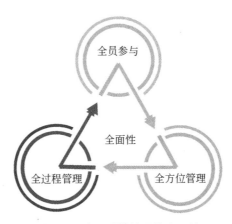

图1-5　全面预算管理的全面性

我们所称的全面预算管理区别于常见的财务预算,强调其全面性,预算管理的全面性主要体现在三个方面:一是全员参与预算管理;二是预算管理要对企业所有经营管理活动进行全方位管理;三是预算管理是对计划、执行、控制、考核等所有环节的全过程的管理。

1. 领导推动、全员参与

全员参与预算是指公司领导、子公司负责人、各职能部门负责人等各级组织的相关人员都需要参与到预算管理。

全面预算绝对不是财务部门一个部门的事情,也不是企业领导等少数人的事情,是企业全员的事。全员参与得越深,预算往往越有成效。

所谓全员参与并不是企业的每个人都参与到预算编制环节,因为管理是有成本的。在预算编制环节,各个单位负责人、预算工作的具体管理岗位等相关人要参与,虽然预算编制并不是人人参与,但所有人都是在预算管理的管理范围之内的。或者是预算管理的主体,比如参与预算编制工作的人员;或者是预算管理的客体,比如不参与预算编制但会被费用预算指标约束的人员。从这个意义上说,全员都要参与预算管理。

如果高层管理者游离于预算体系之外,预算管理是不可能做好的。我们发现,一个企业的预算做不好,究其原因,往往是因为领导者,因为领导者的管理行为经常没有任何计划,随心所欲,目标天天改,规则经常变,对预算目标不重视、不审核,对预算执行情况不关注,对员工进行考核时不结合预算执行情况等。对这些企业来说,其预算仅仅是一个形式上的预算。

虽然不是每个人都参与预算编制和管理,但是预算却与每个人都有关联,企业需要培养每个员工的预算管理意识和习惯。每个人都要花钱,也要参与企业运营管理,预算可以分解到每个人,从而把公司整体战略落实为每个人的目标、耗用的资源约束。有了预算约束,每个员工都具有投入产出意识,把花钱和赚钱绑在一起,在花钱时考虑这些投入的产出效果,增强利润意识、资金意识。比如,生产线上的每个员工可以把自己的产量、质量损失、物料损耗等设立管理标准,对照标准看产出和投入的差异,提高投入产出比。

2. 统一认识,树立全面预算的基本意识

一旦决定做预算,就需要统一思想,统一对预算的认识,树立战略意识、整体意识、计划意识和责任意识。

（1）战略意识

预算的目的是实现企业战略目标，预算编制等管理工作都要以公司战略目标和企业各种职能战略为预算编制基础。

（2）整体意识

各部门在编制预算时要以公司的经营目标为最终目标，各部门的预算需要与其他部门相协调。

（3）计划意识

预算是工作计划的量化，通过预算也能促进工作计划目标明确，使各种计划相互衔接。因此，首先应该有可行的计划。

某公司老板是个缺少计划和预算理念的管理者，工作非常敬业。他经常在夜里12点给高管打电话，组织召开会议，讨论某件事情，最后部署大家必须在3天之内完成。于是，所有人都在这3天内放下原有的工作，打破了原有的计划，全都围绕这个最新的部署去调动所有的资源和能量。3天可能还没到，到了第二天晚上，老板又给各位打电话，说是这两天确定的计划取消，还按照原定计划去执行，或者重新调整计划。这种情况下，预算编制出来，无法执行，对各部门也没有约束力。因为，老板的计划意识不强，自己让预算成为空谈。

（4）责任意识

预算不是预测，不是可能性，是必须完成的任务。预算目标是委托人对代理人的要求，是必须完成的，是一种信托责任。给自己施加压力，变压力为动力，挖掘各种潜力，目标就更可能完成。

年度预算是由下而上、由上而下、反复协商讨论确定的，预算指标是各部门为保证企业整体目标所做的承诺。月度预算确定的各项指标，就是对各部门各单位下达的命令，责任部门和责任人要千方百计完成，完不成就说明工作没做好，应该有奖有惩。

3. 将意识变成习惯

管理是不断改正坏习惯形成好习惯的过程。预算是一种好习惯，强调的是做任何事之前先考虑整个过程和结果，企业管理者要自觉地将预算管理的意识转变成自己思考问题的习惯。

一个企业是否推行了全面预算,不仅要看其预算的内容是否全面,还要看管理者是否已养成预算的习惯。全面预算不是简简单单内容要"全"的问题,还有谁在使用预算的问题,如果只是财务部使用预算,那么可以定义成财务预算;如果是各层级管理者都养成了预算管理的习惯,就是全面预算管理了。如果管理者使用预算工具管理自己的业绩,使用预算模型分析问题,提前对环境进行预测并加以应对,提前预测出经营活动的财务结果,这说明预算已经融入管理者的思维和日常管理活动中,这样的预算才是真正的全面预算。

在实践中,做到以上所讲的预算习惯并不容易,尤其是业务部门的管理者,他们中的很多人往往是从一线发展起来的,对他们来说,开拓业务、搞资源和扩大交际圈拿手,但财务意识和知识欠缺,对环境的研究和分析不系统,工作比较随机。也正是因为这种随机性,可能会带来资源的浪费或者企业经营的风险。

4. 健全预算管理组织实现全方位管理

健全的全面预算管理组织是企业全面预算管理体系的基础。这个组织体系应该包括预算管理委员会、预算管理办公室、预算管理执行机构。全面预算管理组织机构建立后,还应该合理设置相对应的职能,合理划分预算管理责任中心,并且保证责任、权利的对等,设置好预算约束与预算激励机制。

全方位管理是指公司所有经营活动必须全部纳入预算管理。管理学家戴维·奥利认为"全面预算管理是为数不多的几个能把组织的所有关键问题融合于一个体系之中的管理控制方法之一"[1]。全面预算涉及企业经营全部内容,不仅是财务指标,还涉及企业所有业务的相关指标,如产量指标、技术指标、质量指标、人力资源指标等。

无业务不预算,无预算不业务。从预算编制的视角来看,预算体现了工作计划的量化和货币化。缺乏相应的业务规划,就无法进行有效的财务预算工作。因此,公司总经理应负责主导年度经营计划的制订工作,而各部门的负责人需负责组织本部门的年度行动计划的编制。从执行和监督的角度来看,如果某项支出没有被纳入预算,财务部门应拒绝进行支付。因此没有预算就不能开展业务,增强

---

[1] 尤昊月.民营企业与全面预算管理[J].山西财经大学学报,2011,33(S1):173.DOI:10.13781/j.cnki.1007-9556.2011.s1.137.

预算的刚性控制，没有预算的业务，首先应进行计划和预算的编制和审批。

5. 预算管理是全过程管理

全过程管理是指公司各项经营活动的事前、事中和事后工作都必须纳入预算管理。

管理是一个循环，需要闭环管理，而在实践中，管理不闭环的例子比比皆是，有计划不执行，有执行不检查，有检查不处理，缺少任何一个环节，管理的效果和效率就会大打折扣。

预算管理也是如此，是一个闭环管理。比如，制定了预算，只是完成了预算编制工作，在工作中却不对照预算进行控制、分析，缺少预算执行和考评，难以发挥预算管理的作用。

公司战略管理、经营计划管理、全面预算管理和绩效考核，四大管理必须有机结合起来。首先要根据公司战略需要确定主要目标，如收入、利润等主要目标。在主要目标约束下编制各类经营计划，根据经营计划编制明细预算，各部门的预算要经过汇总、平衡，报批后确定下来。预算确定后，在执行过程中要进行动态控制，检查措施落实情况，检查各项经营指标完成情况，发现问题并及时解决。事后要对预算执行的结果进行考核，进行总结，修正公司战略和以后年度的预算。这样才能形成公司战略、经营计划、预算管理、绩效管理的管理闭环，如图1-6所示。

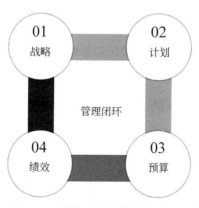

图1-6 从战略到绩效的管理循环

二、前瞻性：今天为明天做准备

全面预算管理的第二个重要特性是前瞻性，即全面预算管理要强调"预"，提前进行谋划。

《礼记·中庸》有一句名句，即"凡事预则立，不预则废"。这句古语充分表明了"预"的重要性。计划并不能保证你成功，但能让你为将来做好准备，使你有备无患。

古代军事家孙子曾说："多算胜，少算不胜，而况于无算乎！"没有事前的"算"，就像摸着石头过河，在打一个无准备的仗。

中国还有句古语："吃不穷，穿不穷，算计不到一世穷。"

提前做好计划、预算，可以防止浪费，比如在"双十一购物节"，有了预算就可以减少很多不必要的支出，比如旺季外出旅游，提前安排好行程计划，提前购买飞机票，价格可能是四折、五折，而没有提前计划想来一场说走就走的旅行，可能发现买不上车票、机票，订不上酒店，预约不上景区门票，旅行计划就此泡汤。

1. 预算管理是提前预测并应对的过程

管理大师彼得·德鲁克曾对预算做过评述："预算不是一场数字游戏，而是围绕战略目标的设立而进行思考的一个过程。"[1]

比如，以一个每年销售1亿元的服装企业为例，如果明年它要实现2亿元的销售额，企业就必须考虑：在产品品类、客户开发、价格、生产等方面做哪些调整？一般而言，服装行业产品变化较快，需要开发哪些新产品，每个产品预计销量、价格如何？面向老客户的销售增长假设为20%，可以增加2000万元销售额，那剩下的8000万元销售额需要开发哪些新客户？

此外，还要思考一些经营政策的变化及影响，例如，对客户的结算方式是否要改变；如延长账期，会有多少资金占用等。财务与业务沟通这些经营计划的财务结果，并不断测算和调整经营政策、财务政策，这就是预算的过程。有了这样的预算习惯，才能真正做到心中有数并提前做好规划和应对。否则，只是简单定了预算目标，提出要求，这2亿元的销售目标就是空中楼阁、海市蜃楼。

---

[1] 杨民.突围预算管理"十面埋伏"[J].首席财务官,2005(5):67-70.

2.预算的重要价值在于提前预测,做出规划

企业犹如航行中的船,总经理是船长,员工是船员,当要运送乘客或货物之前,首先要确定目的地,制定航线图,备好生活物资。也就是说,一定要做好充分的准备工作。一艘船不可能不明确目的地、航线,不做物资准备就开始航行。

今天要为明天做好准备。企业战略考虑的都是未来的问题,现在的投入就是为了未来的结果。今天的结果是过去行为带来的,未来则是今天行动的结果,如图1-7所示,要实现未来好的结果,今天就要做好未来的预测和准备。预算管理增强了企业对内外部环境的研究,提高了目标制定的科学性;预算执行和考评促进了公司的战略落地和绩效提升,这样的预算管理即使不够准确,也比盲目行动的结果要好。

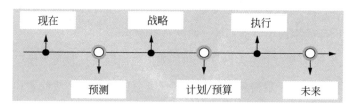

图1-7 从现在到未来的路径

3.预测未来风口很重要

预测就是找到"大风口",抓住外部环境中的机会。同时,预测也是对环境中存在的风险因素的提前预知,从而规避这些风险。如今,环境变化快,对未来发展趋势的把握很重要,预测变得更重要。

雷军做小米很成功,很重要的一点在于他找到了"风口"。40岁之前他一直相信人定胜天,总觉得自己最强;40岁之后他领悟到,找到大风口最重要,提出了所谓的"飞猪理论",台风来了,猪也会飞上天。

对于飞猪理论,有人批判雷军是机会主义者,对此雷军解释:"任何人成功在任何的领域都需要一万个小时的苦练,如果没有基本功,谈飞猪的话那真的是机会主义者。所以大家千万不要忽略,今天在空中飞的那些猪,他们都不止练了一万个小时,可能练了十万个小时以上。"[1]

---

[1] 月度中国商人舆情关注榜,马云《华尔街日报》发文:美国中小企业的希望在中国[J].中国商人,2015(7):82-83.

无论如何，对于环境的研判和预测是非常重要的。雷军认为自己找到了风口，实践并获得了成功。他认为自己找到了三个风口：第一是电子商务直销。通过电子商务直销，把整个渠道和零售成本全部压缩掉。第二是社交媒体传播。微博、微信普及，产品好、性价比高，口碑传播速度快，基本不需要成本。第三是智能手机时代爆发，小米精准地踩到了智能手机换机的时间点上。

4. 计划能力是一种重要的能力

有些人每天都非常忙，忙得焦头烂额，经常处理紧急的事务，没有时间思考和规划，有的人以忙为荣，而有的人则认为忙是懒的表现，认为过于忙碌的人是在用战术层面的忙碌掩盖战略层面的懒惰。

人忙碌有很多原因，可能有事务繁多的客观因素，但很多人可能还有更多的主观因素，如忙于具体事务，懒得学习，不掌握一些高效率的方法和工具，只能通过更长时间低效率做事完成任务，自然也就更忙。

有些人忙则是因为懒得去做计划和预测。他们以没有时间为借口，做事不提前规划，不提前准备，事情到了眼前就变成紧急的事务。虽然计划和预测并不会减少异常的发生，但提前预测并做好准备会使我们有序应对，变得从容和高效。

计划是管理的首要职能，没有计划就没有管理。我们谁也不知道将来会怎样，但明天肯定会与今天不同。即使计划定得再科学、再实际、再准确，计划和实际完全一样也是不可能的。

计划不是一成不变的。在控制中，不能以僵化的不再适用的计划作为依据，应将不断修正的计划作为控制的主要依据，预测到计划偏离实际，发现了问题以后，分析原因并采取措施加以纠正，变被动管理为主动管理。

预算管理有助于培养企业管理层的前瞻性思维，通过对市场需求和其他环境因素的深入分析，在制定预算的过程中，能够预先制定相应的应对策略，主动适应市场的变化。对企业管理而言，为什么要强调有预见性地工作？因为预见性工作代价最小，损失最少。要养成管理者的预见性工作能力，光靠说教是没用的，必须通过管理制度来实现。

预算管理是企业具备预见性管理的重要方法。当前管理得好只能确保公司当期的利润和业绩好，但未来能否活下去、过得好，要靠对未来的预测并提前做好准备。预见性决定了企业未来，而预见性是谁的责任，有些人认为是老板的责任，实则不然，只有预见性变成一个企业的行为才有效，大家都认同，都有提前预测、提前准备的习惯和方法才可以。因此，保持预见性是群体行为，而全面预算管理就是一种预见性管理方法。

三、数量化：不能衡量如何管理？

全面预算管理的第三个重要特性是数量化，即全面预算管理强调"算"，把预算逻辑变成模型，将经营计划数量化。

管理大师彼得·德鲁克说过："如果不能衡量，就无法管理。"

深圳航空公司要求空乘人员微笑，如何检查呢？要求的标准是露出八颗牙齿，一个表情通过量化得以标准化。

数量化体现在两方面：一方面，需要把重要目标进行量化，体现为可衡量、可计算的数字。另一方面，为实现企业的产出目标，还需要进行资源的投入，资源的投入也需要数量化，这些数字代表的是对资源的分配。

四、战略导向：预算与战略相辅相成

全面预算管理的第四个重要特性是战略导向，即全面预算管理要以战略为导向。

没有战略的预算是盲目的预算。没有战略规划过程的公司被迫在预算阶段考虑大量战略问题，可能造成战略盲目、对环境的适用性差、战略决策质量低，影响资源分配决策的质量，且基于低质量战略而确定的预算目标就难免出现很大的偏差。

一些世界500强企业在预算制定方面注重战略的引导作用。例如戴尔公司，在制定预算时把预算制定和公司战略联系起来。戴尔公司董事长在制定公司战略时，不只是让员工知道公司战略，并且发动公司所有员工一起参与制定，把制定好的战略公布在公司的内部网络上，让任何员工随时看到公司的战略，包括未来三五年公司发展的目标、步骤、方法、要求，将预算和战略紧密结合起来。

没有预算的战略是空洞的战略。如图1-8所示，企业的核心问题有两个：一是正确的战略；二是战略执行到位。预算不再是传统意义上的管理控制系统，而是被重新定位为一个战略实施的保障和支持系统，是战略"落地"的重要工具。首先，预算管理与战略规划和经营计划紧密相关，它可以帮助校验战略计划的可行性，通过发挥资源配置功能，合理引导资源使用，提升企业经营效率。其次，通过预算管理实现战略目标的分解，将目标合理地分解到各个下级组织。通过预算管理确定目标、分解目标、在执行中对预算进行控制并对完成结果进行考核，这些活动有助于促进企业战略目标的实现。最后，通过预算监控，企业可以及时发现实际与战略的偏差，预知面临的机遇和挑战，从而动态地调整战略规划，提升战略管理的应变能力。

图1-8　企业战略与战略执行

商业模式的设计也需要预算支撑。有些商业模式创新注重市场、技术等要素，但缺少对商业模式中收入、利润、资金等的考虑，这样的商业模式在执行过程中可能会面临持续亏损、资金黑洞等风险。缺少对资源的提前配置和规划，可能会造成资源短缺或配置不合理，难以支撑商业模式的持续。

实践中常存在预算与战略脱节的问题，主要有以下几个原因：

一是对预算管理和战略关系的认识不清楚，二者孤立，不能衔接。先有企业战略，再有预算目标，预算目标是企业战略目标的分解和细化。

二是有些公司缺少战略的研究，随时应变，缺少提前的战略研究和规划。对于大型企业来说，要确保组织具备企业战略研究功能。企业应建立高效能的战略研究规划部门或战略委员会，甚至设立首席战略官职位，以整合和引导企业内外部的研究资源。这些机构或职位应充当董事会的顾问团队，深入分析企业所面临的宏观环境，包括国家政策、行业动向、竞争格局等，并基于这些分析，制订3～5年的发展规划以及涵盖市场营销、产品开发、研发投入、投资布局、资金筹集等关键领域的战略。这些基于战略规划所设定的预算目标，通常更能反映实际情况。对于小企业而言，如果未设置战略规划部门，也应该由公司管理者履行战略管理的职能。

三是战略调整后预算不能相应地调整，二者没有建立联动机制。为了适应市场竞争的需要，公司战略会及时调整，包括业务组合的调整、组织机构的调整、责任主体的重新划分等。而在实际工作中，预算编制与战略规划及调整并不同步，可能公司战略调整了，公司预算却没有变化，由此导致预算与战略脱节。要解决这个问题，应由公司高层管理者担任预算管理委员会主任，因为他们掌握着公司战略调整的最新信息，这样所有的预算工作在战略调整酝酿的初期就能有所准备。

第三节 全面预算管理：功在何处？

认识了全面预算管理之后，我们可能会思考：为什么全面预算管理是企业管理的重要方法，全面预算管理的功能主要有哪些？提到预算管理的作用，我们可能会想到实施预算管理可以控制费用、确定考核标准等。从企业管理视角看，全面预算管理主要有四方面的功能：确定目标、配置资源、促进协调、强化控制。

一、确定目标：理想还是要有的

全面预算管理的第一个重要功能是确定目标。

如果没有罗盘，航船将会在大海上随波逐流，任意航行，不知道最后会偏到什么方向，可能永远无法到达想要去的港口。而有了罗盘，虽然航船可能会偏离航道，但是最终它一定会到达想要去的地方。这就相当于预算的价值，预算为企业确定了量化的目标，指明了方向。

1. 你要到哪里去

《爱丽丝漫游奇境记》有一段对话：

"请你告诉我，我该走哪条路？"爱丽丝问。

"那要看你想去哪里？"猫说。

"去哪儿无所谓。"爱丽丝说。

"那么走哪条路也就无所谓了。"猫说。

这个故事讲的是，人要有明确的目标，当一个人没有明确的目标的时候，自己不知道该怎么做，别人也无法帮到你！

坐出租车，出租车司机首先要知道你的目的地，因为司机只知道怎样选择最佳路线把你送到你想去的地方。至于把车往哪里开，至于你想去哪里，司机并不知道。所以，如果连你都不知道你想去哪里，司机当然就不知道往哪里开。

这些故事告诉人们一个基本哲理：目标，永远在技巧和方法前面。一个人如果一开始就不知道他的目的地，他就永远到不了他想去的地方。

2. 一英里[1]的迷茫

1950年，世界著名游泳名将弗洛伦丝·查德威克横渡英吉利海峡。她从卡得林那岛游向加利福尼亚海滩，经过15个多小时的努力，当她距离海岸只有一英里的时候，由于大雾迷茫，她看不清目标，以为距离海岸还很远。当时她疲惫不堪，觉得希望十分渺茫，于是登上护游艇，使她经历15个多小时的努力功亏一篑。

当时，船上的教练一直鼓励她只有1英里了，她却因为看不到目标，最终选择放弃。后来，她恢复了体力，很后悔。她说："我若能看清前面的海岸，就一定会努力达到终点。可是，大雾遮住我的眼睛，让我的努力前功尽弃。"

两个月后，弗洛伦丝·查德威克再次挑战英吉利海峡。这一次，她成功了，成为第一个横渡英吉利海峡的女性。

目标明确，有挑战性，完成目标有成就感，才能最大限度激发员工的积极性。作家刘墉在《方向》一书中说[2]，你可以一辈子不登山，但你心中一定要有座山。它使你总往高处爬，它使你总有个奋斗的方向，它使你任何一刻抬起头，都能看到自己的希望。

比如跑步，如果给自己设定每天的目标，就会激发自己每天跑步；如果没有目标，跑多长时间、跑多少距离就心中无数，也就缺乏完成目标的成就感。

目标也是绩效考核的重要依据。考核是指挥棒，比如考试考什么学生就学什么。企业考核什么，员工就会努力完成什么工作，将预算目标与对个人的奖惩有机结合，可以提高责任人的工作积极性，增强对员工行为的约束。

3. 确定目标的 SMART 原则

预算目标是企业经营战略的体现，一般可以分为财务类目标和非财务类目标。财务类目标中，利润是企业预算的核心目标，以净资产收益率（也称股东权

---

[1] 1英里≈1609米。

[2] 董国平.构建科学有效的培养培训模式　促进青年教师更好更快地成长[J].基础教育参考,2019(22):33-35.

益回报率，ROE）等比率指标来表示。另外，还需设置非财务类目标，以反映关系企业长远发展的工作目标和过程管理的重要目标，如产品开发、产品质量、市场地位等的目标。

确定目标有一个 SMART 原则，SMART 是五个英文单词第一个字母的组合，如图 1-9 所示。一个好的目标要具备以下几个特点：目标要有明确性（Specific）、可衡量性（Measurable）、可实现性（Achievable）、相关性（Relevant）、时限性（Time-bound）。

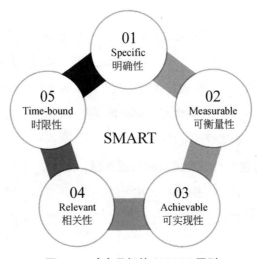

图 1-9　确定目标的 SMART 原则

（1）S（Specific）：明确性

不成功的重要原因之一就是因为目标设定得模棱两可。目标设置时要有明确的目的、事件、责任人、时间、地点、方法等要素。目标不明确，大家都不知道应该做什么，不知道现实与目标的差距。

（2）M（Measurable）：可衡量性

目标不能量化便难以评价。目标要量化，量化的目标是评价工作的标尺。用数据、可以交付的工作成果等对目标进行量化。杜绝在目标设置中使用模糊、无法衡量的描述，如避免使用"大幅度""改善""力争"等来描述目标。

（3）A（Achievable）：可实现性

确定目标时要考虑利用外部机会，也要考虑内部资源和个人能力的现状。目标要通过努力可以实现，例如，可以制定跳起来"摘苹果"的目标，不能制定跳起来"摘星星"的目标。

（4）R（Relevant）：相关性

目标要与执行人的职责、权力相匹配，要与组织目标一致，要与资源条件相匹配。目标在分解时也要考虑到子目标在责任人相关的工作范围内。

（5）T（Time-bound）：时限性

目标要有时限性。时间是重要的约束条件，时间也是重要的资源，没有时间限制就是没有资源限制，没有具体时间就无法确定评价和检查的进度安排。

二、配置资源：企业比拼的就是效率

全面预算管理的第二个重要功能是配置资源，即对企业的人财物等各种资源进行合理配置，提高资源的产出效率。

1. 目标的完成离不开资源的支持

提起古代的战争，我们首先想到的是明晃晃的盔甲，那些手持盾剑和弓箭长矛的战士，那些凄风苦雨、尸横遍野的古战场。但是我们看不到，他们的背后满是推着独轮车和木制"平板车"的农夫，农夫或者根本没有马和其他牲畜，只能靠人力来推着小车到前线，满载着稻谷，像一座座小山跟随着军队前进。

俗话说，兵马未动，粮草先行。粮草不单单指的是粮食和草料，还有许多其他的东西，比如弓箭和药品等，如果是沙漠作战，水更是重中之重。大军作战，几十万人的消耗是天文数字。

再威风的将军没有粮食也打不了胜仗。自古以来因为粮草出问题或者被人家断了粮道而一败涂地的战例数不胜数。战争中双方也会想尽办法掐断敌方的补给线。所以在战争中，统兵的将帅都要将粮食问题列入优先考虑的议题。

俗话说不能既要马儿跑，又要马儿不吃草。预算目标与企业可用资源的规模密切相关，企业所需的资源量基于预算目标的设定水平而定。追求快速增长的预算目标通常需要额外的资本性支出预算作为后盾，因此，当预算目标显著提高时，企业往往需要更多的资源。

怎么把有限的资源利用好，预算是非常重要的方法。预算是量化的计划，计划就是事先的安排。围绕经营目标把有限的资源安排好，优化公司人、财、物等各项资源在不同业务、部门的配置，能最大限度地提高资源的产出。

2. 资源分配要以提高效率和达成战略为依据

预算编制过程就是确定目标以及为实现目标分配资源的过程，目标体现的是资源投入所带来的产出，投入则是企业实现目标所需的各种资源。通过全面预算的编制和平衡，企业可以对有限的资源进行最佳的安排与使用，避免资源浪费和低效使用，实现企业战略目标。

资金紧张与资金宽裕的企业中，哪类企业更需要制定预算？通常的看法是资金紧张的企业，因为资源有限，所以必须精打细算，避免不必要的开支。然而，实际情况往往是，资金充裕的企业同样需要严格的预算管理，因为资金充裕可能带来更多的挥霍。在资金有限的情况下，企业往往会优先考虑最紧迫的需求；相反，当资金充足时，企业可能会陷入无计划的扩张和投资，从而导致资金的不当使用。有了更多资金反而会导致资金的利用效率降低，因此对于资金较充裕的企业，做好资金的配置就显得更加重要。所以，有些企业IPO（首次公开募股）上市之前发展得很好，可一上市就发展不行了，有一个原因就是上市后融到更多资金，钱多了，乱花钱，导致资产回报率降低。

3. 预算管理会提高管理的有序性

有序管理才能提高管理效率，否则会带来物质、人力等资源的闲置、浪费。现实生活中，随便调整已有规划、朝令夕改的现象比比皆是，造成资源浪费。企业也是如此，如果生产计划经常调整，企业采购、生产工人安排、设备的排产等都会混乱，降低生产效率和质量。

建立良好的经营管理秩序不能靠领导的临时指挥。领导临时指挥越多，秩序越混乱。小企业可能靠一个老板就可以管理，企业大了，没有计划地管理就会造成混乱和低效。通过预算，把各部门应该完成什么工作，实现什么目标事先确定好，企业各部门按照预算来运行，就不会出大问题。领导应关注例外事件，预算没有的，制度没有的，流程没有的，领导要亲自去解决。制度有的，流程有的，预算有的，按预算执行，企业就会建立良好的生产经营秩序。一个企业管理高潮迭起，是管理不善的表现；有效的管理应是风平浪静的。

三、促进协调：业财融合，共创价值

全面预算管理的第三个重要功能是促进企业内部协调，即通过全面预算管理促进上下级间、各部门间的协调。业财融合是财务转型的重要方向，而预算管理是促进业务、财务融合的重要手段。业财融合能够促进财务的价值创造职能的实现。通过预算管理对企业业务进行规划、控制、评价，是业务财务的重要工作内容。

1. 预算会促进企业内部协调

管理过程中，能否有效沟通是保持团队目标一致性、影响管理效果和效率的重要因素。划龙舟比赛中，如果队员们协调一致，所有人的动作像一个人一样，速度就很快，船很平稳，而协调不好的不仅速度不快，而且可能会人仰船翻。

要确定合理的预算目标，需要上级与下级间就预算进行充分沟通。无论是企业总预算还是部门、班组预算，预算得到执行是需要一定资源的，如果没有获得上级批准，可能就没有资源保障。预算如何通过？这不仅仅是上级对下级下达任务指标，也不单纯是下级向上级提交数据。预算需要上下级之间进行充分的交流与沟通，明确目标的完成以及所需资源的配置，最终达成共识，获得批准。

各职能部门间也需要密切沟通和配合。销售预算的确定必须有产品研发的支撑、生产的支撑；销售部门如果要推广新产品，研发部门要提前完成新产品的研发；随着新品上市，对业务员的需求可能会有所增加，那么人力资源部门就要完成人员的招聘、培训工作，保证新招业务员能按时上岗。这些活动的协调必须确保内部信息的畅通和有组织的工作安排。

没有预算的穿针引线，庞大的组织、复杂的业务线是很难协调和统一的，更不用说相互配合提高效率了。因此，在预算管理中，尤其是编制环节，预算管理部门要做大量的沟通、协调工作。

另外，预算的执行、控制、考评，也都离不开上下级之间、部门之间的充分沟通和协调。

我们看看某个饮料企业管理不协调带来的结果。一家饮料企业推出了一款新型饮品，由于市场定位精准，市场研究部门预测该饮料会大卖。然而，销售部门对此持保留态度。在制定营销预算的过程中，市场研究部门预计年销量至少能达到500万箱，而销售部门则预测销量为400万箱。生产部门担心不能准时供货，在制定生产预算时，保守估计销量为300万箱。财务部门基于对部门财务费用指标的考核考虑，为了减少利息支出，将预算定在了200万箱。各部门之间由于沟通不畅，各自为政地编制预算。产品上市后，迅速受到青少年的热烈追捧，导致市场供不应求。销售部门发现库存告急，急忙增加订单，但采购部门未能及时补充原料，生产部门也未能迅速调整生产能力。生产部门提出需要增加投资以应对市场需求，但财务部门因缺乏预算计划而无法支持，最终错失了巨大的市场机遇。

2. 财务向前看，支撑业务发展

会计是财务部门的基础工作，传统财务工作以事后算账为主，而决策则是针对未来事项而言的。无论是业务人员还是财务人员都要有前瞻思维。业务人员要洞察市场，要对目标和资源进行预算，制定预案，预先确定薪酬和回报机制。财务人员要摒弃"事后算账"的习惯性思维，提高决策支持职能，深入了解业务、了解市场，做好预算，提前做好资金、税务等的筹划。财务部门由"向后看"转变为"向前看"，由单纯承担核算、监督的"会计角色"转变为新模式、新战略下驱动业务运营的"决策支持者"和"战略引领者"。

伴随职能转变，财务人员组织、结构也发生了变化。财务人员可以分为三类，分别是基础财务、业务财务和专业财务。基础财务主要承担最基本的核算和监督职能，基础财务的工作大多可以标准化、流程化处理，伴随财务共享的发展，许多大公司和拥有众多分支机构的公司的基础财务以财务共享的模式运行。业务财务是指融入业务的财务，如以预算、分析、结合业务模式的税收筹划等方式对业务工作提供决策支持，创造价值。专业财务则包括税务筹划、并购、狭义的资金管理等财务工作。

以海尔集团为例，海尔集团的财务部门在转型前后人员结构发生了巨大变化。基础财务在转型前人数约占70%，在转型后比例降至约20%，早期公司曾有1800人从事会计工作，而缩减后大约为260人，以往每人每天可以处理几十份单据，而变革后平均每人每月处理5500份订单、44 000张发票，人员占比的大幅降低主要还是源于通过财务共享中心实现了基础工作的标准化和自动化处理。而业务财务人员在转型前约占10%，转型后有更多的财务人员融入业务，融入市场、研发、生产等各类自主经营体，为自主经营体提供决策支持，人员占比则高达70%。专业财务人员在转型前约占20%，转型后则占10%左右如图1-10所示。

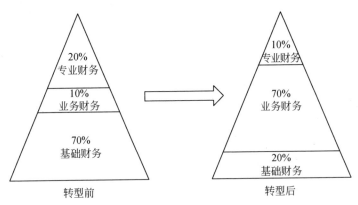

图1-10　海尔财务转型前后的财务人员结构对比

　　财务和业务的划分是企业管理专业化分工的结果，职能分工过细带来了流程的割裂，而企业全员的目标是一致的，即满足用户需求，创造用户，获得价值增值和回报。业务活动是直接创造价值的活动，价值创造结果用财务数据来反映。业务人员熟悉和掌握财务工具才能以价值增值为导向做出业务决策，而财务是对业务运行结果的反映和支持，财务了解业务才能更好地反映和监督业务运营情况，才能参与业务决策、提供支持意见和资金支持等。

　　海尔财务部门的变革支撑了海尔的转型，为海尔网络化组织内的自主经营体、小微企业的核算、预算、资金管理、分析、监控等提供了支持，使财务职能与变革后的价值创造模式、管理相适应。

　　重视并强化预算管理，是财务转变传统核算职能为主，实现向前看，对业务决策提供支撑的重要方式，也是促进业务和财务融合共同创造价值的重要途径。

四、强化控制：有轨才可控

　　全面预算管理的第四个重要功能是强化控制，即全面预算管理可以加强控制，更好地实现既定的目标。

有人看到马路边有两个人，一个人挖坑，挖完之后，另一个人再将挖好的坑填上土。那人感觉他们行为很奇怪，便上前去问："你们这是在干什么？"两人答曰："我们在栽树。"路人问："怎么没有树？"答曰："我们本来是三个人栽树，一个人挖坑，一个人放树，第三个人填土。今天放树那个人病了，所以没有树。"

看上去比较荒唐的故事，实际在生活和管理中也是可能存在的。如果不能根据条件和环境的变化及时调整行为，就会出现类似的固守原来计划的行为。及时进行行动调整，及时根据情况进行控制，是管理的重要内容。

火车无论速度快慢，总是在轨道上行驶，这就是控制。将火车控制在要求的方向，就不会出问题。企业预算管理也要通过预算把企业限定在一定的轨道上。

预算是执行过程中进行管理控制的基准和参照。要在执行中比较实际与计划的偏差并进行控制，使经营活动始终保持与目标方向一致。面对预算执行过程中出现的任何偏差，无论是积极的还是不利的，都需要寻找合理的解释。这样有助于分析内外部环境中发生的变化，识别出可以控制的因素和无法控制的因素，以及这些因素对我们达成目标的潜在影响。基于这些分析，我们可以决定接下来应采取的适当措施。

预算管理有助于控制无效和低效支出。通过预算管理，企业各级管理者可养成先算账后花钱、精打细算的习惯，在花钱之前，先做预算，确定支出的限额，作为后续资金支出时的控制标准，从而减少无效和低效的支出。企业成本费用追根寻源，都是从现金支出开始。现金支出，迟早都要计入成本费用。企业要想控制费用，很重要的工作就是在支出上把关。

企业通过预算管理，可加强风险控制。全面预算可以提前模拟企业未来的经营情况，可以考虑各种因素变动对最终结果的影响，使可能影响目标达成的问题提前暴露。根据预算模型还可以测算主要因素变动对最终目标值影响的程度，由此识别风险因素，提前采取防范措施，化解风险。

企业通过基于预算的激励机制设计，也可以实现控制职能。基于预算指标的激励机制，会激励管理者、员工努力实现预算目标；而约束机制会约束预算责任人完成最低目标，否则责任人的薪酬和回报会受到影响。

预算管理还有助于企业进行授权和分权管理。授权和分权的基础是能够有效控制风险，而预算管理通过设立目标、费用控制标准、激励方案等，使企业各个经营单位有秩序地运行，在此基础上，企业授权给各个经营单位后仍能保持企业的有序运营和风险控制，从而提高基层经营单位的积极性，提高决策效率，提升对用户的响应速度。

第二章

全面预算管理是一个"三全"体系

全面预算管理是一项综合性管理，涉及企业经营的各个方面，涉及各个层级和部门，包含编制、执行、考评等多个环节。企业实施预算管理需要构建一个完整的管理体系。本章将介绍完整的预算管理体系的构成，讲述如何建立预算管理组织、如何编制预算。

第一节　预算管理要成体系：三个维度九个要素

预算管理是企业必不可少的一项管理方法。海尔将预算管理融入自身管理体系，构建了预算、预案、预酬的三预体系。预算管理本身就是一项体系化的管理，要构建完整的预算管理体系就需要包含预算内容、预算组织、预算过程三个维度的各个要素，在此我们将预算管理体系概括为三个维度九个要素。

一、"三预"体系

预算管理在企业管理中并不是孤立的，需要嵌入企业管理体系。预算管理承接公司战略，基于经营计划进行编制，预算执行结果要纳入绩效管理。预算管理实施效果好的企业多将预算管理纳入企业管理体系，而实施效果不好的一个重要原因也是仅仅重视预算编制而忽视了预算与战略的衔接、预算考评和绩效管理。

海尔的"三预"体系由预算、预案、预酬构成如图 2-1 所示。这是一个动态、闭环管理的体系，预算是目标，预案是行动方案，预酬是价值分配机制。三个环节缺一不可。没有预算，就没有量化可执行的目标；没有预案，预算就没有行动支撑；而没有预酬，员工就缺少激励，也就没有积极性去完成预算、执行预案。

1. 预算：目标和资源配置的货币量化

预算是将目标和资源配置进行量化，最终以金额进行计量。年度预算在执行过程中需要分解到月度甚至到周、日。但市场环境在不断变化，难以在一个固定时间内一次性做出长时间的预算，因此预算并不是静态的，在经营过程中需要通过滚动预测不断调整。海尔建立了"161"滚动管理机制，一般以周为单位，将时间分为过去、现在、未来三个时期，以周为期间，第一个数字"1"代表过去的"1 周"，第二个数字"6"代表未来的"6 周"，第三个数字"1"代表当前的"1 周"，"161"表示"挂定上周，计划未来 6 周，锁定本周"，将实际完成、任务锁定、规划未来连接起来，不断滚动，这样就可以在预算指导下确定好当前任务，评定已完成绩效，做好未来计划，缩小与预算的偏差。对于不同层次的单元而言，其预算的周期也不同，比如可以以月为周期对预算进行滚动。

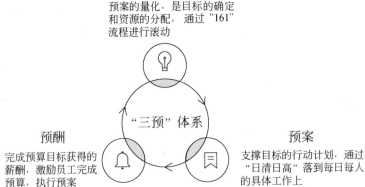

图 2-1　海尔的"三预"体系框架

2. 预案：实现目标的行动计划

预算是以数字形式呈现的，好的预算既要有量化的目标和资源分配，也要有行动计划，否则预算数字就无法和人关联，无法变成可执行的任务。海尔的预算是通过预案来转变为日常行动计划的。海尔还有一个日清管理体系，该体系可以对每天的行动计划和执行情况进行管理。年度预算通过"161"滚动管理机制变为周任务，而周任务通过日清管理落到每天，日清管理由信息化系统支撑，系统上显示出每个自主经营体和员工实际和目标的差距，在日清基础上不断改善，实现"日清日高"的目标。

3. 预酬：激发员工动力的激励机制

预酬也是预算的一部分，是指预先对实现目标的报酬进行预算，根据海尔的激励机制，海尔对自主经营体对应不同预算目标设置不同的报酬，从而激励自主经营体实现更高目标，避免了单一目标的一些弊端。预酬机制也有利于确定更高的预算目标，海尔内部称之为"高单"，即制定具有第一竞争力的目标，使得一流的人完成一流的目标可以得到一流的薪酬。其理念是由员工创造用户价值，分享价值增值，即"我的用户我创造，我的增值我分享"。

海尔的"三预"体系运行需要信息化系统的支撑，海尔建立的管理会计报告系统可以清晰地记录并及时反映自主经营体甚至是个人的目标、目标完成情况、报酬情况，海尔建立了以"人"为索引的人单酬表，表格记录了每名员工的收入、费用和利润情况，每个员工可以查看自己每天的投入、资源占用及最终产出的信息。实际完成情况与预算如果有不利的偏差，员工的报酬就会和预酬有差距，要获得预酬或者缩小实际报酬和预酬的差距，就要缩小实际与预算目标的差距，海尔内部称为"关差"，员工为实现自己目标薪酬努力的过程就是缩小实际与预算目标差距的过程，这样能够很好地促进预算的落地，提高预算执行的效果。

二、三维度九要素体系

海尔的"三预"体系表明其预算管理形成了体系化管理。预算管理要成体系，这一体系化的管理有几个要素：一是管理内容要全面；二是要有管理组织；三是要有全过程的管理。全面预算管理体系可以概括为三个维度，即预算内容、管理组织、管理过程，每个维度又有三个要素，因此形成三个维度九个要素的管理体系。如图2-2所示，预算管理需要建立预算管理组织，基于经营战略确定预算目标。预算管理的具体工作主要包括预算编制、预算执行、预算考评三大环节，考评结果纳入公司绩效管理，构成战略管理、预算管理、绩效管理的管理闭环。

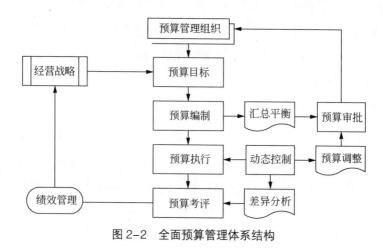

图2-2　全面预算管理体系结构

预算管理的三个要素中，预算编制内容解决的是"预算做什么"的问题，预算管理组织解决的是"谁来做预算、谁承担预算责任"的问题,预算管理过程解决的是"如何做预算"的问题。

1. 全面预算的三项内容

预算的内容实质上是确定了纳入预算管理的经济活动的范围。比如,有些公司主要编制预算的三大财务报表,就是典型的财务预算;有些公司还编制销售、采购等业务预算。从预算管理涉及的经营管理活动内容上看,一般将预算内容分为如图2-3所示的三大类型,即业务预算、资本预算、财务预算。

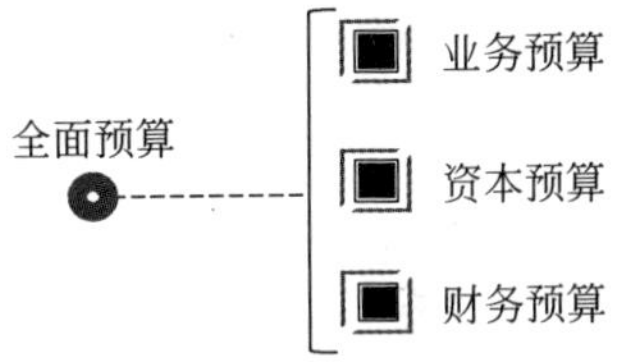

业务预算是企业经营活动的预算;资本预算是企业依据长期战略目标编制的,往往涉及企业大额的长期性资产的购置、建设或者企业的长期股权投资,主要是企业的长期投资预算;而财务预算是形成企业预算的资产负债表、利润表、现金流量表。依据短期目标(一般是一年的目标)编制企业业务预算,依据资本预算和业务预算编制财务预算。

图2-3 全面预算三类内容

企业实施预算管理一般是从财务预算开始,以此为基础不断拓展预算覆盖面,逐步将业务预算、资本预算纳入全面预算之内。一般工业企业全面预算的具体内容如图2-4所示。

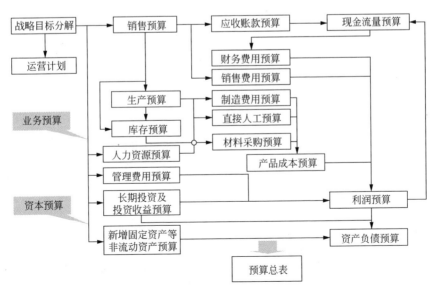

图2-4 一般工业企业全面预算的具体内容

（1）业务预算

业务预算也叫经营预算、营业预算，是与企业日常业务直接相关的具有实质性活动的预算。整个业务预算应该以销售预算为龙头，因为企业要面对市场，根据市场用户需求来组织产品生产与销售，所以首先要编制销售预算。只有把产品的品种、数量、销售收入确定了，才能编制生产预算，以及直接材料、直接人工、制造费用等预算，接下来编制成本预算、销售费用预算、管理费用预算等。

（2）资本预算

资本预算是企业不经常发生的、长期性活动的预算，亦称专门决策预算，包括投资决策、固定资产购置、无形资产投入等预算。企业要进入新业务、扩大再生产、进行技术改造、设备更新等，都需要固定资产投资、无形资产投资等，因此要结合企业战略规划编制资本预算。资本性支出一般金额大、回收期长，一旦投放将长期影响企业经营效益，因此资本预算很重要，也需要充分论证、谨慎决策。

（3）财务预算

财务预算是反映企业预算期内预计财务状况和经营成果，以及现金收支等价值指标的各种预算的总称，主要包括资产负债表预算、利润表预算和现金流量表预算。

利润表预算根据销售预算、成本预算、费用预算等编制。

现金流量表预算基于各类业务预算而编制，因为销售预算带来现金收入，成本费用预算和资本预算带来现金流出。要根据各期现金收支情况，结合期初资金情况，做好筹资预算。

现金流量表预算、利润表预算等编完后，就可以编制资产负债表预算。

从顺序上看，首先编制业务预算，然后编制资本预算，最后编制资产负债表预算、利润表预算、现金流量表预算等财务预算。

（4）全面预算管理的指标体系

做预算时会编制各种报表，而构成报表的是各类指标。这些指标细化到各个预算管理责任中心，按指标所反映的内容可划分为两类：财务预算指标、非财务预算指标。

① 财务预算指标。财务预算指标是以货币形式反映企业经营成果、现金流和财务状况的指标，如反映盈利能力的总资产报酬率、净资产收益率、销售净利率等，反映成长能力的营业收入增长率、净利润增长率、总资产增长率等，反映偿债能力的资产负债率、流动比率等，反映运营能力的应收账款周转率、存货周转率等。

财务指标的优点是容易获得实际核算数据，数据形成过程严谨；缺点是财务指标是结果性指标，不能反映影响结果的过程，一些关于企业研发、市场地位、员工发展、品牌等的重要影响因素难以用货币量化，不能用财务指标反映出来。

② 非财务预算指标。除财务预算指标以外，还有许多反映经营活动的指标，即为非财务预算指标。这些指标反映了企业经营管理活动的数量、质量，是影响企业收入、利润、资金状况的过程因素。非财务预算指标的优点是通过过程指标可以预测财务结果，缺点是这些数据的统计不如财务数据严谨。

主要非财务预算指标有：反映研发的指标，如专利数量、新产品准时上市率、研发投入、重要研发计划完成情况等；反映制造效率的指标，如单小时产量、质量指标、直通率、材料耗用量等；反映市场营销的指标，如市场占有率、签单情况、用户满意度等。

对于财务预算指标和非财务预算指标，最好用一个清晰的框架将各个指标加以梳理并建立联系，常用的方法是采用平衡计分卡来设计财务、客户、内部流程、学习与成长四个维度的预算指标。

2. 预算管理的组织架构

组织是职能的载体，任何工作的进行都离不开组织的保证，只要超过两个人就需要进行组织的管理。所谓组织就是把人在组织内部分群、分档，群一般按职能来划分，档一般按权限来划分，上一档对下一档进行管理。

预算管理工作涉及的管理工作范围广，涉及的管理环节多，涉及的人员数量大，是一项常规性、长期性工作。它是一个系统工程，不是简单找几个人来事前算算账的事。这项工作光靠财务部门是做不出来的，离不开有组织的管理，需要得到组织的保障，需要公司领导的参与，需要企业各部门的参与。

一般将预算管理的组织分为三个层次：决策层、日常管理部门、责任部门

（或称为执行单位），三个层次分别对应预算管理委员会、预算管理部、预算管理责任中心，如图2-5所示。全面预算管理的组织架构基本上是与企业已有组织体系一致的，但由于全面预算管理是一项专门的、综合的管理工作，企业往往需要单独设立预算管理委员会与预算管理部（或称预算管理办公室）。为了与现有管理架构融合，预算管理委员会基本与公司领导班子或办公会重合，预算管理部往往设在财务部门或综合管理部门之下，而预算管理责任中心往往对应企业各个部门和子公司、生产厂等下级单位。

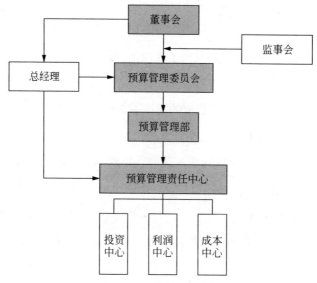

图2-5　全面预算管理的组织体系

3. 预算管理的管理流程

全面预算管理是一个闭环的管理流程，一般将预算管理划分为预算编制、预算执行、预算考评三个主要环节，如图2-6所示。其中，预算编制环节是确定预算指标的过程，预算执行环节是企业在运营过程中对预算指标执行情况进行控制、分析、调整的过程，预算考评环节是对预算指标完成情况所进行的考核、评价。

预算通常一年编制一次，编制的期间长度一般也是一年，因为很难预测一年以后将要发生的事情。有些行业如果变化较快，如消费电子产业，可能会缩短预算编制期间，如每6个月进行一次预算的编制。

第二章 全面预算管理是一个"三全"体系

图 2-6 预算管理的管理流程

预算编制过程包括预算编制前准备工作、预算编制上报、对预算的审查平衡、预算审批、预算批准后下发、预算分解等多个环节。

预算执行是在预算编制完成后依据预算对经营管理活动进行的控制、分析等工作，包括各部门的协调运作，对费用和资金支出的控制，以及对预算执行过程中的预警控制等。还需对预算执行结果与预算的差异进行分析，分析预算差异产生的原因，对于预算不再适用的还需要按程序进行调整。

预算考评是对预算目标完成情况进行考核，评价预算完成情况，激励预算责任人完成预算目标。

整个预算的流程形成一个闭环的管理。但在实际工作中，预算管理工作不闭环的现象比比皆是，比如，有些公司虽编制预算但编完后就没有预算的事了，预算编制后不进行分析、控制、调整，还有些公司预算虽有执行，但预算完成情况并没有被纳入绩效管理，这些都是不闭环的例子。管理不闭环致使预算管理的效果大打折扣甚至是无效果、负面效果。

对于预算管理的主要工作，我们可以以预算管理时钟的方式表示全年的主要工作，这些工作构成了从预算编制、预算下达、预算执行、分析及绩效考核的管理闭环。图 2-7 是某企业的预算管理时钟。

每年 9 月：集团总部开始启动预算编制大纲工作，基于企业自身和外部环境分析，确定公司战略，将战略转变为预算编制大纲中的原则性要求。

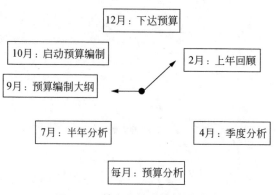

图 2-7 某企业的预算管理时钟

每年 10 月：启动预算编制工作，通过预算启动会开始启动预算编制工作，预算编制工作一般需要持续 2～3 个月的时间。

每年 12 月：经过对各个单位的预算审核，反复沟通，最终确定预算并下发给各个单位。

每年 2 月：对上年的预算执行情况进行回顾，将预算完成情况纳入年度考核。

每年 4 月：由集团公司组织召开子公司的季度预算分析会，评价完成情况，找出问题，制定改进措施。

每年 7 月：对上半年的情况进行总结，调整下半年预算指标。

每月：每个责任单位每月都要组织召开预算分析会，分析预算完成情况，找出差距，制订改进计划并跟踪落实。

综上，我们把预算管理体系概括为三个维度九个要素，内容维度包括业务预算、资本预算、财务预算，组织维度包括预算管理委员会、预算管理部、预算管理责任中心，管理流程维度包括预算编制、预算执行、预算考评。

4. 某电工企业的全面预算"五步法"

某电工企业[1]从事制造业，为提升管理水平，该企业以实现企业价值增值为目标，用三年时间分五大步骤逐步建立起全面预算管理体系。

（1）第一步：从无到有，做实费用预算

这一阶段的主要目标是通过费用预算编制达到"树意识、立规矩、控费用"

---

[1] 张德勇,潘锡睿,龚华萍.长江电工的全面预算"五步法"[J].财务与会计,2015(2):25-28.

的目的。主要工作包括设立预算管理组织，促使业务部门参与，坚持"先业务预算后经费预算"，实现预算与业务的结合，对费用进行刚性控制。对于需要调整的预算，严格调整申请，要求提供充分依据并遵照审批流程进行审批。

（2）第二步：从有到全，夯实业务基础

作为制造企业，管控重点在于组织生产及成本管理，这一阶段要做实与生产相关的业务预算与成本预算。主要工作包括结合市场、竞争、产能等预测销售情况，科学编制销售预算；生产大纲是企业经营活动的核心计划，以此为基础编制物料预算、用工预算、物流预算等。以定额为基础，开展车间的成本预算编制。发挥归口管理部门职能，实行费用归口管理。为促进预算的执行，将部分预算指标纳入绩效考核。梳理并规范预算编制内容、组织、流程。

（3）第三步：从全到深，细化成本预算

结合之前预算出现的问题，这一阶段主要深入细化成本预算。及时依据工艺改进调整材料消耗定额、产品工时定额、工装消耗及部件良品率等指标，将标准成本及定额成本同时作为预算编制的参照标准。细化各类生产保障性预算的编制。新增投资预算，细化投资对成本的影响。以零基方式编制与业务活动相关的费用类预算。将全面预算与日常经营考核有机统一，将收入、销售费用、材料成本、废品损失等指标纳入考核。

（4）第四步：从深到准，打造预算平台

用标准成本取代定额成本作为预算编制的参照标准，按成本性态将制造费用分为变动成本和固定成本两大类，使制造费用与业务活动更好地关联，每月将预算执行情况及考核情况通知被考核单位，促使其改进。

（5）第五步：从准到先，落实战略牵引

开展以资金预算为主线的分月动态预算管理，固化流程，编写全面预算编制指南，逐步建立起以月度预算执行分析为基础，包含三张管理会计报表和多个专项业务分析的管理会计报告体系。

该电工企业通过分步实施，提高了预算的接受程度，并在不同阶段循序渐进，提高实效，取得了很好的管理效果。

第二节 预算管理需要组织保障

组织架构是企业经营管理的基础支撑，任何工作都离不开组织保障，预算管理也需要建立相应的组织体系，明确职责，发挥领导的推动作用，全员参与预算管理工作。

一、预算管理组织的常见问题

有些公司预算管理的实施效果不好，其原因在于预算管理组织设置不当。预算管理组织工作中常见的问题有四个方面，如图2-8所示。

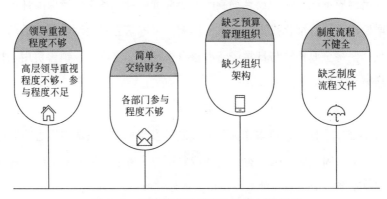

图2-8 预算管理组织工作中常见的问题

1. 领导重视程度不够

高层领导重视程度不够，不能亲自组织动员，不亲自审核预算编制的思路、主要目标。高层领导不重视预算，各部门负责人也不重视，预算编制过程中被动报数，不积极参与预算管理。

2. 简单交给财务

有些管理者认为预算是财务部的事情，各部门参与程度不够。财务部门可以编制财务预算，而财务预算要基于业务预算编制，没有业务部门参与预算编制和管理，预算就会与实际偏差大，难以指导经营，难以作为考评依据。

3. 缺乏预算管理组织

有些公司未建立预算管理的组织体系，预算管理组织包含决策层、日常管理、执行层三个层级，需要明确各自的职责和权利，如果没有预算管理组织和相应的职责分配，大量的预算编制、执行等工作就无法有效组织。另外，企业的组织结构要不断适应环境变化和战略调整的需要，预算管理组织也要适用组织的动态调整。

4. 制度流程不健全

预算管理涉及大量的表格编制、控制、分析等众多工作，需要完善的预算管理流程、制度、表格等相关文件，而有些企业把预算管理当作一项活动甚至运动，缺少适合的制度文件和模板对预算管理工作进行规范。

二、各级预算组织的职责

俗语说"一个和尚有水吃，二个和尚抬水吃，三个和尚没水吃"。为什么和尚多了反而没水吃？这与组织管理中责任和利益的匹配有关，一个和尚的责任和利益最明确，自己挑水自己吃；两个和尚在一起可能存在相互推卸责任的行为，因为喝水的数量不等，利益不等，所以分配抬水的责任就需要合理配置；有三个和尚时，随着人数增加，责任界定、利益分配都会更加复杂，甚至可能有人想"搭便车"，不想出力，可能存在三个人相互推诿导致没人取水的困境。

企业内部门、人员众多，责任和利益的分配远比三个和尚抬水这样的问题复杂，可能存在各部门、人员责任和边界不清晰，激励与责任不匹配等问题。组织是权力、责任、利益配置的基础架构，设置好预算管理组织对于预算目标分解、责任分配、利益分配等都是必不可少的工作。对于预算管理组织，要明确各级组织的责任。

1. 预算管理委员会构成及职责

预算管理委员会是预算管理工作的决策机构，负责预算管理工作中的一些重大决策，由企业的董事长或总经理任主任委员，对公司预算的管理工作负总责；

吸纳负责相关工作的副总、相关部门的主管，如主管销售的副总经理、主管生产的副总经理、主管财务的副总经理等人员。

预算管理委员会的主要职责如表2-1所示。

表2-1 预算管理委员会的主要职责

事　　项	职　　责
审定制度	审议通过有关预算管理的制度
确定大纲	审定预算编制大纲
审议目标	审议通过预算目标
审查预算	审查整体预算方案及各部门编制的预算草案
协调矛盾	协调和解决预算编制过程中的矛盾
督促执行	检查、监督和分析预算执行情况，督促改善
审议调整	审核预算调整的申请
审定考核	审定公司年度决算，并提出考核奖惩意见

2. 预算管理部构成及职责

预算管理部有时也称为预算管理办公室，是预算管理委员会的日常工作机构，主要是处理与预算相关的日常管理事务。它在预算管理委员会的领导下工作，并向预算管理委员会报告工作。

预算管理部一般设在财务部门，由财务部门作为预算管理的牵头部门。首先，由于财务部门的综合性，企业所有的经营管理活动都与财务有关，最终都会以货币形式进行核算、反映。预算管理的财务指标可以反映股东的利益，企业的所有活动都要直接或间接地服从于股东的利益。非财务指标是实现财务指标的动因或手段，只有弄清楚财务指标的动因，才能弄明白财务指标的业务内涵。其次，预算的最终结果一般都转化为三张财务报表（资产负债表、利润表和现金流量表），财务部门牵头便于协调前端各个部门。最后，对预算执行过程的控制以会计核算为基础。在执行过程中，需要将核算的实际结果和预算进行对比，分析差异，以完整报表形式反映执行结果。另外，会计核算结果严谨，作为预算考评的依据也更容易为人信服。

也有企业将预算管理部设在人力资源部、公司办公室等，但由于这两个部门的人员对财务工作不熟悉，在工作过程中往往会有大量与财务沟通、协调的工作，效率低，甚至会因财务知识欠缺而出现失误。

预算管理部的主要职责如表 2-2 所示。

表 2-2 预算管理部的主要职责

事　项	职　责
拟订制度	拟订预算管理制度表格等文件
拟订大纲	拟订主要预算编制原则和政策
测算目标	测算主要预算目标
协调编制	组织、指导、协调预算编制
审核预算	对责任单位预算草案进行初步审查、协调和平衡、汇总编制
控制预算	在预算执行过程中，监督、控制预算执行情况
预算分析	及时形成预算执行报告和预算差异分析报告
审核调整	审核责任中心预算调整申请，提出意见

在全面预算管理中，还要处理好牵头部门和归口部门之间的关系。牵头部门即预算管理的常设机构，一般为预算管理部或预算管理办公室。牵头部门的主要职责是在预算管理委员会的指导下，负责拟订全面预算管理的相关制度，负责布置、审核和下达预算，组织协调并综合平衡各部门预算，对全面预算管理各项工作进行跟踪、分析、考评等。归口部门的主要职责是在牵头部门的组织协调下，负责归口管理范围内的各项预算具体工作。例如，行政部门负责办公用固定资产、办公用品的管理，人力资源部门负责各个部门、单位的人力资源预算编制的组织、审核、分析和评价等工作。以研发预算为例，子公司的研发预算，不仅在子公司层面进行目标平衡和分级平衡，还需要集团总部基于集团公司整体的研发战略规划平衡各公司的研发预算。图 2-9 为某大型汽车企业的预算组织体系，根据本企业特点，设置有归口管理部门、各层级的预算执行部门。

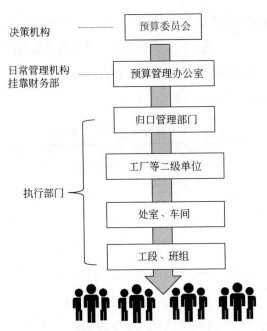

图 2-9　某大型汽车企业的预算组织体系

3. 预算执行部门构成及职责

预算执行部门或称预算责任单位为执行预算并承担相应责任的组织单位。各预算执行部门分别指定人员具体负责预算的编制、分析、控制。

预算执行部门的主要职责如表 2-3 所示。

表 2-3　预算执行部门职责

事　项	职　责
基础分析	对环境和自身进行分析，提供编制预算的基础依据
编制预算	编制本责任中心的预算草案
执行预算	监督本单位或部门预算的执行情况并及时反馈
申请调整	根据内部和外部环境变化提出预算调整申请

对于大的集团公司而言，组织层级不只是分解为一层，要层层分解。对于管理较成熟的企业，预算执行部门分解的一个基本原则是横向到边（即预算组织包括所有部门）、纵向到底（即最基层的组织，如到生产班组等）。

三、领导重视预算才能落地

大海航行靠舵手。许多企业换了个领导往往就会大变样。看一个组织,要首先看一下这个组织的领导,领导班子是否团结、是否有斗志,领导是否有能力。预算管理是一项具有全面性、长期性、复杂性的工作,如果没有领导的重视和推动,难以与战略衔接,难以协调各部门,难以把预算执行情况纳入绩效管理。公司领导在以下方面可以发挥重要作用。

1. 定战略,定目标

战略是否正确、重大决策是否正确,往往会影响企业的生死存亡和发展。企业战略和目标的确定要充分考虑企业所有利益相关方的需求和期望,考虑到包括顾客、所有者、员工、供方和社会等所有受益者的需求。

领导还要制定指导目标实现的经营方针。方针和目标既要适合组织的现状,又要对现状具有改进或促进作用,还要让全体员工都了解、理解企业的经营方针和目标,并将其作为自己的工作准则和目标。

2. 发挥带头作用,推动全员参与

领导具有强大的带头作用。历史上有楚王好细腰的故事,楚灵王偏爱纤腰之臣,每逢朝会,他总是欣赏那些腰身纤细的大臣,认为这样的身姿最为悦目。因此,那些体态轻盈的官员往往会受到楚灵王的夸奖、提拔和重用。受此影响,朝中的文武百官为了博得楚灵王的青睐,纷纷开始严格控制饮食,努力减肥,以期腰身变得纤细。一些官员甚至发明了快速瘦身的秘诀:每天清晨穿衣前,先深呼吸几次,吸气收腹,然后屏息,用宽腰带紧紧束腰。后来,楚国的官员们个个变得面容憔悴,身体虚弱。

对员工来说,领导的一言一行都是榜样。如果领导不遵守规章制度,不按程序办事,就会影响到员工,结果规章制度就会形同虚设,程序就会混乱,工作质量会下降,组织就难免走向衰败。预算管理不仅是对员工的管理,也是对管理者的管理,公司领导也不能例外,也要接受预算的约束,为公司员工贯彻预算管理制度做好带头作用。

如果没有全员参与,企业经营是难以成功的。要使全员参与,就要创造全员参与的环境。在这个环境中，全体员工可以充分参与，发挥他们的主动性、积极性和创造性。这里的"环境"不是指自然环境，也不仅仅是指一般的工作环境，而是指人文环境。不论规模大小，每个组织本质上都是一个集体。员工在组织内的行为受到集体心理的影响和环境的塑造。虽然企业良好文化的培养需要整个社会风气的支持，但最重要的仍然是企业领导。要创造全员参与的环境，领导首先要带头参与，起到示范作用；扫除影响员工参与的各种障碍，为员工参与创造条件；要通过精神的鼓励和物质的奖励激励员工参与。

3. 提供所需资源，对资源合理分配

企业运营要有必要的资源和相关条件，如人员、设施、工作环境、信息，以及资金等资源。如果资源投入不足或资源本身质量不高，企业运营就难以取得预期的效果。领导是关键资源的提供者，要维护好与股东、供应商、金融机构等的良好关系，获取企业发展所需的关键资源，提供员工工作所需要的资源。同时，领导掌握权力，也是资源分配的主要决策者，利用预算提前做好规划，并对组织的资源进行合理分配。

4. 建立一个有效的经营管理体系

领导的一个重要作用就是建设企业的经营管理体系，通过体系实现企业有秩序、高效率地运转。管理体系的建设涉及企业每个部门，需要从领导层面对各个部门进行协调。企业预算管理体系也是一个完整体系，需要在领导层面推进该体系的建立、完善。

四、"全员参与"必不可少

全面预算管理是一项系统工程，是各部门共同努力的结果，不仅是财务部门的事情。

现在大家出行，都习惯于坐动车和高铁，主要因为速度快，乘坐舒适。为什么动车相对于以前的火车速度要快？现在的火车和以前的火车动力是不同的。传统的火车动力集中在火车头上，整列火车依靠机车牵引，而动车是把动力装置分散安装在每节车厢上，是一种动力分散技术，使每节车厢既具有牵引力，又可以载客。动车组就是几节自带动力的车辆加几节不带动力的车辆编成一组，其中，带动力的车辆叫动车，车厢也会"自己跑"，不带动力的车辆叫拖车组，这样把动力分散，从而达到更高速的运行效果。

1. 预算管理工作需要全员参与

如同动车组有了更多动力装置,可以提高动车组的行驶速度,企业的运行也不能光靠领导,要靠全体员工有动力、共同努力,全面预算管理需要全员参与。

企业各项工作都是全员的工作。彼得·德鲁克讲,企业管理就是人力资源管理。各级人员是组织之本,只有他们充分参与,才能使他们的才干转化为给组织带来的收益。

看一个组织有无战斗力,除了前面所述的领导作用外,还要看是否全员参与。组织的大部分具体运营工作需要组织的成员去执行,需要全员参与。企业为顾客提供满意的产品不是单一部门的工作,是企业研发、制造、销售、服务等部门共同的目标,也离不开财务、人力资源等部门的辅助管理。所以任何一个环节、任何一个人的工作质量都会不同程度地、直接或间接地影响到顾客产品和服务的满意度。

人人做好本职工作,才能生产出顾客满意的产品。比如:产品设计不好客户不会满意,质量不好客户不会满意,服务不好客户同样不会满意。因此,应把所有人员的积极性和创造性都充分调动起来,不断提高人的素质。

再如,降低产成品库存占用,各环节都有责任,不单纯是销售的原因。销售是一个企业整体的行为,而不是销售部门单独的行为。销售好的,都是企业各个部门配合得好;销售不好,一定是各个部门配合得不好。

全员参与预算管理并不是指每个员工都参与预算编制、执行、考评等的所有工作,而是指每个员工都要接受预算管理制度的约束,可以按照预算的绩效管理制度接受激励,比如费用支出要接受预算约束,要将按照公司整体预算分解到各部门或个人的预算指标作为自己的工作目标。

2. 如何做到全员参与

做到全员参与企业管理工作,不能靠单一的管理方式,而是一套组合拳。我们概括了一个全员参与的公式,即意愿+能力+目标=全员参与,要使员工有参与的意愿、有参与的能力、有明确的目标。企业经营就好像在斜坡上滚球,不进则退,这个球就好比企业的经营目标,需要基层员工往上推,需要领导往上拉,如图2-10所示。

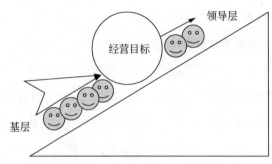

图 2-10　全员参与实现经营目标

（1）要激发员工的参与意愿

通过机制设计将"要我做"变为"我要做"。要激发员工的参与意愿，首先，要设置好预算激励机制，明确个人绩效标准，将个人绩效与个人收入、股权激励等挂钩。其次，企业应当建立有效的沟通机制，允许员工及时向相关领导或管理人员提出自己的见解和建议，并公开收集员工的意见与建议。最后，应为员工提供参与决策的机会。例如，可以将组织的方针和目标细化，设立经营改进议题，开展优秀员工评选等活动；也可以利用员工代表大会等方式，鼓励员工积极参与到企业的经营改进过程中。

（2）提高员工能力

员工要具备完成工作的能力，一方面在招聘时把好人员素质和能力关，人员入职后要通过导师带徒弟、培训、知识管理、经验分享等方式不断提高员工能力。预算管理可以培养员工前瞻性思维，增强财务意识，掌握财务工具，规划工作和评估工作时有投入产出的意识和评价方法，自觉地为公司价值最大化进行筹划和行动。

（3）要明确员工的目标

全员参与预算管理并不是让员工不分主次、不按程序地参与组织的所有活动。承担不同职责的员工参与的活动有所不同。企业要把整体预算目标分解下去，分解到每个部门、小组甚至个人，让每个人都清楚自己的目标、职责、权限、程序。只有每个人有明确的目标，每个人才会有明确的方向，才能评估业绩并及时进行评价和激励。而预算管理就是确定公司目标、分解目标至下级组织和个体并完成目标的管理方式。

第三节 建立网络化的自主经营组织

企业组织之于企业犹如人体的骨架,是企业管理的基础体系,企业组织服务于企业战略,传统科层制组织模式下的金字塔型组织在网络化、数智化时代面临挑战,企业要根据环境和战略需要对组织进行动态调整,而组织调整的重要目的之一是建立自主经营机制。

一、从金字塔型组织到网络化组织

科层制组织是最为普遍和历史最为悠久的组织形态,但科层制组织存在的一些弊端使其不能适应当前的管理需要,而网络化组织成为科层制组织转型的一个重要方向。

1. 科层制组织

科层制是企业组织最主要的形式,科层制企业组织具有金字塔形的组织架构,将企业分为各个层次,按照不同层级授予不同的权力。科层制企业一般具有几个特点。

① 形成了金字塔型组织。从基层员工到最高领导者划分为多个层次,一般至少3层,从基层到高层,每层的人员越来越少,权力越来越大。金字塔型组织导致企业管理层次多,企业决策链条长,信息在基层与高层之间传递慢且容易出现信息传递失真,上下级互动困难,管理效率低,而高层因远离市场可能会导致决策失误,从而影响企业的生存与发展。

② 企业以权力驱动。科层制组织的权力和资源集中在高层,基层为了获取资源就需要听命于领导、迎合领导,由高层到基层逐层分配资源,这形成了企业资源配置的基础模式,而资源配置权、用人权、考评权、分配权等驱动了企业的运转,形成了以权力驱动的组织,各项工作要不断依赖上层推动,不断通过会

议、督查、监控等方式推动。企业目标管理、预算管理采用将目标层层分解至各个基层单位的方式确定目标，将目标压给基层单位。

③ 企业职能条块分割，导致流程效率低。企业划分为多个层级、不同的部门，每个部门负责专门的一项或多项职能，部门是考核、评价的基本单元，各部门只考虑本部门利益，导致企业流程涉及跨部门时往往会流程割裂，效率低下。伴随着企业规模不断扩大，层级组织带来的各种官僚和低效的现象称为"大企业病"。"大企业病"是企业的慢性病，短期不能致命，但长期会使企业麻木并加重病情，最终使企业倒闭。

2. 网络化组织

网络化组织是另一种不同形态的组织形式。网络化组织中有各个节点，节点之间有各种联系，网络化组织比层级组织要灵活，可以更好地适应动态多变的环境。网络化组织一般具有几个特点。

① 各个节点之间是相对平等的关系。各个节点之间的关系不再像层级组织的行政隶属关系，是一种互惠互利、相互协作、相互信任和支持的合作机制。

② 动态变化。组成网络的节点会变化，导致节点之间的连接也不断变化，这种动态变化使得其对外界具有更高的适应性。

③ 分权。网络化组织中的权力分布于各个节点，网络化组织是扁平化的组织，组织内各个节点之间进行连接，不再经过多个层级的传递。

网络化组织之所以成为层级组织转化的一个重要方向，原因在于其对当前经济发展有更强的适应性。

① 用户需求多样化、个性化发展需要企业提供多样化和个性化的商品，企业的运营模式呈现出从大批量生产向大规模定制转变的趋势。小型组织更贴近市场，分权结构使其可以更高效地决策，而且小企业往往专精于某个细分市场，可以将产品做得更极致，由此会更快地响应市场需求的变化。

② 人力资本、知识在企业发展中的作用更加重要。层级制结构注重权力，不利于人力资本价值的发挥，而组织变小后，组织的利益更容易和个人关联，人力资本的价值更加容易衡量，而且由于企业分权，网络节点有更大的权力，这些利益和权力机制会激发企业家精神，有利于企业创新、创业。

③ 节点之间可以更容易地合作，也可以与网络外部资源进行合作。网络化组织的各个节点之间既不是层级组织下的命令和行政关系，也不是市场交易关系，比层级组织各级之间的联系要灵活，比市场主体间的交易成本更低，更高效。网络化组织内部连接的这一特点使网络组织内的合作具备了大企业的优势，又具备了小企业的灵活性。

3. 海尔的自主经营体

企业大了之后，层级增加，决策流程长、效率低，"大企业病"蔓延。在当前的互联网时代，无法快速响应客户需求就难以生存，海尔集团不断探索战略转型，进行组织变革。

海尔集团之前推出的自主经营体模式，把8万多员工分解成2000多个自主经营体。自主经营体就是把大组织变小，让小组织能够自主运作的机制。

以销售为例，以前全国、省、市、县四级都有人，现在省和市没有了，直接到县一级，而且县级团队不能超过7个人，他们有决策权、分配权、用人权，完全是一个小微公司，一个县的业务都由他们自主管理。

例如，雷神小微由四个海尔电脑部门的年轻人创立，他们从网友对游戏笔记本3万多条抱怨中得到启发，通过与游戏玩家沟通交流，整合研发、制造、物流等上下游资源，最终推出了雷神笔记本电脑。

海尔的自主经营体模型打破了传统的部门边界和上下级关系，建立了面向用户的动态契约关系。自主经营体之间依据提供产品、服务和资源等而建立了各种契约关系，契约规定了两个经营体之间的权利和义务，是双向约束和支持关系，打破了传统组织的部门边界和上下级关系，实现了去领导化、去部门墙。自主经营体是海尔网络化组织的节点，而节点之间通过契约发生联系，形成节点之间的连线，由此构成了一个网络型的组织。因为自主经营体会新建、发展、消亡等，网络节点是动态变化的，而自主经营体之间的契约因所提供的产品、服务、资源的变化而不断发生变化，也是动态变化的，所以节点连线也在变化，形成了一个动态变化的网络化组织。这一动态网络化组织就像一张不断变化和具有自我修复能力的"蜘蛛网"，能够更好地黏住用户并为用户创造价值。

二、企业组织的动态化调整

组织架构并不是一成不变的,以海尔集团为例,其组织形态不断动态调整,预算管理也需要顺应组织的动态调整,基于动态调整的组织实施预算管理。

1. 海尔组织形式的演变

海尔自1984年成立以来,其经营模式和管理方法不断演化和改进,其组织形态也在不断演化,由此不断提升组织的自主管理水平,如图2-11所示。

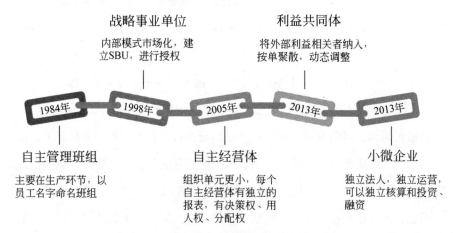

图2-11 海尔员工自主管理的组织形式变化

① 最早是以自主管理班组的方式在生产环节推进自主管理。对于自主管理班组给予其更多的授权,计算其盈亏并给予奖励,增强其自主意识,优秀的管理班组以班长的名字命名,增强荣誉感。这是海尔在公司内部进行自主经营的最早尝试。

② 1998年张瑞敏提出在内部模拟市场,将外部市场压力导入内部,并提出"每个人要成为SBU",将自主管理推进到各个业务和各个层面。SBU(Strategic Business Unit,战略业务单元)是国际上大企业采用的对多业务类别、多区域经营的业务或区域等进行分权管理的模式,每个事业部都有相对独立的决策权、用人权、分配权等,以此提高效率,激发事业部活力。这一自主经营模式从生产车间扩展到了各个业务板块,但权力架构的惯性以及缺乏每个人的管理会计报告体系等原因,影响了此次自主经营变革的效果。

③ 2005 年海尔又提出了"自主经营体"这一组织管理模式，海尔的组织单元变得更小。2012 年 6 月，海尔将 8 万多名员工组成了 2233 个自主经营体，每个自主经营体的人数平均约为 36 人。每个自主经营体具有用人权、决策权、分配权，有自己独立的报表和绩效，目标是"让每一个人成为自己的 CEO"。在这个阶段，自主经营模式不仅是单元变小了，而且海尔建立了以人为最小单元的管理会计报告系统，使人人都可以掌握自己每天的经营业绩。另外，海尔也推进了组织架构从"正三角"到"倒三角"的转变，实质是将原来层级分配的权力结构转变为面向市场和用户的组织架构。

④ 2013 年海尔提出了"利益共同体"这一概念，利益共同体一是将海尔外部利益相关者纳入进来，二是具有更强的动态性，按单聚散，动态调整。一个利益共同体可以包括研发、生产、销售等各种经营主体，也可以将财务、人力资源等经营体纳入，每个利益共同体都可以虚拟核算出其经营业绩。

⑤ 2013 年海尔提出了"小微企业"的组织形式。小微企业是独立法人，可以独立运营、筹资、投资，可以对员工实施股权激励，管理者可以持有股权，增强与股东利益一致性，参与公司治理。小微企业最初从商贸公司开始试点，后推广到更多的经营体。

海尔的小微企业主要包括转型小微和创业（孵化）小微，转型小微是由已经存在的自主经营体转化而来的小微企业，创业小微则是在海尔平台上利用平台资源孵化出来的小微企业。小微企业通常聚焦于某一细分市场，海尔对小微企业的持股分为控股、参股、不参股三种情况。

2. 组织动态调整对预算组织的影响

由于经营环境变化加快，企业的战略调整也变得频繁，适应企业战略的组织也不再一成不变，而组织是预算管理体系的基础，预算组织的动态化给预算管理工作带来多方面的影响。

① 影响预算目标的确定。传统上因人而定预算目标，预算目标的确定要受条件限制，而制约企业发展的最大目标是人，由于组织的僵化，人这一资源又难以在短期内得到提高或改善，从而制约了企业确定高目标。而类似海尔这样的企业，由于建立了动态组织，可以在海尔平台上选择优秀的员工，也可以整合外部

优秀的创业者，由此可以设立具有第一竞争力的目标（高单），由合适的人来竞争高单，实现目标与人之间的匹配。之所以能够实现高单与高人之间的匹配，首要的原因是企业不再是一个封闭组织，而是一个开放组织。

② 预算组织动态化使得组织及其成员在不断变化，要求企业能够适应这一变化，进行预算的动态调整。传统预算中，预算的各个组织单元会在年度或较长时间内保持稳定不变，即使变化，也不太频繁。而在网络化组织动态变化的情形下，预算组织的成员构成、目标等可能会更为频繁地变化。预算组织变化后，其目标、激励约束机制等也要相应调整，从而符合调整后的组织管理的需要。

③ 从公司整体而言，构成整个组织的各个单元在经营过程中不断地有新建、解散、扩充、缩减等变化，各个单元之间的契约也会不断调整，必然会影响各个组织单元的目标、预算表格、考核等的变化，这些都要求预算管理有更强的动态性。

三、建立自主经营机制

组织的运行有自组织和他组织两种模式，自组织中的员工的动力是"我要做"，而他组织中的员工的动力则是"要我做"，由外部命令来驱动。自组织和他组织运行的驱动力不同，原因在于自组织中通过机制设计实现了员工的利益与组织的利益激励相容，员工为自己利益努力会使组织获益。

海尔网络化组织的基本单元是自主经营体，自主经营体是组织细分后的单元，但自主经营体并不仅仅是把组织单元划小，更重要的是自主经营体是一种自主经营的组织，是一个自组织。自主经营体首先确定具备第一竞争力的单，即高目标，之后为实现高目标而成立自主经营体组织，签订目标承诺书，其组建程序如图 2-12 所示。

海尔自主经营体采用的是人单合一模式，员工为用户创造的价值越大，员工可以分享的利益就越高，员工由此具有了自我驱动力，自主经营体得以成为一个自组织。

除了能够分享利益外，自主经营体还能获得重要权力，比如海尔称之为三权的"用人权、决策权、分配权"，具备三权使得自主经营体的员工可以获得更多资源,提高了响应用户需求的速度。此时,原来科层制下领导手中的权力和资源被分散到自主经营体中,自主经营体的成员分为"体长"和"成员"两类(如图2-13)。自主经营体的组织结构是"倒三角"形式,成员在上,体长在下,通常只有一个体长,体长的主要职责是为成员提供支持,从命令者变为支持者。

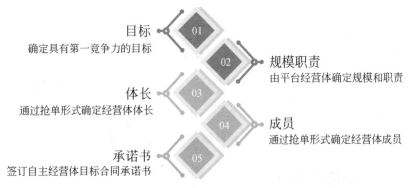

图2-12 海尔自主经营体的组建程序

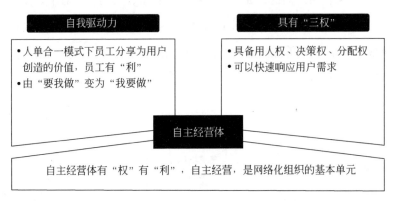

图2-13 海尔自主经营体运作的关键要素

海尔对员工自主管理的一系列变革就是不断进行优化机制设计。伴随着这一系列的变革,海尔自主管理的单位变小,范围从部分经营环节扩展到全部业务,权力架构从"集中型"变成"分布式",管理会计体系也不断随战略调整加以完善,最终实现了能够支持以人为单位的报告体系。

第四节 预算编制：从战略、计划到数字

预算编制是预算管理的重要工作。预算编制工作表现为各种指标的预算数据，而预算数据又来自既定战略下经营计划的量化。为了提高预算编制效率，预算需要确定基本原则，即预算编制大纲，还需要明确预算表格，对预算表格数据对应的业务进行论证和说明，形成预算编制说明与分析报告。

一、预算编制的常见问题

钟表是用来计量时间的，如果钟表的指针错了，时间就不对了。预算确定了企业的目标和资源投入，如果预算目标"错了"，指导企业的资源配置和控制就会出现问题，因此，预算编制是影响预算效果的首要因素。预算编制工作中存在的常见问题如图 2-14 所示。

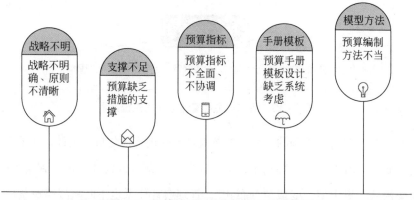

图 2-14 预算编制工作中存在的常见问题

1. 预算中战略不明确、原则不清晰

有些企业对环境和自身分析不到位，企业定位不明确，要实现的目标不清晰。预算编制要掌握大量有关环境、行业和竞争对手的信息，要对自身的优劣势

进行准确分析。预算编制所依据的相关信息不足，可能导致预算目标与战略规划、经营计划、市场环境、企业实际等相脱离。

如果在下发预算指导手册和模板时没有明确预算编制原则，易导致业务部门高报费用和低报利润，或者抓不住战略重点等。因此，在下发预算模板和预算手册前应明确预算编制原则。比如，规定销售利润率和人均利润不得低于上年同期水平，如果不满足此原则，财务部门拒收预算。有了人均指标约束，就可以避免业务部门编制预算时高报人员数量、高报费用而低报利润的情况。

2. 预算缺乏措施的支撑，预算指标与计划脱离

预算与现实基础脱节，不做上年回顾和分析。有些公司在启动新一年预算时，只是简单地照搬上年预算流程和预算模板，或者机械地执行上级预算指导意见，对上年预算执行情况的回顾和总结不够重视，预算是拍脑袋想出来的，没有具体的依据，缺乏充分的信息支持和论证，这极易导致预算的失败。对上年度预算执行情况进行回顾，可以发现预算执行中的问题，再从这些问题中找出调整方向，制定更可行的策略。

企业在编制预算时，还要注意预算与经营计划的协调，先编计划再编预算。预算目标是年度经营目标的分解和细化，企业要根据业务计划和财务计划来编制经营预算和财务预算。缺少计划方案和措施，预算指标就没有支撑，没有支撑的先进指标只是好看，却难以实现。

3. 预算指标不全面、不协调，指标间关系不合理

有些公司预算不全面，比如只有利润预算，缺少对资产负债的预算；只有业务计划，缺少资本支出计划和融资计划。计划间逻辑关系不对，比如没有考虑到业务模式的变化，简单按照同期总体费用率预计总费用。部分预算调整时其他相应预算不能同步调整，比如收入规模变动了，费用预算未调整。

4. 预算手册模板设计缺乏系统考虑

很多公司预算工作的低效不是由于其预算框架和预算思路出现问题，而是由于其在下发预算模板和预算手册时忽略了相关细节。公司预算，尤其是集团预算往往会涉及多个口径的数据，而且预算通常是以业务部门为主编制的，如果下发的预算手册和预算模板不认真考虑，适用性差，就会导致理解上有差异，数据无法汇总。

比如，要求上报收入是折扣前的收入还是折扣后的收入，是否包括代理业务的收入，是否包括其他业务的收入，出口业务收入所依据的汇率是什么标准等。

在下发预算模板和指导手册时，一定要站在业务部门理解能力的基础上，对数据口径明确定义，反复斟酌，确保没有歧义。同时，下发之前还应征求部分业务人员的意见，看其理解是否正确；下发之后必须建立顺畅的沟通渠道，适时统一解答有关预算口径方面的问题。

5. 预算编制方法选择不当，指标定得过低或过高

如果编制预算时只是采用单一的方法，可能导致预算目标缺乏科学性和可行性。预算编制方法是多种多样的。有效的预算制定能够充分考虑企业所处的行业特性、竞争战略、管理基础以及具体要求，并据此挑选适宜的预算编制方法。例如：

① 对于产品制造类企业，可以根据实际情况考虑采用弹性预算。

② 对于工程服务类、研发类企业，可以根据项目管理的需要编制项目预算。

③ 对于具有一定管理基础的企业，可以采用滚动预算的编制方法。

二、预算编制流程

1. 主要流程

预算编制过程为什么要耗费很长时间？一个重要原因在于在制定指标的时候要由上而下、由下而上、反复多次。一般企业预算编制的主要流程如图 2-15 所示。

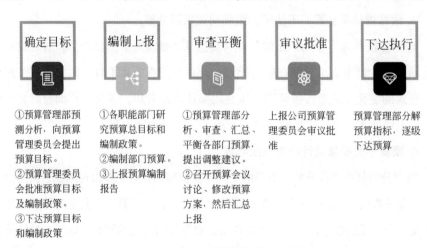

图 2-15 一般企业预算编制的主要流程

2. 确定目标

对于预算目标，企业需要结合自身战略重点进行确定。例如，某矿业集团编制预算时明确预算目标和编制原则，要求子公司必须注重内涵增长，必须把外延扩张与盈利提升和风险等级相协调、与自身资源条件和控制能力相匹配，坚持"规模、盈利、风险三维平衡发展观"。对于经营预算设定明确的关键控制"底线"，针对钢铁流通业务，坚持"流动性第一，盈利第二，规模第三"的预算原则。针对钢铁流通业务，设定资产负债率75%的风险总量"硬约束"，建立内贸业务4.5次、进出口业务3.5次的周转效率"硬门槛"，布置综合回报率8%的经济效益"硬任务"。对于投资预算，从紧控制，在平衡企业总体财务风险的基础上优中选优。坚持"五不投"：不符合发展战略和规划的不投，不符合自身承受能力的不投，无法全程控制风险的不投，投资回报低于行业平均水平的不投，资金来源未落实的不投。

3. 编制上报

某钢铁企业是一大型钢铁集团公司，其预算管理由预算编制、预算执行、预算分析和考核等环节构成。其预算可划分为经营预算、资本支出预算和财务预算三部分。每年9月初起草年度预算编制大纲，大纲体现了预算编制的原则、要求、责任单位职责和预算编制工作进度。在组织各个单位编制预算时，先由集团确定总体的主要指标，将这些指标分解给下级单位，下级单位根据这些指标编制预算草案，草案经预算管理办公室进行汇总、平衡、审核，薪酬预算方案报预算委员会审核，审核通过后即可下达成为正式预算。在预算编制过程中，往往需要反复多次报送、审核与修改。

4. 采用强加性预算还是参与性预算

根据预算编制过程中预算责任人参与程度，可以将预算分为强加性预算和参与性预算两种类型[1]，如图2-16所示。

（1）强加性预算（Imposed Budget）

采用自上而下的方法编制，所有的决策都由高层管理者做出，体现了高层管

---

[1] 张鸣,张美霞.预算管理的行为观及其模式[J].财经研究,1999(3):44-50.DOI:10.16538/ j.cnki. jfe.1999.03.008.

理者对企业过去运作的评价和对未来的预期，并不征求下级管理人员和职工的意见，由上级确定目标。

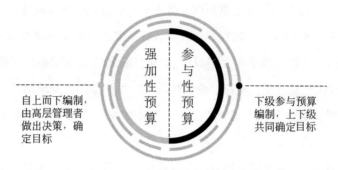

图2-16 强加性预算与参与性预算

其优点主要有：

① 决策快，效率高，参与预算编制的人数少，时间短，决策迅速。

② 利于整体利益，站在企业整体的角度考虑问题，着眼于全局利益。

③ 有利于贯彻高层管理者的意图。

其缺点主要有：

① 缺少战略沟通，预算责任单位与公司整体的目标不一致。

② 下级不参与预算编制，对完成预算目标的积极性有影响，不利于下级积极性发挥。

（2）参与性预算

所有层次的管理人员和关键岗位的人员都要参与预算的编制，上下级共同确定目标。

预算编制采用自上而下和自下而上相结合的方法，先由高层管理者提出企业总目标和部门分目标；各责任单位制定本单位的预算草案，呈报预算委员会；预算委员会审查各单位预算草案，进行综合平衡，拟订整个组织的预算方案；预算方案再反馈回各部门征求意见。经过自下而上、自上而下多次反复，形成最终预算。经总经理或董事会审批后，成为正式预算，逐级下达各部门执行。

其优点主要有：

① 有利于战略沟通和部门协调。参与性预算使上下级、各个部门间反复沟

通，可以促进信息传递，达成共识。

② 提高指标科学性。预算指标既体现了战略发展的要求，也使指标建立在业务现实条件之上，使得指标具有先进性和现实性。

③ 提高员工积极性。员工对于自己参与的预算指标更容易产生"这是我的预算"的意识，增强主人翁意识，提高其执行预算的积极性。

其缺点主要有：

① 可能会导致预算松弛。责任人可以利用自己参与预算目标确定过程的机会压低预算目标的实现难度，导致收入类指标被压低，成本费用指标被夸大。

② 预算工作效率低。由于预算指标经过上上下下的多轮沟通，导致预算工作量大，工作效率低。

5. 预算审查与平衡

各部门编制完成的各项预算，包括销售预算、生产预算、成本预算、费用预算、资本预算等报给公司预算日常管理机构进行初步检查审核。预算日常管理机构负责审核各部门提交的预算草案，确保其遵守预算编制大纲的规定，检查是否有任何项目被忽略或存在错误，并且评估预算草案中设定的各项指标是否符合企业的经营目标，以及数据依据是否充分可靠。同时，对于在预算编制过程中出现的任何问题和冲突，日常管理机构须及时进行沟通和调解。

预算日常管理机构在进行预算综合平衡时，主要关注两个方面：第一，纵向平衡，确保公司总体与下属各部门或单位在收入、费用、成本和利润等方面的一致性；第二，横向平衡，确保不同部门间相同指标的协调一致，例如生产部门的产量、库存水平与销售部门的销量之间的关系是否准确无误。

6. 预算审议批准

预算日常管理机构在综合平衡的基础上，编制公司的年度预算草案，经预算委员会审议通过以后上报董事会。董事会对公司年度预算方案认真进行审议讨论，决定是否批准预算方案。预算方案经董事会批准后作为正式文件下发，预算编制的过程就完成了。

预算管理委员会一般以预算质询会议或者称为预算评审会的形式对预算进行审议。

预算质询会议不仅是关于预算目标审核的会议，更是公司战略沟通的会议，是信息沟通的会议。预算质询会议主要有以下目的：

① 评估策略是否得当。各单位的经营思路是否清楚，与公司战略是否一致。对内外部环境分析、行业分析、竞争对手分析是否认真、细致，机会、威胁、优势、劣势是否清晰、准确。是否制定了正确适当的经营方针和竞争策略。

② 评估目标是否合适。对各单位的预算目标进行审议，确保目标有相当的高度且实际可行，并尽量保证公司总体经营目标、财务目标得到贯彻。

③ 评估机制是否合理。对于实现预算目标是否进行了合理的机制设计，是否有足够的激励，对于完不成目标是否有合适的约束机制。

④ 评价措施是否到位。各单位对于实现各自目标的各项措施是否全面、正确，实施时间表、责任人是否落实到位。

例如，某集团公司以预算质询会议的方式对预算进行评审，主要安排如图2-17所示。

图2-17 预算质询会议的主要安排

三、预算编制方法

预算编制需要采用合适的方法，预算编制方法一般分为如图2-18所示的六种类型,即固定预算、弹性预算、增量预算、零基预算、定期预算、滚动预算。

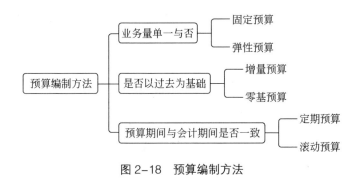

图 2-18 预算编制方法

1. 固定预算与弹性预算

编制预算的方法按其业务量基础的数量特征不同,可分为固定预算和弹性预算,两者比较如表 2-4 所示。

表 2-4 固定预算与弹性预算比较

项目	固定预算	弹性预算
含义	又称静态预算,是指只根据预算期内正常、可实现的某一固定的业务量(如生产量、销量等)水平作为唯一基础来编制预算的方法	又称动态预算,它考虑业务量对预算的影响,是在成本性态分析的基础上,按照预算期内可能的一系列业务量(如生产量、销量、工时等)水平编制系列预算的方法。变动成本随业务量的变动而予以增减,固定成本则在相关的业务量范围内稳定不变
优点	编制相对简单,也容易使管理者理解	能够适应不同经营情况的变化,在一定程度上避免了对预算的频繁修改,能够使预算具有更加客观合理的基础
缺点	不适应运营环境的变化,容易造成资源错配和重大浪费	可能会导致预算的刚性不足
适用	适用于业务量水平较为稳定的生产和销售业务的预算;成本费用以固定成本为主预算	理论上,弹性预算适用于编制全面预算中所有与业务量有关的预算,但实务中主要用于编制成本费用预算和利润预算,尤其是成本费用预算

固定预算和弹性预算不是对立的,是编制预算时同时使用的方法。比如,销售费用编制,其中的物流、维修等费用跟业务规模相关,采用弹性预算;其他的如办公费等与规模没有直接关系,则采用增量预算或零基预算。

比如,编制一个 5 人从青岛到海南 4 天自助游的费用预算,这就是一个静态预算,计算 5 个人往返的交通费用、5 人的住宿费用、旅游景点发生的费用等。

如果编制一个5人从青岛到海南3~5天的自助游费用预算，则是一个弹性预算，因为旅游的时间不同，有3天、4天、5天三种情况，而时间不同，往返的交通费并不变，但住宿费用因天数不同而变化，旅游景点的费用也会因景点数目不同而有差异。

对于弹性预算的变动量，有列表法与公式法两种方法来表明变动的业务量。列表法是在确定的业务量范围内，划分为若干个不同水平，然后分别计算各项预算指标值，汇总列入一个预算表格。公式法一般是基于指标间的线性关系，如用公式"$Y=a+bX$"计算任一业务量（X）的预算指标值（Y）。比如，就成本预算而言，公式法运用总成本性态模型，将成本费用分为固定成本和变动成本，用公式测算预算期的成本费用数额。

2. 增量预算与零基预算

从目标确定是否基于历史数据的角度看，预算可以分为增量预算与零基预算，两者比较如表2-5所示。

表2-5 增量预算与零基预算比较

项目	增量预算	零基预算
含义	一般以上一年度的实际为基数，预计自身和运营环境的变化，确定下一年度预算中的各个项目	不考虑以往期间的数额，根据预算期的需要和可能，分析预算项目和数额的合理性
优点	编制简单，省时省力	能促使管理者审查所有业务的必要性和合理性；有利于加强对费用的控制
缺点	①它假设经营活动以及工作方式都以相同的方式继续下去； ②不能结合新的业务模式等变化去考虑预算合理性； ③没有降低成本的动力，可能会导致将预算全部用光，以便明年可以保持相同的预算	①编制工作量大； ②对预算合理性的审查需要耗费大量时间和费用
适用	企业原有业务活动是必须进行的，基本上合理	一般情况下间隔几年编制一次零基预算，或在业务发生重大变化时才采用此方法；进入新行业，没有参照物时，也适合采用此方法

零基预算是20世纪70年代由美国德州仪器公司所创造的，是编制费用预算的重要方法之一。这种方法将所有费用支出预算的出发点假设为零。对于新业

务，从头假设业务运营情况，按照业务活动的必要性、合理性预估费用；对于有经营历史的业务，并不参照过去费用金额，而是重新思考业务活动的必要性测算费用金额。零基预算与增量预算相比，对于费用发生的合理性会有更加严格的评估，但是零基预算也可能会导致过多的时间耗费，并可能导致长期投入被削减。增量预算会更加高效，在编制增量预算时不能简单根据业务规模的增长等确定费用等的变动额，而是要分析业务模式、竞争需要等因素，从而对基数进行调整或者对增幅进行调整。

3. 定期预算与滚动预算

编制预算时按其预算期的时间特征不同，可分为定期预算和滚动预算两大类。

（1）定期预算

定期预算是指在编制预算时，以不变的会计期间（如日历年度）作为预算期的一种编制预算的方法。

其优点是能够使预算期间与会计期间相对应，便于将实际数与预算数进行对比，也有利于对预算执行情况进行分析和评价。

其缺点主要有两方面：

①盲目性。由于预算期较长，因而编制预算时，难以对未来预算期较准确地进行预测，外部环境和内部条件发生较大变化时不能及时调整原有预算，从而使原有预算显得不相适应。

②间断性。定期预算通常仅涵盖一个会计年度的经营活动，即便在年度中期对预算进行修订，也仅仅是针对剩余的预算周期进行调整，缺乏对未来的长期规划，预算的连续性差，这不利于企业实现长期稳定和有序的发展。

（2）滚动预算

滚动预算又称连续预算或永续预算，是一种在制定预算时将预算期限与会计周期分离的预算技术。随着预算执行的进展，这种方法会不断更新和补充预算内容，使预算期限逐期向后推进，始终保持一个恒定的时间跨度，通常为12个月。

其优点主要有两方面：

①及时性强。滚动预算通过考量先前预算的执行效果以及各种变动因素的影响，能够及时调整近期的预算安排。这样的做法使得预算更加贴近实际运营情

况，进而更有效地发挥预算在指导和控制方面的作用。

②滚动预算的显著特点在于其连续性、完整性和稳定性。由于摆脱了传统日历年度的时间限制，滚动预算能够持续不断地对企业未来的生产和经营活动进行规划，避免了预算周期性中断的问题。此外，它还使企业管理层能够清晰地掌握未来12个月的总体经营规划和近期的预算目标，从而确保企业管理工作的连续性和稳定性。

其主要缺点如下：预算工作比较耗时，代价较大。企业一般需要配备数量较多的专职预算人员负责预算的编制、控制与考核，这就会导致预算管理直接成本的增加。

滚动预算主要适用于以下几种企业：管理基础比较好的企业；生产经营活动与市场紧密接轨的企业。适用于以下情况：产品销售预算及生产预算的编制；规模较大、时间较长的工程类项目预算的编制。

例如，某集团执行三年滚动预算，在每年末编制后三年预算，其中第一年是分解到月度的预算，后两年是以年度为期间编制的预算，比如2024年编制2025—2027年预算，其中2025年预算分解到月度，2026年、2027年预算是年度数。到了2025年10月，又把2026年的预算进行调整，细化到月度，再编制2027年、2028年的年度数。这样同一年度，会滚动三次预算，既可以对未来三年期间做一规划，又能对当前最近的一年做一个比较细致的预算，如图2-19所示。

	2025—2027年预算			
2024年10月	2025年		2026年	2027年
	1月	…	12月	年度数	年度数

	2026—2028年预算			
2025年10月	2026年		2027年	2028年
	1月	…	12月	年度数	年度数

	2027—2029年预算			
2026年10月	2027年		2028年	2029年
	1月	…	12月	年度数	年度数

图2-19　某集团三年期滚动预算

四、纲举目张：预算编制大纲

预算以战略为导向，预算如何承接公司战略？预算编制大纲能够把公司的战略重点体现出来，指导公司的预算编制。预算编制大纲是预算管理的重要文件。预算管理过程中还应该把预算表格、预算分析等工作模板化、制度化，形成相应的文件。

1. 充分准备，预算文件模板化

预算启动前要结合本公司预算管理现状，做好前期准备工作。预算编制的基础主要包括历史数据的记录、制造业中的定额设定与管理、标准化流程以及会计核算等方面，这些都是为了确保预算建立在可信、详尽且完备的数据基础之上。此外，对各预算管理责任中心的会计核算、管理考核资料进行分析、数据调整。会计核算的科目既要满足会计核算要求，也要尽量与预算的项目设置对应，满足预算管理统计实际数据的需要。

另一项重要工作是预算文件的准备。预算涉及的内容多、单位多，通过提供预算编制的各种模板可以提高沟通效率和汇总审核的效率。这些文件要全面、清晰，主要包括预算编制大纲、预算编制表格、预算编制说明与分析报告，预算管理还需要建立相应的制度、流程文件，明确职责、流程。某集团预算管理的制度模板主要包括如图 2-20 所示的一文、一纲、一表、一报，即预算管理制度、预算编制大纲、预算编制表格、预算编制说明与分析报告。

图 2-20　某集团的预算管理的制度模板

2. 启动——确定预算编制大纲

预算启动时为更好地宣贯公司战略、做好预算工作组织，许多企业往往会安排一个预算启动会议。会议的主要目的是引起参与人的重视、提出预算目标及原则、进行分工等。

预算编制大纲是预算的纲领性文件,是企业战略在预算期间所应遵循的重要原则的体现。预算编制大纲必须由高层管理者亲自参与,认真研讨,确定各种预算的原则性要求,这样,公司各个单位才能有的放矢,各个单位之间才能有基本的协调规则。某企业的预算编制大纲要点如图2-21所示。

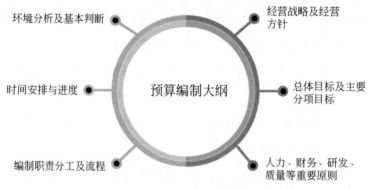

图2-21 某企业的预算编制大纲要点

某大型企业每年会在9月份启动预算编制大纲起草工作,编制大纲确定后会以正式的红头文件形式下发给各子公司,用以指导各公司编制预算。预算编制大纲会提出规模、利润、资金周转等财务目标确定的原则,还包括销售、研发、人力资源、质量等原则要求。

3.合理安排全面预算编制时间

预算编制需要耗费较长的时间,具体时间长短与企业规模、预算管理经验和水平等有关,一般也需要两三个月的时间。太早或太晚启动预算编制工作都不合适,太早启动,时间太长,影响其他正常工作;太晚启动,预算编制质量差,或者在新一年到来后还没有预算,也会影响企业运营。企业应依据自身的规模、组织结构的复杂度、产品线的多样性、预算编制工具的可用性及其使用熟练程度,以及全面预算实施的深度与广度等多个因素,来决定适合自己的全面预算编制周期,并确保在新的预算年度开始之前完成预算的编制工作。

某集团的全面预算编制时间安排如下：

- ✓ 每年10月15日前由集团职能部室及中心提出次年的预算编制原则或工作重点，由承担预算管理职责的集团财务部整理为集团次年预算编制大纲，经集团总裁办公会讨论后，下发各直属公司、各部门，作为编制次年预算的纲领。
- ✓ 10月底之前确定各直属公司一些关键的财务预算指标，如收入、利润等指标。
- ✓ 11月20日前各直属公司向集团财务部及相关部门、中心提报本公司预算。
- ✓ 11月底之前，集团各部门、中心按分管的职能对各直属公司提报的相应预算进行论证。
- ✓ 12月15日前，集团财务部组织召开预算评审会，对各公司预算进行评审。
- ✓ 12月31日前各直属公司根据评审会要求对年度目标进行调整，并分解为月度目标。最终通过后，由集团总裁签字批准并正式下达各公司执行。

五、预算表格：数据说话

预算表格是预算指标的重要载体，是预算分析的基准。如果表格设计不好，可能会存在填写时理解有误、格式不统一、不便于汇总、数据内容欠缺等问题，降低预算编制的效率。

1. 某集团的预算表格

某集团的预算包括财务、业务等各类预算数据，预算表格包括主要指标、三大预算报表、各项明细预算等，其中主要指标包括销量、收入、回款、毛利率、销售费用、管理费用、财务费用、资金周转、资产负债率等指标，大多数指标需要区分不同的业务类型。业务预算包括研发、质量、人力资源、工资、培训等各类预算表格，如表2-6所示。

表2-6 某集团预算表格构成

序号	报表	序号	报表
1	经营方针	18	应市项目研发预算
2	主要经营指标（三年预算）	19	预研项目研发预算
3	利润表（三年预算）	20	资金收支预算
4	资产负债表（三年预算）	21	品牌投入
5	现金流量表（三年预算）	22	资产负债表
6	主要经营指标（年度预算）	23	现金流量表
7	利润预算	24	资金周转预算
8	产品规划表	25	增值税预算
9	产销存预算	26	质量、服务预算
10	销售收入预算	27	资本支出预算
11	销售成本预算	28	工资预算
12	毛利率预算	29	人力资源预算
13	销售费用预算	30	培训预算
14	管理费用预算	31	安全预算
15	财务费用预算	32	节能减排预算
16	制造费用预算		
17	技术开发费预算		

2. 预算表格设计要点

预算表格的设计要遵循以下要点。

（1）突出企业管理重点

管理重点要通过预算指标体现出来，而预算表格就是预算指标的结构化数据呈现，不同企业的管理重点也不相同，即使是同一企业在不同的发展时期也有不同的管理重点，因此，针对不同的企业，或者同一企业的不同时期，预算表格的设计上也应该有所侧重。比如，制造型企业的管理重点是成本费用控制，需要设计成本费用的明细预算。而对于注重品牌和营销的企业，应该做好广告、品牌等费用明细的预算。

（2）运用管理会计工具和方法

预算表格是预算指标数值的格式化展示，各个预算指标并不是孤立的，在计算预算指标数值时应该运用一些成熟的工具和方法，比如变动成本法、量本利分析法等。

（3）要设计出满足管理需要的预算指标体系

会计报表主要是为了满足外部报表使用人，如股东、银行、税务部门等的需要。而预算主要是为企业内部管理服务的，因此表格的格式应以满足企业内部管理需求为主，不应局限于对外报表的项目，要设计出本公司管理需要的主要指标，比如采购计划执行比率、市场占有率、产品质量等指标，还有许多比率性指标，比如毛利率、资金周转次数、费用率、利润率、资产负债率等。

（4）建立规范的预算表格模板

预算编制涉及众多部门和单位，各个部门和单位的数据之间有关联，而整体预算需要通过部门预算进行汇总。规范的预算表格可以提高预算编制效率，除了规范的表格外，还应提供表格的填制说明，以便业务部门准确理解预算指标含义，统一指标口径。在一些指标需要提供明细时，还需要设置明细表格，如业务招待费、差旅费、销售收入等的明细表格。

六、经营计划：预算依据

预算表格展示了预算的相关数据，但预算数字背后的策略、依据等并不能反映出来，做好预算编制还需要将预算的依据进行报告，预算编制说明与分析是预算指标确定的依据以及对经营策略的分析，实现预算目标的一些计划、措施。

某集团的预算编制说明与分析报告有明确的格式。该报告是对问题和环境进行分析，确定经营战略、经营目标、经营措施的书面报告，是预算编制中的重要文件。该集团的预算编制说明与分析报告包括五大部分，即总结分析、环境分析、经营战略、经营目标、经营措施，如图2-22所示。

预算编制说明与分析报告实际上也是企业的经营计划，比如将实现预算目标的重要措施列为经营大事或管理项目等方式进行管理。对于一些特别重要的工作，列为年度经营大事。年度大事一般不超过10项，将每一项工作明确目标和责任人，在每月的预算分析会中对完成情况进行评价。另外，将一些与经营指标没有直接关系的管理体系完善等工作，列为重点管理项目，以利于在现有组织架构之外形成一些跨部门的小组，使各小组按照明确的目标和职责分工共同完成一项工作，并每月对照项目进度评价完成情况。

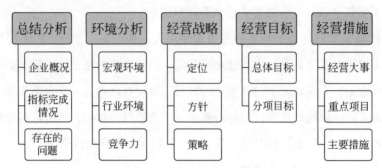

图 2-22　某集团预算编制说明与分析报告结构

七、预算分解：千斤重担大家挑

公司整体预算指标确定后，还需要进行层层分解，将公司整体指标分解为各个下级单位的指标，才能将预算指标的责任落实。

在指标分解时，有一种做法是指标层层加码。比如，公司确定的目标是10亿元，在分解到下级单位时，为了防止完不成，下一级领导会给自己留一些安全边际，把目标调高到12亿元，在往下分解到更下一级单位时，目标又被加到14亿元。这样到了最基层部门，指标被加码的幅度很大，导致基层单位感觉预算目标压根不可能完成，基层组织"破罐子破摔"，不利于激励基层员工去努力完成任务。这种状态并没有很好地体现预算目标的引导作用和激励作用，反而产生了一定的负面影响。

另外，错误的指标还会引起资源的错误配置。比如，基层为实现14亿元的目标，就要按照预算目标投入更多的资源，而这些资源投入与公司整体战略可能是不匹配的。

另外，年度预算指标分解还包括预算指标在各月度的分布。要使各月度的指标分布合理，避免将压力集中到下半年或年底，计算各月、各季度或上下半年的指标占全年的比重，看比重是否符合行业淡旺季、本企业历史规律以及预算期的经营计划进度等。

第三章

预算目标：以为股东实现高回报为核心

全面预算是涉及企业全方位、全过程、全员的管理活动，是战略落地的重要手段。预算管理中的一个核心工作是确定预算目标，由于预算的全面性和综合性，预算目标也会涉及很多方面，包括财务目标、业务目标，包括结果类目标和过程类目标，而企业管理的一个最终目标是为股东创造财富。预算目标中要把股东回报率作为核心财务目标，以此目标统领企业各个财务类预算目标和其他目标。

第一节　战略目标：预算管理航程中的灯塔

预算编制一般是从确定重要经营目标开始。目标的确定是第一位的，因为经营活动要围绕经营目标来展开，经营目标的确定是编制预算的出发点。经营目标实际上决定了企业必须从事的主要经营活动、要达到的成果，决定了企业干什么、干到什么水平。

我们所称的预算目标是指预算主体总体的、主要的一些目标，而预算管理是全面的、细化的量化管理，除了主要目标外，还有更详细的其他预算指标。预算目标和预算指标间是总体和部分、关键和全面、概括和详细的关系。

一、以终为始，目标引领

企业管理活动是为企业战略服务的，预算管理自然也是如此。战略确定了企业预算管理的方向，而预算管理是企业战略落地的工具。

1. 战略管理与预算管理的关系

战略是为实现企业使命或长远目标而确定的整体行动规划，是在特定环境下，为实现一定的长期目标而对资源和能力实施有效的配置和组合。

公司战略具有以下特点：时间上是对未来的长期谋划；空间上注重对总体的谋划；需要依据企业内外部环境进行深入分析和准确判断；在重要程度上，涉及对企业长远发展起决定性作用的重大问题；在实现方式上，需要对企业资源进行配置。

确定战略目标是企业战略规划的核心组成部分。这些目标体现了企业在特定时期内期望实现的主要成果，包括但不限于竞争地位、业绩水平和发展速度等，指导企业在一定时期内的经营方向和目标水平。战略目标通常设定为3～5年甚至更长的时间跨度。不同发展阶段的企业，其战略目标的侧重点会有所差异，这些差异在财务指标上表现为净资产收益率（ROE）、经济增加值（EVA）、每股收益（EPS）、股票市值、收入规模、利润水平、销售净利率等不同的财务目标。

（1）战略管理是全面预算管理的起点和导向

企业战略决定了全面预算管理的导向，没有企业战略，预算就会失去方向，失去存在的价值和意义；企业要结合战略重点来选择适合自己的预算管理的重点。如果全面预算与企业战略脱节，或者连接关系不清晰，各年度的预算完成不能保证战略目标的实现；没有长期战略引导，各年度的预算也可能会缺少衔接。

（2）预算管理是战略目标实现和落地的重要管理手段

鉴于战略目标通常具有长远性和指导性，它们在企业的日常运营和生产活动中往往难以具体把握和实施，也难以进行有效的考核。通过实施全面预算管理，企业可以将这些较为抽象的战略目标分解为更具体、可操作的组成部分，如生产预算、销售预算、融资预算等，使管理活动既可执行又可衡量。

（3）预算的监督和控制有利于企业战略管理的调整和优化

企业通过预算控制可以发现实际与目标的偏差，可以更好地做好环境分析，预算报告系统将这些关键信息传递给决策层，从而协助企业进行战略规划的实时调整，增强企业战略管理的适应性和灵活性。

2. 如何将战略转化为预算目标

预算管理要支撑战略实施就需要做好战略到预算的转化，做好二者的衔接，可以通过以下工作将公司战略转化为预算目标。

（1）确定企业的总体战略

不同的战略决定了企业不同的管理重点，如确定成本领先战略的企业必然关注如何控制成本开支，谋求以比竞争对手更低的总成本向整个市场提供产品或服务、吸引客户，企业首先要确定公司整体战略，比如是采取扩张策略还是稳健或收缩战略，实现扩张的方式选择，竞争战略采用低成本还是差异化、集中化策略等。

（2）企业董事会决定3～5年战略目标

确定企业整体战略后，还需要制定中期目标，确定3～5年的重要战略目标，比如产能规模、用户数量、市场地位、收入、利润等指标。

（3）确定企业的职能战略

各个职能部门，包括研发、生产、市场营销、人力资源以及财务等，都需要根据自身的职责制定与企业总体战略相符合的工作目标和行动计划。以追求成本领先战略的企业为例，其核心目标是在竞争中保持成本优势。因此，在制定人力资源战略时，企业必须重视员工的技能熟练度和素质水平。人力资源战略的关键目标之一是提升员工的技能和素质，这在人力资源预算目标上体现为增加对员工在职培训的投入，以提高工作效率，减少对非熟练劳动力的依赖，从而降低人工成本。对于研发部门而言，其战略重点不在于增加产品种类，而在于开发能够实现规模化、标准化生产的产品。

（4）企业管理层将董事会设定的战略目标逐步细化为年度目标、年度经营计划。根据年度目标和经营计划编制销售预算、生产预算等各项业务预算，编制资本预算、财务预算。

3. 京东低价卖书与预算目标设置

当当网创建于1999年，比京东早5年，曾在中国图书电商领域占绝对优势地位。2010年10月8日，当当网成功上市，被誉为"中国的亚马逊"。可当当网并未保住先发优势地位，早已被挤出电商第一阵营。2013年，它的市场份额仅剩1.4%，排在天猫、京东、苏宁易购、腾讯电商、亚马逊中国、1号店、唯品会后面，位列第八名。

京东最早是从事3C类电子商务业务，在2011年创始人刘强东放出"5年内不允许京东图书部门盈利"的口号后，引发了京东和当当网的市场争夺。

为什么刘强东要进入图书市场？因为对于B2C（Business to Consumer，企业对消费者）电商而言，网上书店是最佳突破点。由于图书具有高度标准化的产品规格和轻便的重量，它们普遍被认为是物流难度最低的商品之一。此外，作为一种信息媒介，图书允许用户通过网络轻松地评估产品质量，并据此做出购买选择。

在《创京东》一书中，刘强东分享了他在与当当网和亚马逊中国进行图书市场争夺战时的策略思考。他认为，图书对于吸引新用户尝试京东平台具有重要作用，有30%～40%的京东新用户是通过购买图书加入的，而在图书业务初期，这一比例甚至更高。通过与这两家资深电商平台的价格竞争，京东巧妙地吸引了它们的长期用户群体——这批用户是互联网早期的网购者，随着网站的发展已经成长为具有较强经济实力的30多岁人群。图书的价格战有效地使这些用户注意到京东，并将他们转化为京东3C产品的消费者。

当当网在销售图书时主要关注每本书能够带来的利润，京东则将图书视作电子商务中消费者主动搜索和购买频率最高的标准化商品。即便销售一本书会导致5元人民币的亏损，但若能因此吸引一个有效的注册用户，其成本远低于通过市场营销活动获取用户的费用，这样的商业模式在京东看来是非常划算的。

可见，京东低价卖书的主要目的是获得用户，使用户因低价来购买图书转变为京东用户，进而购买京东其他家电、电子等3C类产品，因此对于其图书部门，其预算目标不再是一般的盈利甚至收入，而是用户数量及用户购买其他商品的比例等。

二、生命周期阶段不同，预算重点不同

企业如同人一样，也有生命周期，一般可分为初创期、成长期、成熟期和衰退期。在不同的发展阶段，企业的管理重点不同。

比如，对于一个处于成长期的企业来说，提升市场份额往往是其战略目标的核心。为了实现这一目标，企业在预算管理上的策略往往会聚焦于增加销售预算、市场营销费用预算以及人力资源预算，以助力市场占有率的提升。相对地，当企业进入成熟期，其战略目标可能转向稳固现有市场份额并巩固竞争地位，这时企业预算管理的主要目标可能会转向成本控制，以维持和优化其市场地位。如果不了解企业的战略目标，预算管理便如同轮船在大海中航行没有了灯塔，在风雨之中飘摇。如果不了解企业战略重点和实现路径，在成长期盲目大幅度缩减营销费用、在成熟期忽视成本控制等，都是机械的预算管理。一般而言，生命周期不同阶段的销售收入变动及预算重点如图3-1所示。

1. 初创期企业预算重点

对于初创期企业，由于其初建，资本投入较大，新产品开发的成败具有较大的不确定性；市场投入大，市场的不确定性大；大量资本支出与现金支出，使得

企业净现金流量为负数，筹资为财务管理重点。

这类企业的预算重点是资本预算，包括对各个投资项目的可行性进行决策的预算，做好各个时间的资金收支平衡，对于资金缺口筹划资金需求的规模、来源、成本等。

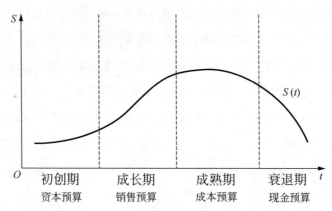

图 3-1　生命周期不同阶段的销售收入变动及预算重点

2. 成长期企业预算重点

步入成长期的企业，尽管产品逐渐为市场所接受，但企业仍然面临较高的风险，主要风险在于企业能否在该阶段快速成长，取得市场领先地位，企业营销的资金投入较大，现金流也有较高的风险。

在企业的成长期，战略焦点往往集中在营销活动上，目的是挖掘市场的潜在能力并提升市场份额。相应的，预算管理的核心任务是确保营销战略得到充分的资金支持和有效执行，从而帮助企业获得持续的竞争优势。

3. 成熟期企业预算重点

进入成熟期，企业占有较高、较稳定的份额，市场价格也趋于稳定；由于大量销售和较低的资本支出，现金净流量一般为正数，且保持较高的稳定性，企业经营风险相对较低。但公司的成长空间较小，成长节奏放慢，增幅下降。潜在的压力非常大，市场价格基本稳定，既定产品价格的前提下，企业收益能力主要取决于成本这一相对可控因素。

如何控制成本费用，令企业效益最大化，是这一阶段财务管理的重点。成本管理有两个重要意义，一是降低成本提升产品的竞争力，二是通过降低成本来提升利润水平。以目标成本为核心的预算体系，适合于那些产品生命周期较长、产品已进入成熟阶段、市场需求相对稳定，且企业主要通过成本优势来获得竞争地位的公司。

例如，某航空公司于 1992 年创立，从 2001 年正式提出实施"以降低成本为目标的预算管理"，通过预算管理手段，围绕降低成本费用水平，对成本进行事前、事中、事后控制，将低成本管理融入公司生产经营的各个方面，以提高公司的经济效益。

4. 衰退期企业预算重点

进入衰退期，市场竞争越来越激烈，产品慢慢进入淘汰阶段。该时期企业所拥有的市场份额稳定但市场总量下降，销售出现负增长，财务上的亏损不可避免，这时要以现金流量预算为重点，主要考虑如何把现金尽量回收。为开发新产品、进入新业务积累投入资金，需要有新的增长方向，确保企业持续发展。

按企业生命周期理论来解释预算管理模式，只是一种理论上的抽象，它适用于单一业务或产品的企业，一般企业都有多种业务或产品，在多业务或产品的公司，将该理论分别运用到各个业务上，针对不同的业务发展阶段所注重的预算管理重点也不同。

当然，对不同发展阶段的企业确定不同的预算重点并不意味着放弃其他方面的预算要求，预算审核应根据战略、盈利模式、生命周期阶段等综合考虑预算目标的主要内容，以指导企业预算管理的具体工作。

5. 生命周期与第二曲线

管理哲学之父英国人查尔斯·汉迪如此阐述"第二曲线理论"：任何一条增长曲线都会有增长的极限，持续增长的秘密是在第一条曲线下行之前开始一条新的增长曲线，如图 3-2 所示。

过去的成功并不会把企业带向未来的成功，过度迷信促使你成功的逻辑，必然会把你带向平庸。因此，企业在成功时就要想好未来如何转变，否则当你终于知道该走向何处时，企业开始步入衰退，机会已经永远失去。

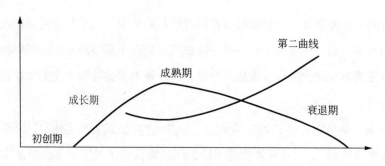

图 3-2　企业生命周期与"第二曲线"

海尔创业以来前后经历了 6 个发展阶段，如图 3-3 所示，每个阶段海尔都有一个明确的战略，海尔并不固守于一个战略，随着发展不断调整其战略，在企业下滑之前开始一个新的战略，使得海尔总体上不断增长。自 1984 年，海尔历经品牌战略、多元化战略、国际化战略、全球化品牌战略、网络化战略，海尔已经 5 次成功地跨过发展的拐点，用 35 年时间走出一道优美的"第二曲线"，2019 年海尔的战略又进入一个新的阶段，即生态品牌战略阶段。

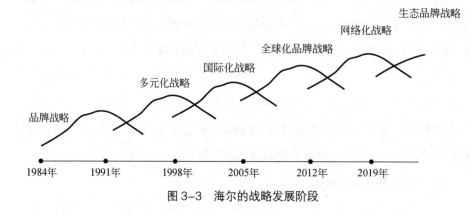

图 3-3　海尔的战略发展阶段

三、商业模式不同，预算目标不同

商业模式不同，企业收入来源、成本结构等也会不同，预算目标的确定需考虑商业模式因素。

在 360 刚进入杀毒软件领域时，国内在该领域领先的公司是瑞星，360 公司提出对用户永久免费。竞争对手对此质疑，用户也持怀疑态度，360 公司对用户永久免费可能吗？360公司对用户免费如何取得收入以支持公司开发杀毒产品、维护杀毒产品？

而事实证明，360公司的这一策略不仅可行，而且还不错。2011年360公司在纽交所上市，2011年取得利润0.1亿美元，2014年取得利润2.2亿美元，2019年实现净利润约59亿元。

360为用户提供了非常好的体验，使得用户数量急剧增长。比如，对电脑垃圾的清理，在清理前，先告诉你有多少问题，红色的底色显示有多少垃圾，如果需要清理，可以点击"一键清理"按钮，清理完毕后，以绿色底色显示清理了多少垃圾，使用户感知到使用360的良好效果。

360公司拥有一系列丰富的产品，包括360安全卫士、360安全浏览器、360保险箱、360杀毒、360软件管家、360手机卫士、360极速浏览器、360安全桌面、360手机助手、360健康精灵、360云盘、360搜索等。

360通过免费服务引流，将用户和其广告服务联系起来。360安全卫士是免费产品，在用户使用产品后，提醒用户是否安装360浏览器，将用户引向其浏览器产品，利用这些软件产品之间的引流，360公司引导用户使用其他服务，这时用户可能会点击浏览器中的一些导航、广告、游戏等。2014年12月，360基于PC（Personal Computer，个人计算机）的产品和服务的月度活跃用户总人数达到5.09亿人。360公司从广告商和游戏商处获得收入。对于360公司的商业模式，其收入并不直接来自用户，而是其服务的广告商等客户。

360公司的商业模式如图3-4所示。

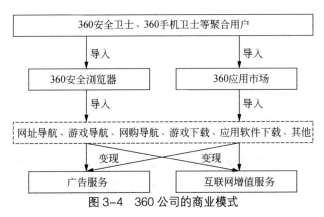

图3-4　360公司的商业模式

我们通过360公司的2019年年度报告可以发现,在线广告收入占总体收入比例为76%,互联网增值(游戏、其他)业务收入占比7%。

对于360公司这种商业模式而言,其预算目标不再像一般企业为其来自用户的收入,而可能设置为对杀毒软件等产品的使用满意度、黏性、引流用户数量、增值收入、广告收入等。

四、构建预算目标体系

预算是企业由今天迈向明天的桥梁。企业战略就是对未来的规划以及实现的路径,是由今天的基础到实现明天的目标,是一步步成长的过程,所以预算必须有当年完成的财务目标,同时要兼顾未来战略发展的一些保证,比如开拓新业务、提升品牌知名度、做好产品研发和技术储备等,这些都会影响企业的未来。

1. 目标体系构建的原则

构建的预算目标体系应考虑一些基本原则,如图3-5所示。规模与质量兼顾是指企业不仅要做大规模,还要提高质量;短期与长期均衡是指不仅要注重当前的利益,还要在当前为未来的发展做好准备;内部和外部并重是指不仅注重内部管理水平,如技术研发等,还应关注外部的竞争优势,如市场占有率等;过程与结果结合是指不仅要关注最终结果,还要关注带来最终结果的重要过程。

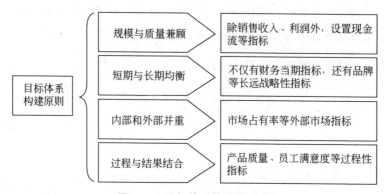

图3-5 目标体系构建的原则

例如,国内某大型企业集团的预算目标一般通过以下几方面来表述:产业结构调整的目标,如进入什么行业,这是注重长期发展的目标设置;财务指标,如收入、利润等，这是规模要求，同时注重收入、利润的结构，如出口业务比重，这是质量要求；市场地位目标，如市场占有率的位次，这属于外部目标；技术目标、人力资源目标、质量目标等内部目标、过程目标。

2. 采用平衡计分卡梳理战略目标体系

企业战略目标体系化是很多企业所困惑的，利用平衡计分卡可以很好地解决这个问题。平衡计分卡是由罗伯特·卡普兰和大卫·诺顿提出的。平衡计分卡可将企业的战略转化为一系列可衡量、可分解并具有内在逻辑关系的指标的组合，确定企业的战略目标和行动措施。

平衡计分卡把公司目标分成四个维度，即财务维度、客户维度、内部流程维度、学习与成长（员工）维度。每个维度有2～3个指标，这样就形成了重要的10～15个关键指标。

例如，某个汽车企业基于平衡计分卡确定了4个维度的预算目标，如图3-6所示，每个维度又包括4个左右的指标，这样既可以囊括主要指标，指标之间又形成了层层支撑关系。

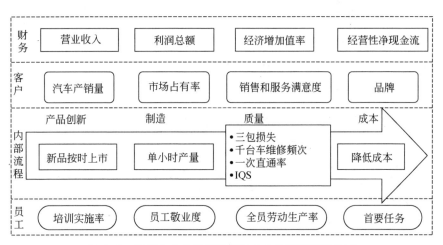

图3-6 某汽车企业基于平衡计分卡的预算目标体系

第二节　目标该定多高

预算目标是针对主要的预算指标确定的数值，目标数值高低反映了预算目标完成的难易程度。预算目标的高低既会影响预算责任人的积极性和压力，也会影响企业资源配置。预算目标的确定要防止出现目标过低导致预算松弛，也要避免目标过高难以实现失去激励作用。

一、够苹果还是够星星

预算目标内容确定后，另外一个重要问题就是目标值高低如何确定，如果目标定得不适当的话，不仅起不到激励的作用，反而会使责任人放弃目标。

1. 三只猴子的故事

将三只猴子分别关在三间房子里，饲养员每天为它们发放一定数量的食物，但食物放置位置的高度不一样，具体如下：

A 房间的食物直接放在地上，猴子很容易获取。

B 房间的食物分别从低到高悬挂在高度适当的不同位置上，当食物放置的高度在不断增加时，猴子通过不懈努力，也能获取相应的食物。

C 房间的食物放置在一个很高的位置上，在房间内现有的环境下，猴子不可能获取所放置的食物。

两周后，饲养员发现：

A 房间的猴子严重发福，而且精神萎靡不振。

B 房间的猴子处于正常生活状态，并比之前强壮了些，攀高跳跃的能力也大大提高了，精神状态良好。

C 房间的猴子已经奄奄一息，濒临死亡。

猴子的故事说明：过低的目标没有激励性，适当的目标可以激发为实现目标而努力工作的动力,而过高的目标会导致放弃目标,如图3-7所示。

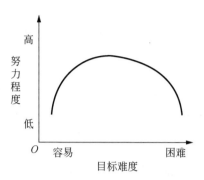

图3-7 预算目标难度与努力程度的关系

2. 鞭打快牛和破罐破摔

预算目标如果定得低,可能出现所谓的"鞭打快牛"现象。有些责任单位提前就完成了预算目标,比如有些单位在11月份就超额完成了预算年度目标,再往下做就会超额更大。按说这是好事,但他们可能不想继续努力,一方面超出目标并没有激励措施,另外,当年完成得太好,下年的指标又会进一步被调高。

相反,如果目标定得过高,可能会出现"破罐子破摔"的现象。比如,到10月份只完成了目标的40%,预算执行者可能会选择不努力了,因为他们知道,即使自己再努力也不可能100%完成任务,而公司设置的考核制度对完成40%或者更高一些并没有什么区别。

对于企业来说,这两种做法人为地降低了经营者的努力程度,减少了给投资人的回报。可能有人会认为这是事先设定目标惹的祸。准确地制定目标是个世界难题,因为我们毕竟是在为不可知的未来行为设定目标,因此极有可能把目标定得过高或过低。其实,出现上面这两种情况的根本原因是公司考核制度出了问题,将考核状态设置为完成、没完成两个选项。解决的方式是分段考核,根据完成情况不同给予相应的激励或约束措施。

3. 三级递进目标

预算目标如何制定得比较合理,注意我们用的词是"合理",而不是"准确"。把预算定得准确比登天还难,但是把预算目标定得合理是可能的。

比如,1万米的长跑比赛,如果比赛只设置第一名的奖项,刚开始跑时,所有人都努力跑，但当第一名产生后，后面的人动力就小多了，甚至有些人中途退出比赛，没退出的也只是所谓的坚持重在参与的体育精神。但如果多设置几个奖项，甚至是以较低的标准作为奖励起点，能坚持跑下来的人就会更多。

根据图3-8所示的三级递进目标设置法，可以设置一个在正常情况下难度很小极易实现的目标，称之为底线目标，这是预算目标的最低值；在此之上可以设置一个有一定挑战性的预算目标，称之为进取目标；再往上还可以设置一个完成难度大的挑战目标。三级递进目标设置法是为了避免单一目标存在的弊端，需要针对不同层级目标设置不同的激励、约束机制。

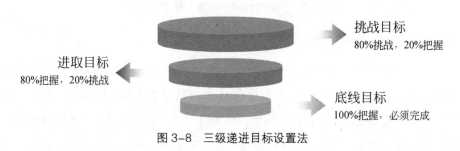

图3-8 三级递进目标设置法

二、定目标有标准

确定合理的预算目标并不容易，但也并不是无章可循。在实践中可以参照行业标准、竞争对手、历史水平及发展战略要求等确定目标。

1. 行业标准或竞争对手标杆法

这一方法是指参照行业的基本水平或竞争对手的指标水平确定自身的预算目标。

企业的发展始终与其所在的行业环境紧密相关，因此行业标准成为制定预算目标时的重要参考依据之一。企业应在参考同行业经营指标的平均值或先进水平的基础上，结合企业在行业中的竞争策略，合理设定其预算目标。

标杆管理法是指参照同行业各项经营指标的平均或先进水平，在考虑企业的行业竞争策略的基础上，合理确定企业的预算目标的方法。所谓标杆管理，是通过衡量比较来提升竞争优势、实现企业持续快速发展的过程。其基本原理是，先以行业中领先和最知名的企业在产品、服务或流程方面的绩效及实践措施等为基准，即树立学习和追赶的目标，然后通过收集大量资料，将本企业的实际状况与确定的基准进行定量化的评价和比较，分析本企业与目标企业差异产生的原因，并在此基础上提出改进措施，达到或超过目标企业的水平。

采用这种方法的原因主要有两个：其一是为了维持企业在其行业内的竞争优势，培养核心能力；其二是为了解决董事会在预算目标设定和审查过程中可能存在的信息不对称问题。由于企业经营者直接参与日常经营活动，他们掌握的信息通常比董事会更为全面和深入。为了防止经营者故意低估预算目标，董事会需要重点关注企业的整体发展战略和行业信息等宏观层面的研究，并参考行业内的优秀企业标准来设定合理的预算目标。

某电信运营商为了提升精细化管理水平，深化以效益和价值为核心的全面预算标杆管理工作。

① 公司完成了适用于总部和省公司两级的全面预算管理标杆体系和国际运营商对标体系，前者包括预算标杆指标库（标杆指标超过600个）、标杆手册、重要管理场景设计等，后者包括五大洲32个主流运营商超过110个指标的国际对标数据。

② 构建和推广300多个地市级的全面预算管理标杆库，实现多管理层级、多业务维度、立体化的标杆管理体系；同时，加强预算标杆库的应用，确保其在预算编制、价值分析、精细管理和综合评价等多个方面发挥积极的作用。

③ 各公司、各部门通过找标杆、创一流，积极向内部兄弟公司、同业竞争伙伴、国际同行企业、社会优秀企业学习，通过全面对标折射差距，寻找并推广最佳管理实践，更加合理地设定改进目标，有效指导和支撑管理决策和资源配置，助力实现低成本高效运营。

2. 历史趋势与历史标准

这一方法是以企业过去某一期间实际业绩或几个时期的平均值为参考确定预算目标。

企业的长期发展应建立在其历史发展的基础之上。预算目标应以企业前几年相关指标的发展速度和水平为基础，以一定幅度的持续改善为原则，将趋势值作为修正企业年度预算目标的因素，并结合考虑未来的一些变化和战略规划确定预算目标。这一方法应建立在企业过去正常发展的基础上，历史数据比较准确，积累的历史数据比较完整。例如，供水、供电企业参照历史数据的淡旺季规律确定预算指标。

3. 目标导向与公司战略竞争需要

这一方法主要是根据战略目标和外部竞争需要制定预算目标。

基于企业战略在年度预算指标中的作用，强调通过企业发展战略分析，确定企业的战略重点，从而确定企业预算指标水平。目标导向法通过制定体现战略意图的预算指标以及预算管理的实施、控制等，将战略规划与预算管理有机结合，实现与战略目标对接，最终保证企业战略目标的实现。

在年度经营目标的设定上，错误的理念是：依据我们拥有的资源能够达到什么样的目标。正确的理念应该是分析战略要求我们达到的目标是什么，我们该如何实现，为了实现这些目标我们需要哪些资源。

另外，目标的设定还需要考虑战略竞争的需要。例如，滴滴最初为了尽快抢占市场，曾长期对用户和司机进行巨额补贴。在互联网领域，只有前一两名才会有持续发展的机会，所以抢占市场份额、成为市场老大，是企业重要的竞争策略。

三、目标要协调，模型少不了

预算目标一般不是一个目标，而是一组目标，如何保证这些目标间的关系合理，往往要通过预算模型来解决。要解决各个环节的资源配置以及这些资源投入产出情况，需要厘清它们间的关系，否则可能会导致预算目标相互不衔接、不协调。上下级在讨论预算目标时往往会出现不同的结论，其中一个重要原因是大家确定目标时所依据的逻辑不同。

有了这个模型，假设输入的数据是科学准确的，整个推理是合理的，输出就是合理的，就能得出大家都能接受的相对科学合理的目标。有了这个模型，经营决策过程就变得透明，从而减少了目标确定时的讨价还价。有了这个模型，企业可以在预算执行过程中测算出经营环境变化后，即输入新的变量后，结果会有什么变化。

在不同层次的预算编制中，同一指标可能会采用不同的预算方法和模型。例如，在业务预算中，销量预算在企业层面可能会采用趋势分析法，这种方法基于对过去几年销量趋势的分析，并结合预算年度的环境变化情况，构建一个销量趋势模型。而在部门层面的预算编制，可能会使用个别分析法，这种方法涉及对每位客户情况进行具体分析，并结合预算年度的环境变化，预测每位客户的销量。总之，在制定预算时，应建立一个既实用又稳定的预算模型，避免随意性，特别是应避免让不直接参与业务的人员拍脑袋决策。

还可以使用一些管理会计模型。比如，量本利分析就是一个简单的模型，可以测算固定成本、单位变动成本、价格、销量、利润之间的关系。

构建预算模型主要有以下步骤。

第一步，要考虑利益相关者的主要要求。综合考虑股东要求、资本市场预期、行业竞争、战略要求、历史情况等因素来确定预算目标，如图3-9所示。

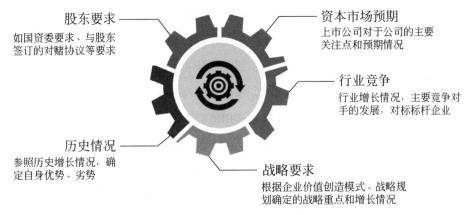

图3-9 考虑多个因素确定预算目标

第二步，将利益相关者的要求转变为主要经营指标，同时要考虑之前所讲的企业战略、发展阶段、盈利模式等，确定完整的经营指标构成。

第三步，梳理这些指标间的逻辑关系，明确哪些是输入变量、哪些是产出变量，变量间存在什么关系。

第四步，构建并测试预算目标模型。

第五步，结合历史数据、竞争对手情况及模型测算结果，确定预算目标值。

四、如何解决预算松弛？

预算执行者为了完成预算目标，倾向于隐匿真实信息，制定较为宽松的预算标准，留有余地，这种现象就是预算松弛（Budget Slack），或称为预算宽余[1]。这种行为倾向主要表现为：收入预算被低估、利润预算设置得较低、费用预算过高、成本预算膨胀，以及设定易于达成的目标等。

1. 预算松弛产生的原因

（1）目标不一致

预算目标的确定过程是委托人与代理人之间的博弈过程。委托人、代理人是广义的，对于公司经营层而言，委托人是董事会，代理人是经营管理层。对于中层管理者，委托人是公司经营管理层。

在预算编制过程中，高层管理者通常扮演委托人的角色，而基层管理者则充当代理人。这两方的目标在很多情况下并不完全一致。高层管理者往往从企业整体的视角出发，致力于合理配置资源以实现企业整体利益的最大化，并为公司的长期发展目标而工作。相比之下，部门主管和基层员工可能更关注他们所在部门或个人的利益，如个人财富的增长、职位的提升等。当企业目标与部门或个人目标出现不一致时，企业规模做大以后，最高领导人不可能什么情况都很清楚，担任代理人角色的部门主管和员工可能会利用他们掌握的信息优势、市场知识、技术专长等资源来追求个人利益，这种行为可能导致预算松弛现象的出现。

从契约角度认识预算。在预算管理的契约关系中，委托方通常为股东、董事会和集团公司，而代理方是各个经营单位和子公司。契约明确了双方的权利与义务。对于委托方而言，他们的义务在于提供必要的资源支持，而他们的权利则是获得相应的投资回报。代理方，即经营单位和子公司，有义务交付利润回报并致力于最大化股东利益，他们的权利则包括获得资源保障以及相应的激励。预算的确定过程就是委托、代理为了双方利益达到平衡而做出的关于资源投入和回报的契约签订过程。

虽然目标的确定过程是一个博弈过程，但博弈并不是市场主体之间的博弈，委托人掌握权力优势，代理人有信息优势。博弈达到均衡时目标确定下来，一般

---

[1] 徐冬冬,仇冬芳,孙志宇.企业预算松弛问题的弱化研究[J].价值工程,2009,28(11):119-121.

而言委托人强势,有时代理人强势。

(2) 信息不对称

信息不对称可以说是产生预算松弛的根本原因。执行者掌握更多信息,具备优势。在强加式预算方式下,在传统的预算制定模式中,上级部门负责拟订预算计划,而下级部门仅负责执行。这种模式下,由于存在信息不对称的问题,所制定的预算往往与实际情况不符,难以有效发挥预算的预期作用。相对地,在参与式预算过程中,下属部门被鼓励参与预算的制定,这不仅能够激发他们的积极性,还能提供更多来自基层的第一手信息,有助于缓解信息不对称的问题,从而使预算目标更加贴近实际,这是其积极的一面。然而,参与式预算也有其潜在的不利因素,下属部门在提供预算信息时可能会利用自身的信息优势,对上报的数据进行美化、修改或隐瞒,这可能导致预算松弛,影响预算的严谨性和实效。

(3) 防备上级的层层削减或层层加码

就像在市场上买衣服一样,卖方的要价往往要高出其最终售价,就是预留出了讨价还价的空间,这对于谈判双方而言是一种谈判策略。

(4) 缓解以预算为考核标准造成的压力

在参与式预算的过程中,下属部门参与到预算目标的设定中,而这些设定的目标随后转化为衡量下属业绩的基准。如果所定的预算目标过于苛刻,而实际未能达成,那么在业绩未达到既定标准的情况下,下属可能会损失诸多利益,包括管理层的认可、职位晋升以及薪资增长等。甚至有些绩效评价方法,完不成设定的考核指标值,就得不到任何绩效年薪或激励,此种方法就会对预算责任人产生很大的压力。因此,为了避免过度的工作压力和不确定性对未来的影响,下属在制定预算目标时往往会设定得较为保守,以提高实现目标的可能性。预算松弛具有积极和消极两方面的影响,如图3-10所示。

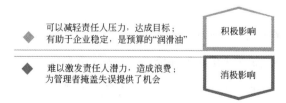

图3-10 预算松弛的积极影响与消极影响

2. 预算松弛问题的解决

（1）慎重确定下级预算编制的参与程度和参与方式

预算编制可以采取自上而下、自下而上或上下结合的方式。当预算过程完全是自上而下时，可能会与实际情况脱节，造成预算方案不切实际。而自下而上的预算过程可能会导致目标过于容易达成或与企业的整体战略不一致。在实际操作中，有效的预算过程往往是两种方法的融合，即预算负责人在公司高层制定的框架和原则指导下，首先提出预算草案，这一阶段体现了自下而上的特点；高级管理人员审查这些预算提案，在审查过程中，如果高层认为目标过低，可以与基层管理者进行沟通，说明提高指标的考虑，通过充分沟通，确定调整后的预算目标。

下级参与预算编制可以提供各种相关信息，有利于增强下级完成预算的积极性，但下级参与并不是要将预算目标决定权交给下级，在上下级不能就目标达成一致时，上级才可以决定预算目标。

（2）构建企业内部信息共享系统，减少信息不对称

信息不对称为预算松弛提供了基础环境。上级参与解决信息不对称的问题，如利用专业机构或企业内部研发、市场机构进行充分市场研究，提高预估的准确性。

建立企业内部的信息共享机制，以解决信息不对称的问题。同时，高层管理者应当积极参与到预算编制的全过程中，深入基层，通过收集更多高质量的信息，将预算松弛带来的负面效应降至最低。

（3）制定合理的业绩评价标准，缓解执行者压力

合理的评价方式一般应采用区间式，而不是单一的指标值方式，如完成目标80%～100%如何考核，完成100%以上如何考核，而不是完成目标即得到全部激励，完不成100%的目标就无任何激励。

另外，业绩考核指标多元化。预算目标的达成情况确实可以作为衡量业绩的一个标准，但它不应被视为唯一的评价依据。为了全面评估业绩，应当结合多种评价方法和指标，例如采用360度绩效反馈等多维度评估手段。只有将预算目标与其他评价指标相结合，并合理运用这些工具，我们才能建立起一个公正且有效

的薪酬与业绩评价体系。

（4）采用合理的比率指标、明细指标

有时预测未来是很困难的，比如销售收入的预测，但企业经营往往会有一些规律，可以用某些指标来概括，比如产品毛利率、销售费用率等指标。以比率指标而不是绝对金额作为控制指标，可能会更准确。

另外，有些指标不仅要编制总体情况，还要有明细情况，也就是指标细化。指标细化就是对总体指标的分解，有了明细情况，就更容易判断指标的合理性。例如，销售目标分解到各种产品结构、各个地区、各个业务员等，更容易发现指标结构的合理性，如图3-11所示。

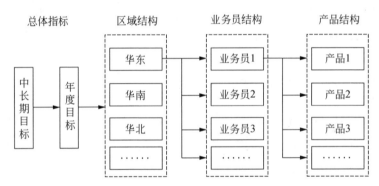

图3-11 销售目标按"区域－业务员－产品"进行结构分解

（5）明确算法

明确预算指标确定的规则，如依据总体市场规模及本公司的占有率计算出对应的销售额，确定销售规模。

第三节 核心财务目标：股东权益报酬率最大化

企业的财务指标有营业收入、利润等多种指标，其中营业收入是反映企业业务规模的主要指标，利润是反映企业盈利的指标，这两个指标都是绝对数指标。股东是企业的所有者，股东最关心的是其在公司所拥有的权益的回报率，反映企业为股东创造的价值的主要指标是股东权益报酬率，我们预算管理的核心财务目标就是股东权益报酬率最大化。

一、ROE 是衡量股东回报的核心指标

企业发展的目标有多种理论，其中一种理论是股东财富最大化，这种理论认为股东获取的是剩余收益，承担企业风险，拥有企业的剩余索取权，企业存在的重要目的就是为股东创造最大的财富。

股东财富最大化对于上市公司而言，主要以股价来衡量，对于非上市公司而言，净利润是企业为股东创造的价值增值的反映，这是反映企业为股东创造价值回报能力的重要指标。由于不同企业股东的投入不同，单纯用净利润反映不出回报率，需要通过净资产收益率来衡量股东回报水平。

净资产收益率（Return on Equity，简称 ROE）又称股东权益回报率、净值报酬率、权益报酬率、权益净利率等，是衡量公司盈利能力的重要指标，是指归属于股东的净利润额与平均股东权益的比值，也是衡量股东资金使用效率的重要财务指标，其计算公式如下：

$$净资产收益率（ROE）=\frac{净利润}{净资产}$$

第三章 预算目标：以为股东实现高回报为核心

我们举个例子，A 公司股东权益为 100 亿元，年度净利润 10 亿元，B 公司股东权益为 50 亿元，年度净利润 7 亿元，如果按照绝对额看，A 公司的净利润高于 B 公司，但 A 公司股东投入额更大，如何判断两公司股东回报率高低？此时需要通过计算净利润与股东权益比值来判断回报率，A 公司股东回报率为净利润 10 亿元与股东投入 100 亿元的比值，比率为 10%；B 公司股东回报率为净利润 7 亿元与股东投入 50 亿元的比值，比率为 14%，因此 B 公司股东回报率更高。该比率就是 ROE，ROE 是反映股东回报率的核心指标。

格力电器、美的集团和海尔智家 3 家公司 2018—2022 年的 ROE 对比如图 3-12 所示。从图 3-12 可以发现，从给股东的账面价值回报率看，3 家公司的 ROE 整体都处于较高水平，但近年来降幅都较明显，表明公司的资本盈利能力有所下降。横向来看，3 家公司中，美的集团的资本盈利水平处于领先地位，而海尔智家则长期处于较低水平。从走势看，美的集团 2019—2022 年的净资产收益率持续走低，一直呈下降趋势，从 2019 年的 26.43% 降到 2022 年的 22.21%，但降幅不大。海尔智家的 ROE 也呈现出持续下降趋势，2022 年下降至 16.81%。

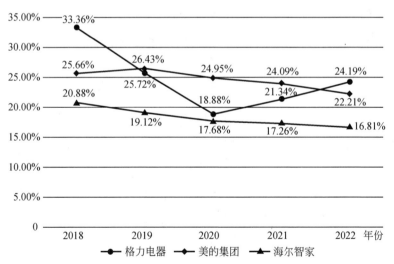

图 3-12　美的集团与格力电器、海尔智家净资产收益率（ROE）对比图（2018—2022 年）

二、如何拆解 ROE：盈利、营运、财务杠杆

ROE 是衡量企业为股东创造回报水平的核心财务指标，那么这个指标又是由什么决定的？杜邦公司将 ROE 分解为三个指标，也就是销售净利率、总资产周转率、权益乘数，如图 3-13 所示，这三个指标相乘即得出净资产收益率，而这三个指标分别都还可以再往下分解，形成一个将资产负债、利润表的数据综合在一起的指标分析体系。这种分析方法最早由美国杜邦公司使用，所以称之为杜邦分析法。

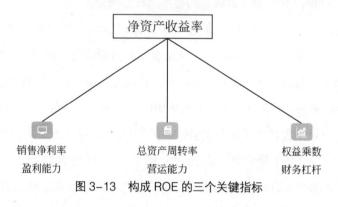

图 3-13　构成 ROE 的三个关键指标

净资产收益率既是财务分析的出发点，也是始终贯穿财务分析的一个主线。以这一指标为起点，层层递推，就能得到揭示企业经营状况的其他指标。

$$净资产收益率（ROE）= \frac{净利润}{净资产}$$

$$= \frac{净利润}{收入} \times \frac{收入}{总资产} \times \frac{总资产}{净资产}$$

$$= 销售净利率 \times 总资产周转率 \times 权益乘数$$

从净资产收益率＝销售净利率×总资产周转率×权益乘数这个公式可以看到，企业股东获利能力的高低受制于三个基本因素：销售净利率、总资产周转率、财务杠杆。销售净利率，也称为营业净利率，反映的是业务的盈利能力，是净利润与营业收入的比值；总资产周转率，反映了企业内部运营管理的水平，是营业收入与平均总资产的比值；财务杠杆，反映企业由于举债而产生财务杠杆效应的程度，是资产余额与所有者权益余额的比值。

企业为股东创造高回报或是来自高的销售净利率，或是来自高的总资产周转

率，或是高的财务杠杆，当然也许三者兼有。

图 3-14 为格力电器 2022 年度净资产收益率的分解。[1]

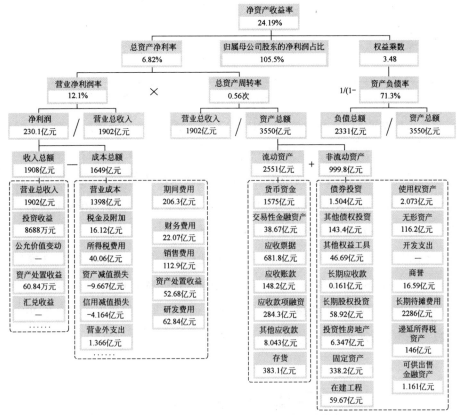

图 3-14 格力电器 2022 年净资产收益率分解图

从财务角度评价一个企业的经营情况，可以从以下三个方面入手：

一是看企业经营的效果——收益性，即企业业务赚钱的水平，评价企业的盈利能力。

二是看企业经营的效率——流动性，即企业用了多少资产实现营业收入，评价企业的营运能力。

三是看企业的财务风险——安全性，即企业能否长期盈利，评价企业的偿债能力。

格力电器 2017—2022 年杜邦分析相关财务指标数据如表 3-1 所示。

---

[1] 上市公司报告中的净资产收益率为加权平均净资产收益率，并非采用期末净资产计算，因此而计算出的净资产收益率并不完全等于销售净利率、资产周转率、权益乘数三个指标相乘的乘积。

表 3-1 格力电器 2017—2022 年杜邦分析相关财务指标数据

财务指标	2017 年	2018 年	2019 年	2020 年	2021 年	2022 年
净资产收益率（ROE）	37.44%	33.36%	25.72%	33.36%	21.34%	24.19%
销售净利率	15.00%	13.19%	12.38%	13.07%	12.04%	12.10%
总资产周转率 / 次	0.76	0.86	0.75	0.61	0.63	0.56
权益乘数	3.22	2.71	2.53	2.39	2.96	3.48

由表 3-1 中数据可以看出，2017—2022 年格力电器的净资产收益率、销售净利率、总资产周转率和权益乘数基本呈下降趋势。其中，净资产收益率在 2017 年达到最大值 37.44%，其中销售净利率达到 15%，为 2017—2022 年最高值，总资产周转率 0.76，处于较高水平，而权益乘数 3.22 为 2017—2022 高值。而自 2019 年至 2022 年，ROE 由前两年的 30% 以上降至 20% 左右，销售净利率、总资产周转率、权益乘数下降都是导致 ROE 下降的原因。

仍以格力电器、美的集团和海尔智家作比较。从图 3-15 可以发现，3 家公司中，格力电器的销售净利率一直处于领先地位，持续高于 12%，而海尔智家的销售净利率常年约 6%，仅为格力的一半左右，而美的集团的销售净利率在 2018—2022 年基本在 8% 左右。

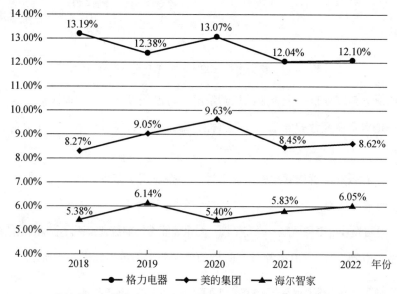

图 3-15 美的集团与格力电器、海尔智家销售净利率对比图（2018—2022 年）

从总资产周转率看，如图 3-16 所示，美的集团的总资产周转率一直维持在 0.9 左右，2018—2022 年间先从 2018 年的 1.02 降至 2020 年 0.86，之后两年先升后降，但波动性不大。海尔智家的总资产周转最快，周转率基本在 1 以上。而格力电器的资产周转相对最慢，且近年来总资产周转率持续下降，2022 年总资产周转率仅为 0.56，约为海尔智家总资产周转率 1.07 的一半。

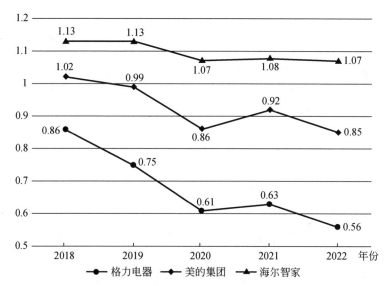

图 3-16　美的集团与格力电器、海尔智家总资产周转率对比图（2018—2022 年）

从财务杠杆也就是企业对负债的利用水平看，如图 3-17 所示，三家公司的杠杆水平比较相近，美的集团、海尔智家的权益乘数比较稳定，而格力电器的权益乘数在 2020—2022 年大幅上升，2022 年高达 3.48，表明格力电器的债务在总资产中占比大幅提高。

结合上文对 3 家公司决定 ROE 的 3 个指标的对比可以发现，美的集团的净资产收益率持续较高，主要得益于其销售净利率、总资产周转率、权益乘数均较高。而格力电器 ROE 主要得益于其持续较高的销售获利水平，其销售净利率持续较高，但其资产周转慢，显著拉低了其 ROE。海尔智家的 ROE 低则主要是由于其销售净利率过低，其资产周转快提升了 ROE，但 ROE 的整体水平并不高，在3家公司中处于最低水平。

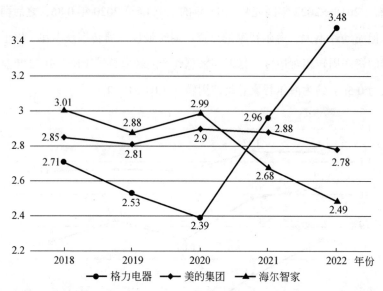

图 3-17 美的集团与格力电器、海尔智家权益乘数对比图（2018—2022 年）

三、用 ROE 指导预算编制

  传统上编制预算的主要财务指标包括营业收入、利润等指标，忽略了为股东创造回报水平的股东权益报酬率，预算控制时对于成本费用支出的控制刚性强，而对于收入等指标难以控制，以绝对数为标准可能会导致成本费用完成预算，而收入完不成预算，导致企业利润完不成预算，预算失控，出现这一现象的原因就在于成本费用是和收入密切联系的，必须把二者挂钩。从资金占用角度看，如果不设置资产周转的预算指标，可能在实现收入的同时占用了大量资产，而这些资产的资金需要通过融资等获得，提高了融资成本，降低了股东回报。因此预算编制既要有绝对数，更要有相对数，即各种比率和相对数指标，包括盈利能力、营运能力、财务杠杆，对应销售净利率、总资产周转率、权益乘数三个指标。

  预算编制是如此，对于预算执行中的控制也是如此，不能单以金额进行控制，一定要通过相关比率进行控制，比如毛利率、费用率的控制，比如总资产周转的控制。另外,还要适度利用负债发挥杠杆效应,同时防范财务风险。

我们以一个例子来说明如何通过 ROE 框架体系编制预算。假设某公司本年度的 ROE 为 3%,下一年度预算目标为 10%,我们看如何实现预算年度的 ROE 目标。

我们假设了如表 3-2 所示的 4 种方案,方案一是把三大指标均提升,其中销售净利率的指标提升最大,翻倍。方案二则重点提升资产周转速度,而盈利能力、财务杠杆保持不变,方案二的情形下,总资产周转率增长到近 3 倍,如果企业不是有大规模的销售增长或者闲置资产处置,这种幅度的资产周转加速可能难以实现。方案三则重点提高盈利能力,其他指标基本不变,虽然 3.70% 的销售净利率貌似不高,但是如果企业所在行业竞争激烈,企业又没有大幅的产品优势提升,这一盈利能力提升也是难以实现的。方案四则是大幅度提高财务杠杆,权益乘数从 3 提升到 10,这一幅度非常大,同时,对应权益乘数 10,企业的资产负债率达到 90%,财务风险增加较大。

表 3-2 实现 ROE 目标的多种方案示例

年度/方案	ROE	销售净利率	总资产周转率	权益乘数	方案要点
当前年度	3%	1.25%	0.8	3	实际情况
方案一	10%	2.50%	1	4	三个方面均提高
方案二	10%	1.25%	2.67	3	加速资金周转
方案三	10%	3.70%	0.9	3	提高盈利
方案四	10%	1.25%	0.8	10	提升杠杆

假设经过几种方案的对比,认为方案一比较可行,我们还需要将这一方案按照杜邦分析法进一步分解为各种明细的预算指标,这些指标既用于评估预算可行性,也用于预算控制。我们以图 3-18 展示目标年度 ROE 目标的明细分解。

如图 3-18 所示,上方每个虚线框内的数字是上年度实际数值,下方实线框内的数字是预算年度目标值,这家公司当前年度股东权益报酬率只有 3%,构成该比率的 3 个指标情况分别为:销售净利润率 1.25%,总资产周转率 0.8,权益乘数为 3。如何使股东权益报酬率提高到 10%,这一增幅巨大,该公司制定了三大关键变量的预算，预算年度销售净利率为2.5%，总资产周转率为1，权益乘数为4，三大指标都有所提高。

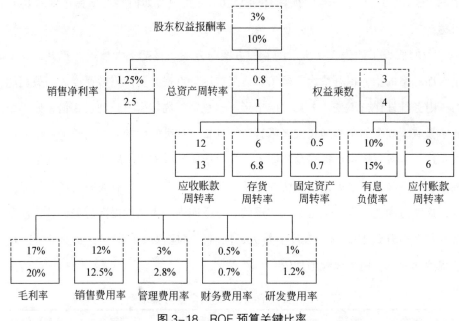

图3-18 ROE预算关键比率

这张图是整个预算的起点，对比当前年度经营的结果，可以清晰地看到未来年度预算改进的方向，而且每个关键变量还要进一步分解，比如销售净利率再分解为毛利率、销售费用率、管理费用率、财务费用率、研发费用率，每个指标要结合预算年度的战略计划和改进要求确定先进的指标值。总资产周转率要抓住其最为重要的应收账款周转率、存货周转率、固定资产周转率等指标。提升权益乘数可以加大有息负债，加大借款，也可以提高无息负债的比重，主要手段是延长应付账款周转期，对供应商的欠款账期加长，每一个方面都制定先进的预算指标。

（1）提高盈利能力，提升净利润率

有些企业预算编制时只编制收入、成本费用等金额的预算，对于盈利能力的预算不够重视，没有确定盈利能力的相关比率，这很可能导致各种指标完成预算情况不一，最终导致净利润难以完成。比如，成本费用完成预算，收入未完成预算，导致净利润与预算差异大。解决这一问题的方法就是不仅要有金额预算，更要有盈利能力预算。盈利能力预算的核心指标就是销售净利率。

一是要严格控制毛利率，明确毛利率目标。该公司毛利率由过去的17%提高到预算目标20%，为支撑整体毛利率完成，需要确定不同业务、不同产品的毛利率目标，进一步分解为售价、单位产品成本，单位产品成本又进一步分解为单位产品固定成本、单位产品变动成本。

二是要控制各项费用率。费用涉及范围广，包括销售、管理、财务、研发等各项费用。该公司销售费用率由过去的12%提高到预算目标12.5%，费率提高可能是由于广告费投入加大、销售渠道变化等导致的；管理费用率具有相对固定性，在规模增长时费用率应该有所下降，该公司将管理费用率由过去的3%降至预算目标2.8%；财务费用率与营业收入并不直接相关，因公司有息负债增加，利息费用增加，财务费用率由过去的0.5%提高到0.7%；研发费用投入涉及企业的技术竞争力，预算年度该公司加大研发投入，研发费用率由过去的1%提高到1.2%。费用要与收入挂钩，费用要区分固定费用和变动费用，对于固定费用，按照金额进行控制，而对于变动费用，应严格按照费率或者费用动因控制，使得费用率在可控范围之内。通过费率控制使所有部门增强投入产出意识，费用要带来产出，要支撑收入。

（2）提高资产周转率，减少资金占用

该公司的总资产周转率由过去每年的0.8提高到1，应收账款周转率指标由过去每年的12提高到13，存货周转率由过去每年的6提高到6.8，固定资产周转率由过去每年的0.5提高到0.7。对于既有资产规模，加速资产周转的途径就是实现更大规模的生产和销售，资产的价值就是被利用，要制定各类资产周转率的目标。比如加速存货周转，在业务环节要提高销售订单或预测准确性，减少产成品占用，对于原材料，要通过提高采购计划的质量，既满足原材料需求，又减少库存量。对于应收账款，应通过合理缩短账期、避免坏账等方式加速应收账款周转。而对于固定资产，加速周转的主要方式是提高固定资产的利用率，避免设备等固定资产闲置，预算编制时要制定设备利用率等业务指标。

（3）安全可控前提下适度利用负债提高财务杠杆

负债是资金的一种来源，更多的负债就是利用债权人的资金为股东创造回报，因为债权人的回报一般是固定利率，高于固定利率的回报部分归股东享有，因此对于股东而言，负债可以成为一种加大回报的杠杆。

财务杠杆应当适度地提高。该公司财务杠杆从过去的 3 倍提高到 4 倍，提高了 30% 多一点，提高的方式一是增加有息负债，有息负债率由过去的 10% 提高到 15%，另外加大应付账款，通过延长付款期使应付账款周转率由过去每年的 9 降低至 6。

财务杠杆是一把"双刃剑"，在销售净利率为负时，财务杠杆越高，ROE 会越差，财务杠杆加大了亏损。另外，财务杠杆过高，企业可能面临偿债风险，如果不能顺利偿债，企业会陷入破产、倒闭境地，最终损害的还是股东的利益。

因此，财务杠杆的适度企业一方面要考虑到企业盈利具有较高的安全边界，确保提高杠杆后仍能盈利，另一方面要做好现金流规划，避免因过度偿债陷入财务困境。

ROE 预算比率图将影响 ROE 的关键指标在一张图上显示，能够找出提升 ROE 的关键变量，做好变量间的平衡。这三个指标间也是有密切联系的，不是单一地提高一个指标就可以，比如增加负债会增加资产，如果资产增加后收入不能实现更大的增幅，总资产周转率指标就会下降，如果不能做好成本控制，资产增加后折旧增加可能会提高单位产品成本，导致毛利率下降，因此要注意指标之间的关联性，做好盈利能力、营运能力、偿债能力之间的平衡。

第四节 企业为股东获取回报的三个模式

杜邦分析法把 ROE 分解为销售净利率、总资产周转率、权益乘数三个指标，不同行业、不同企业在三个指标上的表现是不同的，由此造成了企业为股东获取回报的模式不同。按照三个指标可以把企业为股东获取回报的模式归类为三类。

一、美的集团和万科，谁给股东获取的回报多？

美的集团和万科是两个非常知名的大企业，美的集团是一家从事家电等业务的科技企业，万科是以房地产为主业的企业，两家企业分别是各自行业领域的优秀企业。在许多人的印象中，房地产行业多年来都是高盈利甚至暴利行业，那是不是万科给股东的回报要高于美的集团呢？我们还是以 ROE 来比较两个公司对股东的回报率。

净资产收益率作为衡量股东回报的核心指标，能够综合反映出企业为股东获取回报的能力。通过图 3-19 可以看出，美的集团近年来的净资产收益率虽然有轻微的下滑，从 2018 年的 25.66% 降至 2022 年 22.21%，但总体较为稳定，能够保持在 20% 以上。而万科近五年的 ROE 都低于美的集团，尤其是 2021 年、2022 年，不及美的集团的一半，低于 10%。

万科的 ROE 在 2021—2022 年的下降与房地产行业比较萧条有关，但 2018—2022 年来持续低于美的集团也说明以家电为主业的美的集团为股东创造价值的能力要高于房地产行业龙头企业万科。

依据 ROE 的计算公式净资产收益率 = 销售净利率 × 总资产周转率 × 权益乘数，我们可以分别比较三个指标来对这两家公司进行评价。

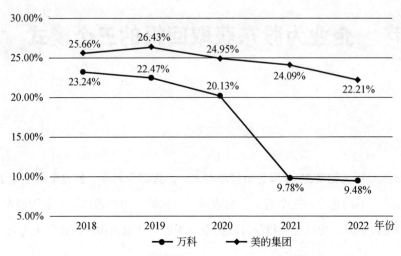

图 3-19　美的集团与万科的净资产收益率对比图（2018—2022 年）

销售净利率 = 净利润 / 销售收入，是体现企业业务盈利能力的指标，通过图 3-20 发现，万科近五年销售净利率一直处于下滑的趋势，与家电企业美的集团对比可以看出，在 2020 年以前，房地产企业还保持较高的盈利水平，但 2021 年、2022 年大幅度下降，从原来高过 14% 降至 8% 以下，由此可以看出，业务盈利能力下滑是万科 ROE 下降的重要原因。而美的集团的业务盈利能力自 2018 年至 2022 年均高于 8%，但保持稳定，没有对 ROE 造成较大的波动。

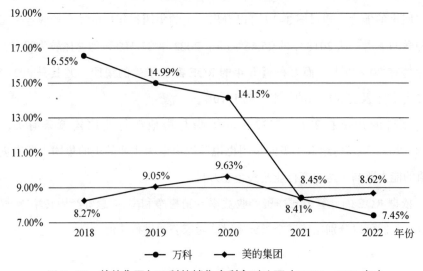

图 3-20　美的集团与万科的销售净利率对比图（2018—2022 年）

总资产周转率 = 收入 / 平均资产总额，该指标可以反映出企业运用资产获得营业收入的能力。通过图 3-21 可以发现，美的集团 2018—2022 年来总资产周转率较为稳定，基本维持在 0.9 左右；万科的总资产周转率也较为稳定并保持上升趋势，但相较于美的集团，万科的资产周转速度仅为美的集团的 1/4 左右，这也是由行业特性差异导致的，房屋建设周期长、资金占用大，而美的集团是将以家电为主的耐用消费品制造作为主业，运营周期短，从这个方面而言，美的集团的总资产周转为美的高 ROE 创造了条件。

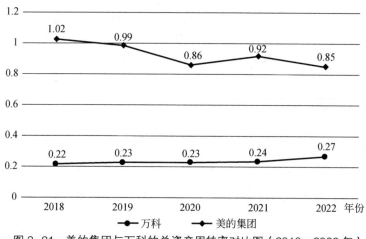

图 3-21　美的集团与万科的总资产周转率对比图（2018—2022 年）

权益乘数 = 资产总额 / 股东权益，而股东权益等于资产减去负债，因此权益乘数 = 资产 /（资产 - 负债），负债金额越大，权益乘数越大，偿债压力也就越大。根据图 3-22，2018—2022 年美的集团的权益乘数较为平稳，维持在 2.8 左右，万科虽然在 2019 年以后明显下降，但仍高于美的集团，最低值也超过 4.3，所以相对于美的而言，万科利用了更多的负债，财务杠杆更高。这也是房地产行业的显著特点，一方面，房屋交付前即预收大量房款形成无息负债；另一方面，房地产企业一般还有企业债券、银行贷款等有息负债。从这个方面看，房地产企业较高的权益乘数提升了房地产企业的 ROE。

综合上面分析，对比万科和美的集团，2018—2022 年美的集团的 ROE 显著高于万科。虽然房地产企业之前一些年度有更高的业务盈利能力和较高的财务杠杆，但美的集团的资产周转更快，约是万科的 4 倍，使得美的集团的 ROE 显著高于万科。

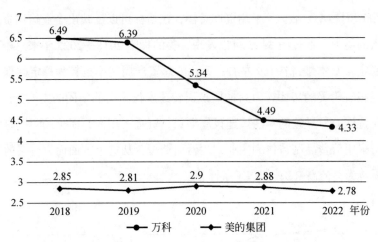

图 3-22　美的集团与万科的权益乘数对比图（2018—2022 年）

二、股东获取回报的三个模式

股东权益报酬率由三个关键因素决定，不同行业、不同企业的三个因素的表现往往是不同的，甚至会差异很大，表现为三个因素的数值差异较大。根据这些数值高低呈现出的特点，可以将企业为股东获取回报的模式划分为以下三种类型，如图 3-23 所示。

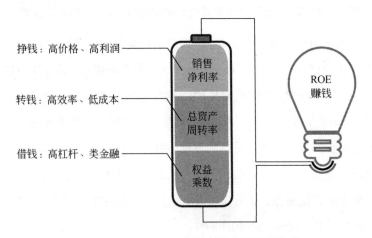

图 3-23　不同 ROE 所对应的公司盈利类型

（1）"挣钱"的企业

如果高的 ROE 主要来自高的销售净利率，则这类公司的产品往往有一定的品牌力,企业往往采取差异化竞争战略,面临的竞争相对不激烈。

(2)"转钱"的企业

如果高的ROE主要来自高的总资产周转率,则这类公司所处市场通常竞争较激烈,毛利率、净利率指标较低,"薄利多销",公司往往采取低成本战略。

(3)"借钱"的企业

如果高的ROE主要来自高的财务杠杆,则此类企业从财务策略上看是高负债融资战略,财务风险较高。

我们选择几个行业来观察其盈利模式,这几个行业包括信息技术、金融、零售、家电、房地产。

① "挣钱"的行业。靠高毛利率赚钱的企业,通常处于高科技行业、奢侈品行业、一些生产周期长的行业。

如图3-24所示,几个行业的销售净利率差异较大。金融业销售净利率持续很高,一般在25%以上;信息技术、家电业比较稳定,一般在5%左右;而零售业持续低于5%;房地产业周期性较强,波动较大,2020年之前基本在10%以上,而2022年仅约1%。

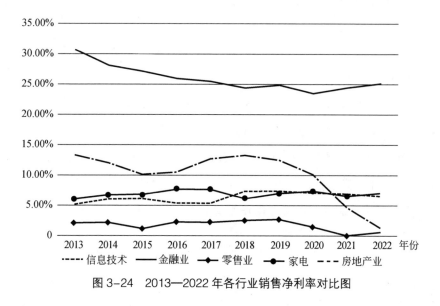

图3-24 2013—2022年各行业销售净利率对比图

② "转钱"的行业。靠高周转率赚钱的企业,通常处于零售业、低附加值的

加工制造业。

如图 3-25 所示，几个行业的总资产年周转率差异较大，总资产年周转率最快的是零售业，总资产年周转率在 1.2 次以上，家电行业总资产年周转率在 0.8 次以上，而房地产业总资产年周转率约 0.2 次。

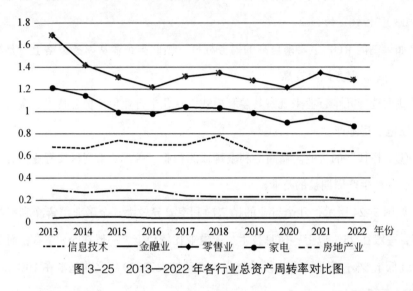

图 3-25　2013—2022 年各行业总资产周转率对比图

③ "借钱"的行业。靠高杠杆率赚钱的企业，通常处于银行业、房地产业、垄断行业、公用事业等。

如图 3-26 所示，几个行业的权益乘数差异较大，银行业权益乘数最高，各年基本在 10 倍以上，信息技术行业较低，基本在 2 倍以下。

我们以东方财富的行业分类为准，统计 2022 年各行业的 ROE 及 2013—2022 年三个构成比率的均值，并对此进行分析。

从图 3-27 可以看出，2022 年上市公司中，食品饮料、有色金属、家电等行业的 ROE 处于较高水平，约 20% 左右，而钢铁、农林牧渔、国防与装备、商贸零售、生活及专业服务等行业的 ROE 明显较低，均低于 5%。

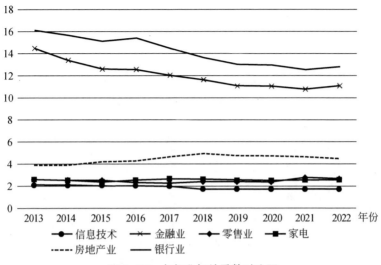

图 3-26 各行业权益乘数对比图

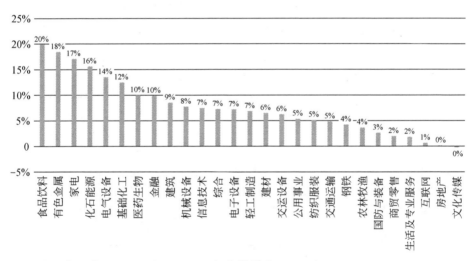

注：房地产业 ROE 为 0.12%，文化传媒业 ROE 为 -0.21%。

图 3-27 各行业 2022 年 ROE 均值情况

我们再看一下部分行业多年的 ROE 均值。如图 3-28 所示，2013—2022 年家电业 ROE 比较稳定，均值在 17% 以上，波动幅度较小。

图 3-28　家电业 2013—2022 年 ROE 均值情况

如图 3-29 所示，国防与装备业 2013—2022 年 ROE 均值都不高，最低值在 2015 年，约为 1%，其他年度基本在 3%～5%。

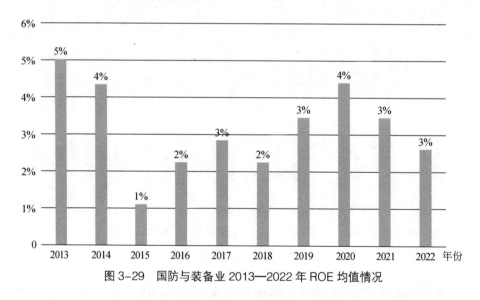

图 3-29　国防与装备业 2013—2022 年 ROE 均值情况

如图 3-30 所示，房地产业 2013—2022 年 ROE 均值大多时间都很高，2020 年之前基本在 10% 以上，而 2021 年、2022 年房地产行业进入低谷期，ROE 大幅下降，2021 年 ROE 均值为 4.7%，2022 年仅为 0.1%。

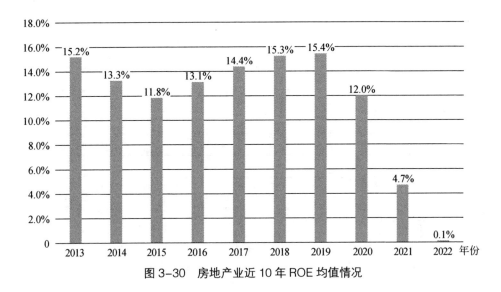

图 3-30　房地产业近 10 年 ROE 均值情况

通过以上对比分析，我们发现 ROE 均值较高的三个行业：食品饮料业、家电业、房地产业，三个行业获得高 ROE 的模式并不同，其中食品饮料业是高净利率，房地产行业主要靠高净利率和高财务杠杆，家电行业的销售净利率、总资产周转率、权益乘数三个均处于中等偏上水平。

三、模式一：靠品牌优势多挣钱

从企业业务盈利能力看，2013—2022 年各个行业的销售净利率有较大差异，其中销售净利率最高的是金融业，各年基本高于 20%，食品饮料业在 16% 左右，医药生物业基本在 10% 左右，房地产行业在 2020 年前基本保持在 10% 以上，家电行业基本在 7% 左右，建筑业销售净利率基本在 3% 左右，商贸零售业销售净利率基本在 2% 左右。

如图 3-31 所示，从 2022 年情况看，金融业、食品饮料业的销售净利率高，在 20% 左右，而钢铁、生活及专业服务、农林牧渔、房地产、商贸零售等行业销售净利率低，行业均值低于 2%。

销售净利率主要由毛利率、费用率决定。在高销售净利率模式下，企业一般具有非常高的毛利率，在承担销售、管理、研发等各种费用后，仍然有很高的净利率。

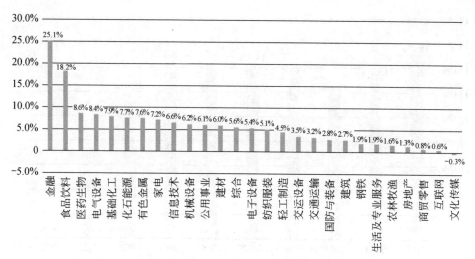

图 3-31　各行业 2022 年销售净利率均值情况

数据来源：Choice 金融终端。

毛利率又由产品价格和成本决定，相较于价格差异而言，相似产品的成本差异并不大，高毛利率的企业往往是具备定价权的企业。这类企业往往通过品牌差异化优势等获得价格优势，对客户有话语权，用户对企业和产品的忠诚度高，愿意付出高价，从而获得远高于市场平均水平的价格。

比如，茅台是白酒行业的头部企业，其品牌溢价能力强，产品毛利率在白酒行业中属于最高水平，常年保持在 90% 以上，远高于行业平均水平 60% 左右，如图 3-32 所示，扣除各项费用后，茅台的净利率仍高达 50% 左右，远高于行业 20% 的净利率水平，也高于五粮液、洋河股份等同行企业（如图 3-33 所示）。

为什么茅台能够有如此高的毛利和净利水平？这离不开茅台的市场定位。在国人心中，茅台是"国酒"，是最知名的白酒之一，消费者愿意为这一品牌付出高价格。一个好的品牌形象给茅台带来了积极效应，在体现企业盈利能力的净利率上远超其他企业。

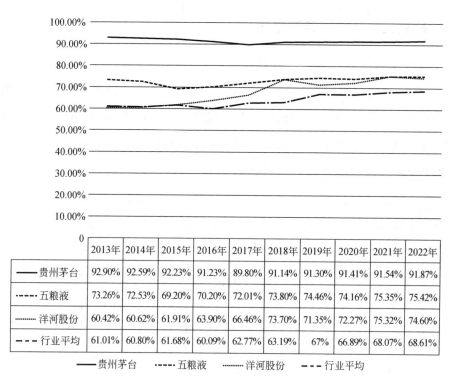

图 3-32 白酒业产品毛利率对比图

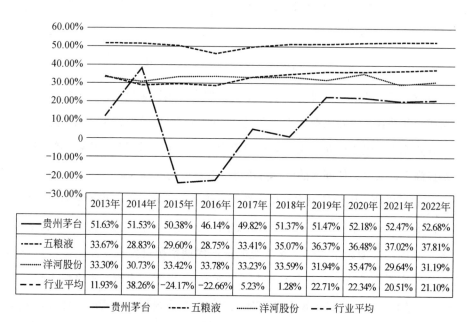

图 3-33 白酒业企业销售净利率对比图

四、模式二：靠快速转钱生钱

如图 3-34 所示，从 2022 年各行业总资产周转率来看，周转率最高的是商贸零售业，年资产周转率约为 1.3，钢铁、有色金属、化石能源、家电、农林牧渔等行业的年资产周转率也比较接近 1，食品饮料行业年资产周转率约为 0.7，而周转率最低的当属金融业，年总资产周转率仅为 0.04，房地产行业的年资产周转率约为 0.2，而公用事业的年资产周转率约为 0.3。

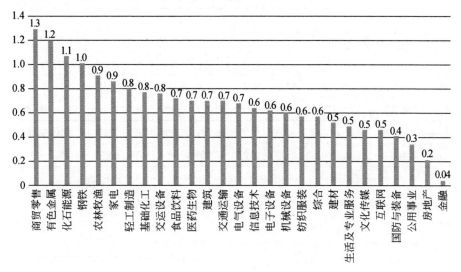

图 3-34　各行业 2022 年资产周转率均值情况

在这种模式下，企业业务获利并不高，但企业销售规模大，资金周转快，其产品或服务往往是大众需要的生活必需品，商品的价格差异较小。而且这类企业通常现金流入、流出较快，正常运营的资金需求较小。对于此类企业，管理的重点是提高运营效率，使同样的资产占用可以获得更高的收入。

比如零售业，国内外很多大型商超每日需要购进卖出大量货物来满足客户的消费需求，因此具备较高的运营效率。如图 3-35 所示，对比美国商超 Costco（开市客）和国内大型超市永辉、家家悦的资产周期情况可发现，商品零售企业年存货周转率平均维持在 8 左右，其中开市客在 12 以上，永辉、家家悦也保持在 6～8。综上，资产的周转效率也会对企业的股东回报率产生影响，资金快速运转，使得企业可以以更少的资产获取更多的收入。

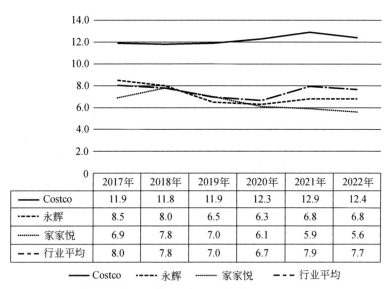

图 3-35 零售业企业存货周转率对比图

五、模式三：靠借钱用财务杠杆获取回报

不同行业利用负债的程度差异较大，资产中负债比例越高，其权益乘数越大。如图 3-36 所示，各行业权益乘数差异较大，其中负债较高的是金融业和房地产业。

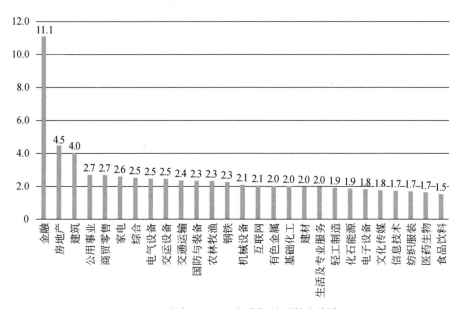

图 3-36 各行业 2022 年末权益乘数均值情况

数据来源：Choice 金融终端。

这类高负债行业，其资金来源绝大部分是债权人，企业资产回报率高于债务利息率时，企业就可以利用债权人的资金为股东创造回报。比如，银行业的资产主要来自存款人，股东投入的资本在资产中占比低，对于银行而言，储户的存款是一种负债，银行业的负债率普遍很高，在90%左右，通过高财务杠杆为股东创造回报。房地产业也是如此，在预售制度下，房子建到一定程度后还没交付就可以出售收款，所以房地产公司账上会有大量的预收款，这是一种无息负债，提高了房地产公司的负债率，房地产公司利用客户的资金进行运营，可以提高对股东的回报率。

我们观察几家银行从2013年到2022年的负债率情况，从图3-37可以发现银行业的总资产负债率全部在90%以上，其中邮储银行资产负债率最高，虽有下降趋势但仍高于行业均值；青岛银行的总资产负债率也维持在91%～94%。

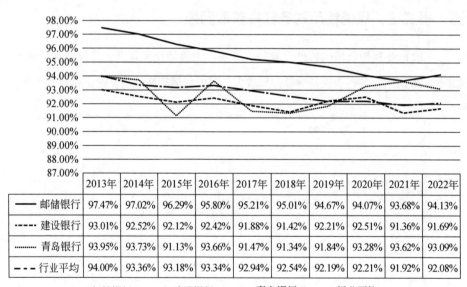

	2013年	2014年	2015年	2016年	2017年	2018年	2019年	2020年	2021年	2022年
邮储银行	97.47%	97.02%	96.29%	95.80%	95.21%	95.01%	94.67%	94.07%	93.68%	94.13%
建设银行	93.01%	92.52%	92.12%	92.42%	91.88%	91.42%	92.21%	92.51%	91.36%	91.69%
青岛银行	93.95%	93.73%	91.13%	93.66%	91.47%	91.34%	91.84%	93.28%	93.62%	93.09%
行业平均	94.00%	93.36%	93.18%	93.34%	92.94%	92.54%	92.19%	92.21%	91.92%	92.08%

图3-37　银行业总资产负债率对比图

另外一个负债率高的行业是房地产业。如图3-38可以看出，房地产企业的资产负债率也是较高的，平均在65%以上，且三大企业的负债率基本在80%～90%。

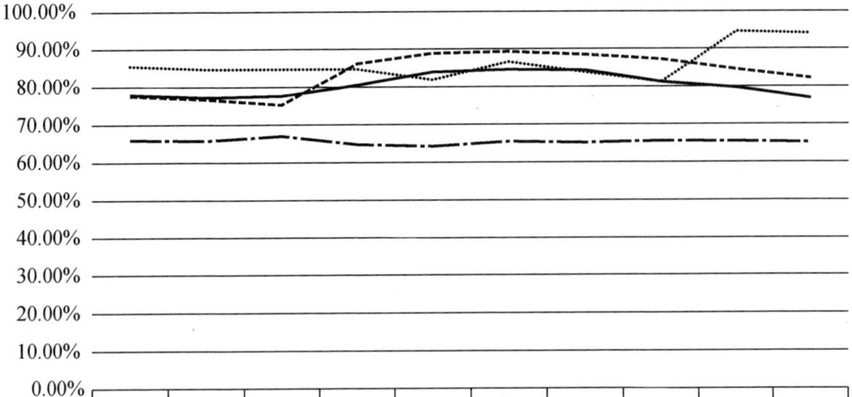

	2013年	2014年	2015年	2016年	2017年	2018年	2019年	2020年	2021年	2022年
万科	78.00%	77.20%	77.70%	80.54%	83.98%	84.59%	84.36%	81.28%	79.74%	76.92%
碧桂园	77.69%	76.70%	75.32%	86.20%	88.89%	89.36%	88.54%	87.25%	84.57%	82.25%
华夏幸福	85.56%	84.74%	84.80%	84.78%	81.90%	86.65%	83.90%	81.29%	94.60%	94.04%
行业平均	66%	65.79%	66.97%	64.72%	64.26%	65.42%	65.21%	65.58%	65.42%	65.16%

万科　碧桂园　华夏幸福　行业平均

图 3-38　房地产企业总资产负债率对比图

第四章

盈利能力预算：如何实现高利润率

影响企业为股东获取回报的第一个关键变量就是企业的盈利能力。衡量企业盈利能力的核心指标是销售净利率，影响企业盈利能力的主要因素有产品价格、单位产品变动成本费用、固定成本费用率，这些因素分别受哪些方面影响？我们一一探究。

第一节 销售净利率衡量企业盈利能力

传统上我们在编制预算时按照利润表格式进行编制,包括营业收入、成本、费用等的预算,而利润表是法定财务会计报表,这种格式的报表并不满足管理会计需要,我们在管理中既要关注金额,更要关注比率,这些比率往往反映企业盈利能力,比如销售净利率、毛利率、销售费用率、管理费用率等。

一、为什么要重视利润?

1. 利润是经营成果的体现

① 利润是企业经营成果的综合表现。利润是销售收入减去成本费用的余额,销售收入是利润的来源,成本费用是取得收入的代价,二者的差额是利润。利润是衡量企业经营成果最直接、最有效的尺度,是企业利用资本获得的价值增值。

② 利润是企业积累资金的主要来源。企业的发展需要资金,资金既有所有者投入的,也有债权人提供的,但企业要持续发展,更需要依靠自身的资金积累,自身的资金积累主要来自利润。

2. 利润都是经营赚来的吗?

依据我国现行财务会计准则,利润并不都是经营活动产生的,还有其他来源,影响公司利润的其他来源主要有三个方面,分别是投资收益、营业外利润、其他利润。

(1)投资收益

不同于企业经营性利润来自产品或服务的提供,投资收益是指持有股权、债权等投资而获取的收益。在企业投资过程中，由投资活动产生的收益或损失计入投资收益，作为营业利润的组成部分，也会对利润产生影响。因此，管理层可以通过投资来实现利润，有些善于投资的公司在投资活动中获取的利润甚至超过了经营活动带来的收益。

以雅戈尔为例说明其多年来的利润构成，如图4-1所示。通过拆解雅戈尔2018—2022年的利润构成以及投资收益项目所占利润的比重发现，在所有利润构成项目中，投资收益占比最高，占利润总额的比例平均达到50%左右，其中，2018年和2020年甚至高达80%。

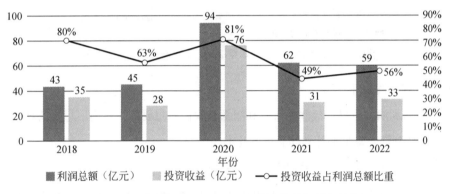

图4-1 雅戈尔2018—2022年投资收益与利润总额

（2）营业外利润

企业一切与经营活动没有直接关系的收入和支出也会影响利润的数额，例如处置非流动资产的利得或损失、资产的盘盈盘亏、政府补助等。

一些企业利润主要来自补贴。如图4-2所示，长安汽车近年来一直享受政府补贴，且在2018—2019年间计入当期损益的政府补助一项金额就大于总利润，后几年利润及政府补助占比情况才趋于稳定。由此可以看出，在利润的构成中，不直接影响生产经营活动的补助项目也可能成为利润的重要来源。

（3）其他利润

比如，汇兑收益、信用减值损失、资产减值损失、资产处置收益等既非经营活动直接带来的，也非投资活动带来的。

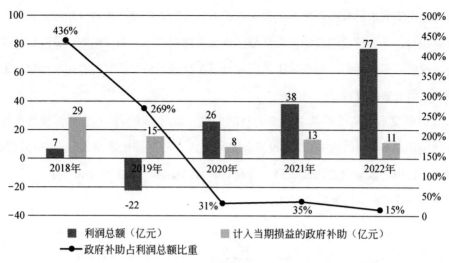

图 4-2 长安汽车 2018 年至 2022 年政府补助与利润总额

3. 好利润和坏利润

虽然利润很重要，但并非所有利润都是我们所想要的，我们不想要的利润可称之为坏利润。常见的坏利润有以下几类。

（1）长期没有"钱"的利润不是好利润

利润是根据权责发生制原则计算出来的，可能会出现有利润而无资金的现象。和权责发生制对应的是收付实现制，收付实现制下，现金收入算收入，现金支出算费用。现在企业普遍运用的记账规则是权责发生制，与现金收支并不一致，可能表现为取得了利润，但资金很缺乏，比如对供应商用现款支付进行采购，而对客户销售有很长的收款账期，就可能会导致当期的经营性现金流为负。因此，只注重利润不注重资金也会导致某些期间有利润却无资金可用的问题，会影响企业的正常经营，因为利润不能作为支付工具，只有资金才可以。

（2）以牺牲企业长期发展利益获得的利润不是好利润

片面追求利润会使经营者过于注重当期业绩而忽略或放弃有利于持续发展的投入。企业的品牌、研发等投入并不能在当期见效，但会影响长远的发展，减少当期投入对当期业绩影响不大，却能节省费用，提高利润。鉴于利润指标存在的一些问题，企业在以利润为主要预算目标时需要设置一定的附加条件，如设置回款、经营活动现金净流量等资金方面的预算指标，设置广告费、研发费等长期投入方面的预算指标等，避免追求短期利润而减少长期投入。

二、销售净利率衡量企业的综合盈利能力

1. 为什么规模大利润不一定高？

利润是企业追求的重要财务目标，但衡量一个企业的业务是否赚钱不能用利润总额，而是应该用利润率这一相对比率。

销售收入高并不一定就能获得高利润。如表4-1所示，2022年我国上市公司销售规模最大的前三家企业中国石化、中国石油、中国建筑，其收入分别为33 182亿元、32 392亿元、20 551亿元，净利润分别1640亿元、404.80亿元、400.10亿元，反映其业务盈利能力的销售净利率为2.28%、5.05%、3.37%。从前面各行业销售净利率均值我们可以看出，这三个公司规模大，但销售净利率并不高，最高的中国石油仅为5%左右，中国建筑仅为3.37%，而中国石化仅为2.28%。

表4-1　2022年国内销售规模前三大上市公司与其他公司收入及盈利情况

比较项目	中国石化	中国石油	中国建筑	腾讯	阿里巴巴	茅台
销售收入/亿元	33 181.7	32 391.7	20 550.5	1264.05	5097.11	1276.00
净利润/亿元	1640.00	404.80	400.10	534.20	1403.50	653.80
销售净利率/%	2.28	5.05	3.37	42.26	27.54	51.24

而腾讯、阿里巴巴、茅台等企业，其收入规模相对上面三家企业小很多，但其利润率却超过中国石化、中国石油、中国建筑，原因就在于腾讯、阿里巴巴和茅台的盈利能力非常强，销售净利率分别为42.26%、27.54%和51.24%。由此可见，企业盈利并不是单靠规模就可以实现的，而要提高盈利能力。

2. 提升盈利能力是提高盈利的关键

我们假设某企业的销售利润率为10%，每100元销售收入，其中产品成本50元，期间费用40元，不考虑其他因素，利润为10元。为增加利润1元，我们有几种方案：一是销售利润率不变，提高销售收入；二是成本不变，提高销售价格；三是售价不变，降低成本。我们看以上三种方案的对比。

方案一：提高收入规模，由于销售利润率为10%，获得1元利润需要增加10元销售收入，即需要增加收入10%。

方案二：提高售价。由于提高售价不影响成本，假定不影响销量，企业要多获得1元利润，就需要提高价格1元，对照100元收入，需要提高价格1%。

方案三：降低成本。由于售价不变，增加1元利润需要降低1元成本，对应50元成本，降幅为2%。

对比以上三种方案，从变动幅度上看，同样增加1元利润，通过增加销量需要增加10%销量，通过价格提升需要提价1%，通过降低成本需要降成本2%。单纯从幅度上看，增加销量最难，降成本居中，提高价格最容易，相对于增加销量的幅度而言，提高价格、降低成本的幅度都小很多。

通过上面简单的方案对比，可以看出提高售价、降低成本对于提升企业盈利的重要性。

3. 销售净利率受哪些因素的影响

销售净利率也称为营业净利率，这是反映企业盈利能力的核心指标，其计算公式为：

$$销售净利率 = 净利润 / 销售收入 \times 100\%$$

根据净利润的来源，我们可以把净利润分为经营性净利润、投资收益、营业外收支、其他利润。净利润的计算公式为：

净利润 =（营业收入 – 营业成本 – 销售费用 – 管理费用 – 研发费用 – 财务费用 – 所得税费用）+ 投资收益 + 营业外收支 + 其他利润

我们把上式括号内的净利润称为经营性净利润，从这个公式可以看出，经营性净利润是营业收入被各类成本费用抵减后的余额。其中营业收入扣除营业成本称之为毛利，毛利额与营业收入的比率为毛利率。

把上式两侧同除以营业收入，得到：

净利润 / 营业收入 =（营业收入 – 营业成本）/ 营业收入 – 销售费用 / 营业收入 – 管理费用 / 营业收入 – 研发费用 / 营业收入 – 财务费用 / 营业收入 – 所得税费用 / 营业收入 + 投资收益 / 营业收入 + 营业外收支 / 营业收入 + 其他利润 / 营业收入

上式中各个项目是各种比率，其中的最后三个项目，即"投资收益 / 营业收入＋营业外收支／营业收入＋其他利润／营业收入"并非经营利润,而且投资收益、营业外收支、其他利润与营业收入相关性低,计算其与营业收入的比率意义不大,而经营性净利润是企业经营活动所获得的盈利,是大多数企业获取利润的主要渠道,我们在此也主要分析经营性净利润的构成。我们暂且忽略投资收益、营业外收支和其他利润影响因素,将净利润与营业收入的比值称为销售净利率或营业净利率,销售净利率公式如下:

销售净利率(营业净利率)＝毛利率－销售费用率－管理费用率－研发费用率－

财务费用率－所得税费用率

可见,毛利率对于营业净利率是正向影响,而其他所有比率均是负向影响,要提高营业净利率,一方面要提高毛利率,另一方面要降低其他所有费用率。

营业收入扣除营业成本为企业毛利,则:

毛利率＝(营业收入－营业成本)／营业收入 ＝1－营业成本率

销售净利率公式又可变成如下式子:

销售净利率(营业净利率)＝1－营业成本率－销售费用率－管理费用率－

研发费用率－财务费用率－所得税费用率

三、区分固定、变动成本费用的销售净利率

1. 运用量本利分析法确定销售净利率

量本利分析法也叫作盈亏平衡分析法,用来研究销量、固定成本、变动成本和利润的相互关系。量本利分析法是一种非常重要的管理会计方法,不同于利润表项目,量本利分析法把企业的成本费用区分为固定和变动两类,为了对应前面的利润表项目,我们把利润表里的营业成本和各项费用区分为固定和变动两类,此处同上,暂不考虑投资收益、营业外收支和其他利润。净利润的计算公式为:

净利润＝营业收入－固定营业成本－变动营业成本－固定费用－变动费用

其中固定营业成本、变动营业成本构成利润表营业成本,把销售费用、管理费用、财务费用、研发费用、所得税费用的项目区分为固定费用项目和变动费用项目,如销售费用分为固定销售费用、变动销售费用。

上式可以进一步调整为:

净利润 = 营业收入 − 变动营业成本 − 变动费用 − 固定营业成本 − 固定费用

为表述方便，我们把变动营业成本和变动费用统称为变动成本费用，把固定营业成本和固定费用统称为固定成本费用，则：

净利润 = 营业收入 − 变动成本费用 − 固定成本费用

固定成本费用是指其发生额相对固定的费用，比如企业的租赁费。固定成本费用一般是由于前期决策和投入而在本期承担的成本费用，不受本期决策影响，在制定本期决策时要特别考虑本期增量决策带来的影响，将营业收入扣除变动成本费用称为边际贡献。

把上式两侧同时除以营业收入得到下式：

销售净利率 = 1 − 变动成本费用率 − 固定成本费用率

其中，变动成本费用率 = 变动成本费用 / 营业收入

= （单位产品变动成本费用 × 销量）/（单价 × 销量）

= 单位变动成本费用 / 单价

因此，

营业净利率 = 1 − 单位产品变动成本费用 / 单价 − 固定成本费用率

从这个式子可以看出，我们提高营业净利率的关键是提高产品单价，降低单位产品变动成本费用，降低固定成本费用率。

因此，进行盈利能力预算的第一步是将所有成本、费用划分为固定和变动两种类型，对应现有的利润表结构把产品成本分为固定成本、变动成本两类，把销售费用、管理费用、研发费用分为固定费用、变动费用两类，财务费用一般是固定费用。

提高利润率的方法可以看出企业所采取的竞争战略，如果采用差异化战略，则会通过较高的产品价格来提高盈利；而采用成本领先战略，则以降低成本为主要手段。

企业提高盈利能力，需要"一个提高"，即提高产品单价；需要"两个降低"，即降低单位产品变动成本、降低固定成本费用率。

2. 基于边际贡献进行运营决策

产品成本中既包含固定成本，也包含变动成本，如果一个订单的产品销售价

格低于单位产品成本时我们能否接受？如果按照是否有利润为标准，我们就无法接受，因为利润小于零。边际贡献＝销售收入－变动成本，而利润＝边际贡献－固定成本，由于固定成本是沉没成本，是由以前的决策而带来的成本，在当期决策时需要采用增量决策法，即考虑新决策对于企业新增的影响，按照增量决策的理念，我们在做出定价或者销售订单决策时就不再是以是否有利润为决策标准，而应考虑边际贡献。

产品单位成本由单位变动成本和单位固定成本构成，当售价低于单位产品成本但是大于单位变动成本时，售价弥补了单位变动成本，对企业仍有贡献，售价超出单位变动成本时还能弥补部分固定成本，减少企业的亏损。航空公司在航班起飞前有些机票的价格非常低，低于单个旅客的飞行成本，但是航空公司的成本构成中固定成本比例很高，比如飞机折旧、乘务人员费用、机场场地费等，而固定成本已经发生，低价销售的机票只要能够覆盖餐食等变动成本，仍能为航空公司增加收益。

以吉祥航空为例，其固定成本主要包括飞机折旧、人工成本、财务费用、销售费用、管理费用等；变动成本主要为飞机执行航班时实际运营耗油以及其他消耗所支付的费用，主要包括航空燃油、起降服务费、餐食及供应品费用等。吉祥航空2022年成本构成情况如表4-2所示。

表4-2 吉祥航空2022年成本构成情况

成本构成项目	金额/亿元	成本分类
租赁折旧费用	29.09	固定成本
修理费用	5.27	固定成本
民航基础建设基金	0.97	固定成本
人工成本	22.79	固定成本
销售费用	3.78	固定成本
管理费用	5.46	固定成本
研发费用	0.68	固定成本
财务费用	20.76	固定成本
起降服务费	10.73	变动成本
餐食及供应品	1.16	变动成本

续表

成本构成项目	金额/亿元	成本分类
航空燃油	34.69	变动成本
航管费	1.32	变动成本
机组费用	1.15	变动成本
不正常航班费用	0.85	变动成本
其他	3.32	变动成本

如图 4-3 所示，吉祥航空的成本中，以固定成本为主，金额合计为 88.8 亿元，占总成本费用比例为 62%，而变动成本金额为 53.22 亿元，占比为 38%，固定成本占比高于变动成本。

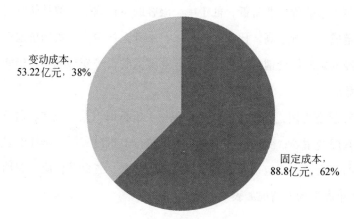

图 4-3　吉祥航空 2022 年固定成本变动成本结构

通过分析上海吉祥航空公司 2022 年成本构成情况我们发现，航空公司的固定成本远大于变动成本，固定成本占比 62%。过高的固定成本占比导致航空公司如果运营规模小，其收入大幅度减少，而固定成本并不能相应减少，导致其利润大幅缩减或者亏损，因此提高销售规模是航空公司经营的关键。在外部环境发生重大不利变化时，比如因环境影响，旅游、出行大幅缩减，航空公司的经营规模下滑，业绩不佳。

3. 区分固定、变动成本费用进行预算编制和控制

成本费用是一种投入，其目的是获得营业收入并能实现盈利。成本费用预算编制要具备合理性，就要分析成本费用金额与业务的相关性，分析成本费用投入带来的产出。显然,成本费用的金额与企业业务密切相关,这里的业务最直接相关的就是企业产品产销量、营业收入等反映企业规模的变量。

在一定范围内,有些费用的发生与规模密切相关,有些费用则与规模的相关性不大,按照费用金额与业务量相关性将成本费用划分为固定和变动两类。

为了编制和控制成本费用,就需要认真分析与成本费用额最为相关的变量和因素,对于变动类成本费用按照业务变量进行控制,对于固定类成本费用按照总额进行控制。例如,业务招待费、广告宣传费等,按照收入的一定比例确定费用总额进行控制。这一比例可以参照企业前几年的情况和行业情况确定。而对于办公费、折旧费、维修费、办公楼水电费等,其发生额比较固定,与业务量关系不大,可按总额进行控制,具体参照前几年的费用平均数、行业水平等确定预算额并控制。固定费用并不是绝对固定的,在企业业务、管理发生重大变化时,固定费用也应随之调整,比如企业新增大额固定资产,其折旧费就会明显增加,此时要按照新业务规模确定固定费用标准。

第二节　通过差异化优势提高售价

回顾销售净利率公式，销售净利率=1−单位变动成本费用/单价−固定成本费用率，可以看出提高盈利能力即销售利润率的一个要素是提高单价，产品价格由哪些因素决定呢？

一、定价就是定位

企业生存和发展的前提就是为顾客创造价值，不同产品所满足的客户需求并不完全相同，企业意图满足的用户需求就是企业的顾客价值主张。

顾客价值主张的类型有低成本和差异化两种。低成本指的是以比竞争对手更低的成本提供产品或服务，在这种价值主张下，由于企业与其他企业的产品同质化程度高，企业要获得市场往往就要以低价参与市场竞争；差异化指的是提供与竞争对手不同的产品和服务，满足客户差异化的需求，差异化包括产品新颖、性能强、定制化、品牌/身份地位、便利性/组合、精致/体验等要素，因企业具有差异化的价值主张，可以满足用户的差异化需求，产品的可替代性差，客户需要为差异化价值主张付费，企业可以以高于同质化产品的价格进行定价，具体内容如表4-3所示。

表4-3　定价策略与顾客价值主张

定价策略	价值主张	内容
低成本定价	价格低	以更低的价格提供同质化的价值，满足价格敏感客户定位群体的需求
差异化定价	产品新颖	产品或服务满足客户从未感受和体验过的全新需求
	性能强	改善产品和服务性能是传统意义上创造价值的普遍方法
	定制化	以满足个别客户或所定位客户群体的特定需求来创造价值
	品牌/身份地位	客户可以通过使用和显示某一特定品牌而发现价值

续表

定价策略	价值主张	内容
差异化定价	便利性/组合	使事情更方便或易于使用可以创造可观的价值
	精致/体验	设计优良,外观精美,情感舒适

企业为产品确定的价格策略需要基于企业的产品定位,日常我们把产品定位分为高端、中端、低端等类型。高价需要企业的高端产品支撑,需要企业能为客户提供满足客户需求的差异化+的产品,因此定价其实反映的是企业的产品定位。

如图4-4所示,近年来,茅台公司的毛利率一直维持在90%以上,2022年高达91.87%。根据成本=出厂价×(1-毛利率)可以推算出茅台酒的成本不足百元,而其出厂价超过千元。由此看出,茅台在定价上水平超高,而如此高价仍能保证较高的收入,说明其有足够的市场和客户资源。茅台酒在消费者心中的高端形象和不可替代性使其获得了非常高的产品溢价。

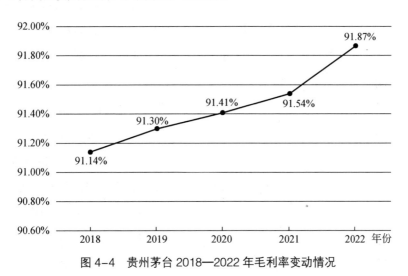

图4-4 贵州茅台2018—2022年毛利率变动情况

二、从经营产品到经营用户

传统模式下,企业注重的是通过销售产品实现一次性收入,很少和用户交互,即使掌握用户的信息,也仅仅是用户的联系方式和购买何种商品等少量信息,对于用户的产品使用情况,用户的需求改进、建议等往往都不易获得。生产消费品的企业一般会根据预测进行生产，以"生产—库存—销售"的模式运营，企业所生产的产品通过一个包括各级经销商、代理商组成的销售链条到达终端消费者，这种模式下企业对用户的感知能力低，对用户需求响应慢，所生产的产品是企业认为顾客需要的商品，而不一定是顾客真正需要和满意的产品。

彼得·德鲁克说，企业的目的只有一个合理的定义：创造用户。在互联网时代，企业与用户的距离大幅缩短，用户可以通过企业搭建的网络、线下平台、社交媒体等方式反馈自身需求，深度参与产品设计。企业通过智能终端可以掌握用户使用情况，了解用户习惯和需要，更好地持续提供服务和升级服务。用户不再是单次商品购买者，而变成了持续接受服务的持续消费者。企业应该把用户作为企业经营的核心对象，把用户融入企业的运营之中，把用户变成企业创新的重要资源，通过用户获得、用户参与、对用户持续服务、满足用户需求等一系列活动对用户进行经营。

昔日的手机霸主诺基亚是一个善于经营产品而不善于经营用户的企业。诺基亚在 2008 年的市场占有率曾经高达 40%，遥遥领先于竞争对手，而在 2009 年第三季度则出现了十年来的首次亏损，2013 年诺基亚手机业务被微软收购，如今我们已经难以在市场上看到诺基亚手机的身影。短短几年时间，一个"巨无霸"的手机企业就走向衰落，速度之快，令人惊叹。而诺基亚手机业务的衰落主要原因在于诺基亚没有踏准手机从功能机到智能机转变的节拍。苹果公司的 iPhone 凭借其简单易用的智能机和生态系统的打造而快速崛起为智能机代表，并迅速占领了智能机市场。

诺基亚没有适应用户需求从注重硬件性能到注重应用和体验的变化。在硬件领域，诺基亚是当之无愧的领导者，而在应用软件领域，诺基亚封闭式依靠自身进行开发的模式输给了苹果、三星等建立开放平台集结软件商进行应用软件开发的生态模式，企业自身的研发资源难以匹敌开放式平台的全球研发资源，如图 4-5 所示。移动互联时代，数以百万计的开发人员为了自身的梦想和利益而开发出各种应用来满足智能机用户需求，采用开放生态模式的苹果借此打败了封闭的诺基亚，诺基亚败在了其价值创造模式不能适应互联网时代社群经济的需要。

从经营产品到经营用户转变后，企业的营业收入不再单一依赖产品销售，而是具有增值服务收入、广告收入、互联网服务收入等多种收入来源，企业利润也不仅依赖于产品销售毛利，而是来自各类增值服务或衍生业务。

第四章 盈利能力预算：如何实现高利润率

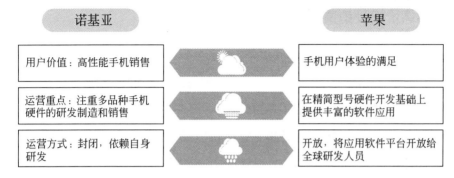

图4-5 诺基亚与苹果公司运营模式对比

价值创造模式的另一个转变是企业通过打造双边或多边市场来实现获利。传统上大多数企业通过向客户销售产品或服务而获利。而在双边市场，企业将相互关联的两类用户群体聚集，两组参与者通过企业平台进行联系和交易，一方参与者的数量增加和活跃会增加另一方参与者数量及活跃度，企业的收入可能来自双方参与者或者只来自一方而对另外一方免费。这一模式改变了传统产品销售型企业价值创造模式。众多互联网企业里，双边市场平台企业比较多见，比如阿里巴巴的淘宝、天猫，以及出行企业滴滴等均是双边市场模式。

从经营产品到经营用户，企业的收入结构发生改变。如图4-6所示，2022年小米集团的收入不仅来自手机业务，还包括IOT、互联网服务等业务，智能手机业务的毛利率仅9%，而其他业务的毛利率则基本高于14%，其中互联网服务业务毛利率为72%。

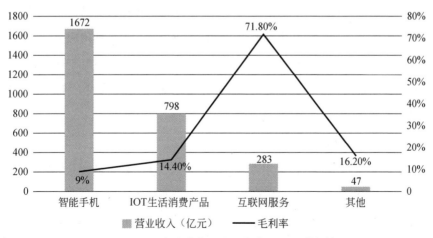

图4-6 2022年小米集团各业务收入及毛利率情况

三、销售价格及销量预算

全面预算包括很多方面,其中最重要的预算之一是销售预算。销售预算是基于销售预测而制定的,它是用来规划预算期内销售活动的一种业务预算。通常情况下,销售预算被视为所有预算编制的起点,许多单位将其作为预算编制的首要环节。然而,这种规律并非适用于所有企业,特别是房地产企业,它们通常会将项目预算作为预算编制的起点。建筑行业则是根据具体工程项目来制定项目预算,房地产企业针对每个楼盘制定单独的项目预算。鉴于房地产项目往往跨越多个会计年度,可能需要两到三年才能完成,因此不宜以单一年度作为预算周期,这类行业具有其独特的行业特性。

销售预算的核心要素包括预计销量、产品单价以及预期的销售收入。销量的预测通常基于市场分析或已签订的销售合同,并考虑到企业的生产能力;单价则是根据企业的定价策略确定的;销售收入则是销量和单价相乘的结果。

1. 销售品种的预测

在确定产品销量的过程中,通常需要明确产品的种类。这需要依据市场需求分析和历史销售数据来进行预测,以便在预算期内明确区分出主导产品、发展中产品、维持产品以及计划淘汰的产品等不同类别。

销售品种的确定,首先要基于已有产品历史数据,企业应对现有产品种类进行排序,依据其实际销量、销售额和毛利率等关键指标进行评估。其次还应考虑产品所处的生命周期阶段和市场的需求动向,以决定在预算期内应重点发展的产品品种、应维持的产品品种以及应坚决淘汰的产品品种。最后基于这些分析确定预算年度计划推出的新产品,确定预算年度继续保留的现有产品,形成预算年度的产品种类清单。

2. 销售价格的预测

产品销售价格预测可以采用多种方法,包括以去年年末的实际售价作为预测售价的基础,参考主要竞争对手的价格动态来预测价格,以及根据企业市场拓展的需求来设定预测价格等。但实践中往往是结合几种方法进行价格预测。

产品价格不是简单的商品销售决策,而是企业的战略问题。定价反映了产品的定位，比如相对同类产品采用高价是基于产品的差异化，差异化是企业的一种竞争策略，是战略问题。有时企业会以低于成本的价格进入市场，这也是占领市场、避免竞争对手进入的一种策略。有时企业大幅降低价格是为了占领市场或将竞争对手挤出市场，这也是一种市场竞争策略。

企业对产品定价时需要考虑几方面因素：一是产品成本，二是市场需求，三是竞争策略。

企业定价考虑的第一因素是产品成本。产品成本主要是指产品原材料、人工、制造费用等，企业经营的目的是盈利，而获取盈利的前提是售价能够覆盖产品成本，且售价和产品成本的差额能为企业经营留足费用空间，以便企业有费用可以开展销售、管理、研发等活动。因此成本是企业确定商品价格的一个基础因素。从成本角度考虑，企业要获取盈利或保持盈亏平衡，需要在成本基础上确定加成比例，加成比例要考虑企业的成本费用率、成本利润率。

影响产品定价的第二个要素是市场需求，企业的商品销售都是要面临市场竞争的，决定商品价格的逻辑是供求关系，如果产品需求旺盛，就可以确定较高的价格，反之就需要就低定价。比如，茅台酒是白酒中的"国酒"，是高端商务用酒，也是一种高端礼品，同时具有很高的保值属性，市场需求旺盛，因此茅台酒一直保持着稳定的高价格，还不时提高售价，市场销售一直火爆，市场对茅台的旺盛需求支撑了茅台高售价。

影响产品定价的第三个要素是竞争策略。客户购买商品时必然会对该商品与其他商品进行比较，比较的内容包括商品的性能、品牌形象、使用成本等多个方面，商品的销售还会受替代品的影响。企业在给商品定价时要结合竞争策略进行分析，如果企业采取差异化策略，企业的商品在品牌、技术等方面能够具有差异化优势，就可以采用高于同行企业的定价策略。如果企业采用低成本策略，在确定产品定价时就需要相对确定于竞争对手更低的价格。企业的促销策略也会影响企业的定价水平，如促销、打折、优惠组合等会影响定价。

3. 销量的预测

销量预测是销售预算的核心环节，是对未来特定时间段内全部产品销售数量的预计。销售是企业经营的龙头，企业要通过销售实现收入，企业的采购、生产、运营管理都要以销售为导向进行安排，销量是销售决策、生产决策、采购决策的重要动因，因此，销量预测是企业预算编制非常重要的内容。

（1）影响销售量预测的因素

产品销量受外部因素和内部因素影响。

①外部因素主要包括经济环境、市场容量、同行竞争、行业特性等。

经济环境方面，比如突发公共卫生事件会导致旅游业、餐饮业萧条，通货膨胀会影响购买力，产业政策会对该产业的销售和供给产生影响。

市场容量方面，企业要预测本企业所在产品市场的市场容量变化，在一个规模持续上升的市场环境中实现增量销售比较容易，而处于一个萎缩的市场必然会导致竞争激烈，企业要实现增长就需要不断提高市场份额，通俗地说，蛋糕大了，大家都有可能多分点，而蛋糕变小了，想要更多的蛋糕只能抢占更多的份额。

同行竞争方面，产品同质化程度高、市场竞争激烈的行业，产品销售必然会受到竞争对手的影响，竞争对手的产品售价、促销策略、竞争策略等必然会影响其销量，各个竞争对手的策略变动最终会影响行业的竞争格局。

行业特性方面，包括行业的周期性，如钢铁行业、房地产行业的周期性较强，还有行业的季节性因素，许多行业都会受季节性因素的影响，尤其是消费品行业，比如我国家电行业的冰箱、空调、冷柜等行业在每年3—8月是销售旺季，又如夏天时冷饮销量会高，保暖用品冬天销量高。

②内部因素主要是指企业的产品性能、质量、品牌、价格、服务等因素。

产品性能、质量、品牌等是客户购买商品的首要考虑因素，性能强、质量好、品牌影响力强的商品自然会有更多的销售机会。

产品价格是影响产品销量的另外一个重要内部因素。价格变动会引起市场需求量的变化，不同商品销量受价格变动影响程度不同，称之为价格弹性不同。价格弹性指价格变动引起的市场需求量的变化程度，价格弹性等于需求量的变动率与价格变动率的比值，价格弹性是企业决定产品提价或降价的主要依据。一般地说，如果价格弹性大，为了提高销量，可以采取降价措施；反之，如果价格弹性小，即使降价也不会引起销量较大的变化，企业就不会采取降价策略。

（2）确定销售量的方法

实践中，确定目标销量有几种方法：一是产品分解法，二是市场份额法，三是客户分解法。

① 产品分解法。销售收入是通过产品销售实现的，从公司整体而言，销售收入的预测首先要区分业务结构，比如家电企业有冰箱、空调、洗衣机等业务，具体到每类业务，要区分产品进行预测。

如图4-7、图4-8所示，美的集团和格力电器的收入结构有较大差异，格力电器的空调业务收入占比在70%左右，而美的集团暖通空调业务收入占比约44%，消费电器业务收入占比也约36%，从业务结构上看，格力电器的收入主要依赖空调业务，而美的集团比较多元化，有空调和消费电器两大主要业务。

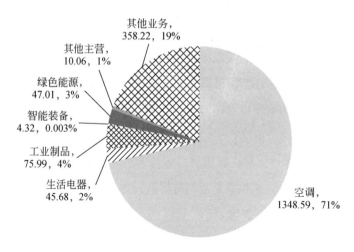

图4-7　格力电器2022年各类业务收入结构（亿元）

对于某一业务，需要分产品进行预测。根据企业对市场的把握程度，进行产品预测时可以按产品类别，也可以细化到产品型号。每种产品的销售预测要结合产品生命周期阶段，比如对于家电或IT类产品，其产品生命周期较短，要梳理出不同产品不同生命周期的销量特征进行销售预测。对于新产品，要预测上市时间，一般产品导入期销量会较低，随着市场推广销量上升。对于老产品要考虑其生命周期，对于其退市时间进行预测，考虑退市阶段销量特点进行预测。

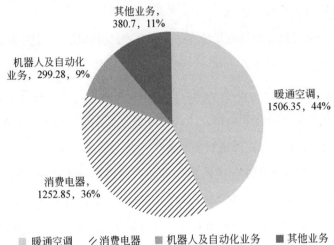

图4-8 美的集团2022年各类业务收入结构（亿元）

② 市场份额法。要预测未来一段时间市场容量的变化，结合历史的市场份额和市场份额的计划确定目标期间市场占有率目标，用市场容量与市场份额的乘积得出未来的销售目标。市场容量可以使用市场销售数量或者销售金额，相应的市场份额数值采用销量占有率或者销售额占有率。对于国际化经营的公司，市场容量要考虑国内、国外两个市场。

③ 客户分解法。客户分解法将销售目标与客户联系起来。这里的客户指购买企业商品并使用的用户，也包括企业销售渠道，如代理商、经销商。客户分解法首先要将客户分为老客户、新客户。

老客户又可以分为用户和渠道分别进行预测。对于直销模式，企业要对用户的采购需求进行预测，不同产品的重复购买频率不同，比如快速消费品会有高频率的购买，而设备类商品的购买频率低，对于设备类商品，要结合用户新建、更新设备的计划进行预测，而对于快速消费品，结合用户的复购率进行预测。对于渠道类客户，预测销量时要考虑渠道的下游，也即下级渠道或者用户的采购需求，要考虑渠道的销售能力变化，比如对于家电产品的销售要考虑传统线下渠道（如国美、苏宁），也要考虑京东、天猫等线上渠道，还要考虑近几年兴起的直播电商渠道。

对新客户而言，要考虑有哪些新客户可以开拓（这些新客户往往是竞争方的客户），要考虑采用何种竞争策略将这些客户变成自己的客户。

4. 由销量和价格计算销售额

销售额也即销售收入是企业预算的重要内容，一方面，要提高利润就需要有收入的支撑；另一方面，收入规模也反映了企业的外部能力，也是企业取得市场地位的重要方式。

如果收入来自产品销售，收入预算的基本逻辑就是价格乘以销量，前文分别分析了价格和销量预测的影响因素，事实上价格和销量是密切联系的，价格的变动会影响销量。价格和销量分别又有很多影响因素，对这些影响因素的考虑才是编制销售预算的关键。每个企业在对销售额进行预测时要充分考虑企业的外部影响因素，如行业特点、地域因素、客户偏好、竞争格局、技术更新等；也要考虑内部因素，如企业供应能力、产品创新等。

第三节 变动成本费用率的控制

回顾利润率公式,销售利润率 =1- 单位产品变动成本费用／单价 - 固定成本费用率,从这个公式可以看出,提高销售利润率的第二个方式是降低单位产品变动成本费用。构成企业产品变动成本的因素主要是材料成本、人工成本。

变动成本是指成本的发生额随着业务量变动而变动的成本,一般呈线性变动关系,比如直接材料、直接人工成本与产品产量直接相关,在一定范围内,变动成本总额与业务量增减呈正比例变动,单位产品的耗费金额则保持不变。按照量本利分析公式,我们所称的变动成本包括凝结在产品中的直接材料、直接人工等变动成本,也包括期间费用中变动成本,比如销售费用中的销售人员提成。

预算编制和执行过程中,对于变动成本费用要以变动成本费用率为控制标准,变动成本费用率通过计算变动成本费用和营业收入的比率得出。在预算编制和执行时应区分具体的成本、费用项目确定控制标准,比如,对于材料耗用控制以单位产品耗用量为控制标准,确定材料定额进行控制;对于销售费用中的佣金,以提成比率为控制标准。

有些企业对于变动成本费用以总额进行控制,可能会出现业务实际发生量相对预算发生较大变动,例如,销售收入离目标差异大,按确定的年度预算成本费用总额控制时可能会出现费用总额不超预算而营业收入远没有完成预算的情况。而当实际销售收入大幅超过预算时,按照总额控制可能会出现业务量大增而费用总额不能满足业务发展需要的情形。

一、如何控制采购成本?

采购成本是指因采购活动而产生的费用,广义而言包括为商品或服务支付的价格、采购人员管理费用、运输仓储费用、采购订单执行相关的合同谈判费用、关税等。为商品或服务支付的价格是采购成本中的最重要的构成部分，在此主要分析此类成本。

对于制造业企业而言，材料成本往往是成本控制的重点。以格力电器 2022 年的数据为例，其在原材料方面的花费占据营业成本的 92%，达到 890.62 亿元；此后，人工成本、折旧和能源消耗依次降低，加起来总共占 8%，如图 4-9 所示。

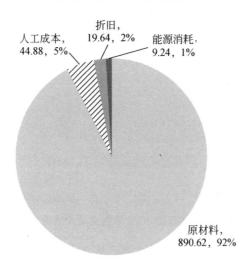

图 4-9　格力电器 2022 年营业成本结构（亿元）

对美的集团的成本构成情况进行分析发现，原材料仍然是全部成本中的主要花销，比重达 90%，因此对于材料成本的监控和预算就显得尤为必要。以固定成本和变动成本加以区分，折旧属于固定成本，仅占营业成本的 2% 左右，其余均为变动成本，如图 4-10 所示。

1. 树立战略成本理念

第一，与供应商建立战略伙伴关系。物料采购不仅是原材料的购买问题，还涉及产品设计、研发、制造等的管理，所以要从战略层面认识供应商的选择和管理。对于一些重要材料部件，供应商的选择并不完全以价格为标准，要考虑到供应商的供应能力、供应商参与设计共同降低成本的能力、材料部件质量保障、交货期等。应该与供应商建立战略伙伴关系，双方利益共享，风险共担，使供应商在长期的合作中获得收益。为激励供应商参与企业所需材料部件的改进，可以设置激励机制,比如共同开发优化部件,企业按照节省的成本或创造的价值,按一定比例与供应商分成。

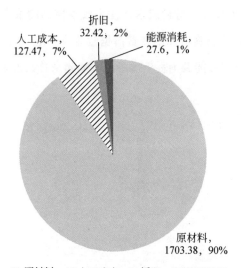

图 4-10　美的集团 2022 年营业成本结构(亿元)

第二,全流程控制成本。产品成本并不是仅由材料价格决定,还涉及材料耗用量、维护、维修及产品退出等成本,采购决策不能单一考虑采购的部件材料或服务的价格,还要考虑到部件材料的质量、易于制造、后续部件维护等全流程成本。大多数产品的材料成本在设计环节已经基本确定,要考虑通过设计环节降低成本,主要通过减少材料耗用量、材料替代等方式降低材料成本,在新产品的开发中,选择适当的物料而非最优物料,可以在确保产品满足市场需求的同时实现成本的最小化。产品设计一旦确定,降成本的空间就已经基本锁定。在选择供应商时要考虑供应商对设计环节降成本的能力,与供应商合作在产品设计环节共同降低成本、降低产品制造及维修等环节的全生命周期成本,通过部件模块化提高制造效率,降低制造成本。降成本不只是采购部门的工作,涉及研发部门、制造部门、供应商等的参与,需要通过成立项目组共同降低全流程成本。

2.通过加大采购规模降成本

交易规模是影响交易价格的重要因素,大规模采购的价格会更低,企业应通过规模效应实现成本控制。实现更大采购规模的方式有以下几个方面。

第一，通过通用化、标准化提高采购规模。制造企业往往会有大量产品型号、数量庞大的物料类型，如果能够提高物料的通用化、标准化程度，就可以减少物料采购类型，增大单一物料的采购规模，比如把相近的螺丝更改为统一规格的螺丝可以加大采购量。

第二，集中采购。企业中往往有多个业务、多个法人，每个业务或法人可能都有采购部门，这些采购部门可能会有同样的物料需求，比如冰箱、空调等对铜材的需求，把企业内部所有的采购集中起来，对于相同物料集中统一采购，可以加大采购规模，提高议价能力。

第三，与外部的同行联合采购。确定采购批量策略，结合物料价值确定采购批量，如高价值的物料一旦积压会占用较大金额的资金，一般需要按需要量订货，低价值的物料对资金占用影响小，可以采用较大的批量采购。

3. 材料成本预算

基于上述理念和方法，企业确定材料消耗量和采购价格，编制材料消耗量预算和材料采购预算两项内容。

① 材料消耗量预算。材料采购部门依据生产预算所确定的产品种类和产量，以及技术工艺部门提供的物料清单，来编制材料消耗量的计算表。这份物料清单由技术工艺部门负责编制，详细列出了组成产品零部件所需的原材料名称、规格和消耗标准等信息。

② 材料采购额预算。材料采购部门依据材料消耗量预算制定材料采购额预算。该预算的金额是基于预计的材料消耗量、现有材料库存状况以及材料的市场定价来确定的。

二、人工成本如何控制？

人工成本是企业产品成本和期间费用的一项重要内容，伴随近年来我国劳动力成本的提升，人工成本对于企业成本控制也变得更为重要。生产、销售、研发以及其他职能管理部门的企业人工成本管理有一些共同的逻辑。此处所提的人工成本不是单指产品成本中所包括的生产工人的人工成本，还包括研发、销售等职能管理人员的人工成本；人工成本不单包含在营业成本或库存成本中，也包含在销售费用、管理费用、研发费用等期间费用内。

提到人工成本控制，最简单和直接的逻辑往往会想到精简人数，控制人员薪酬费用。单纯控制人工成本金额并不是正确的人工成本管理理念，人是企业最具主动性的资源，是其他资源的整合者，人力资源也是企业的核心资源之一，对于人力资源的管理重点应该是提高人的产出，提高产出则需要招聘到较高水平的员工、给予有市场竞争力的薪酬和激励、不断培训提高技能，因此提高产出往往需要加大对人力成本的投入，正确的人工成本控制理念是提高人力投入产出。

1. 确定反映人均效率的预算目标

企业在编制预算时要确定人员效率预算指标，在人员效率提高的前提下审核人工成本预算，反映企业人员效率的指标包括企业总体指标和各职能部门的指标。

反映企业人员效率的指标主要有两个，一是人均收入指标，二是人均利润指标，人均收入反映的是企业整体市场能力，而人均利润反映的是企业所有人员的获利水平。按照效率指标审核预算而不是按照人数指标，比如企业人员数量增加了，但是增加人员后产出增幅更大，人均产出和人均获利提升了，这样的人员增加就是有利的。

对比格力电器与美的集团 2020—2022 年的两大指标可以发现，格力电器的人均收入和人均利润都高于美的集团，且格力电器两个指标都是保持连年稳定增长的趋势，而美的集团的人均利润指标停滞不前，如图 4-11 所示。

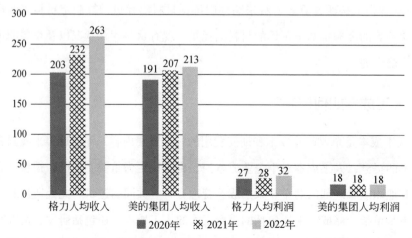

图 4-11　格力电器、美的集团 2020—2022 年人均收入、人均利润对比（万元）

对于营销、制造、研发等职能部门,衡量其人员效率时可以结合其职能来确定相应的指标,比如,对于制造人员,可以通过年度人均生产数量、人均单位工时产量等来衡量;对于销售人员,可以通过人均营业收入、人均销量等来衡量;而研发人员的一项重要工作是产品开发,可以通过人均新产品收入等指标来反映其效率。

如图 4-12 所示,对比海尔智家和美的集团两家企业,美的集团的年人均生产数量在 4000 台套左右,而海尔智家不足 2000 台套。对人均生产数量的比较要结合企业生产模式、产品结构等进行分析,比如,美的集团的产品中有较大比例的小家电,小家电相对于冰箱、空调等大家电的生产数量自然要高很多。

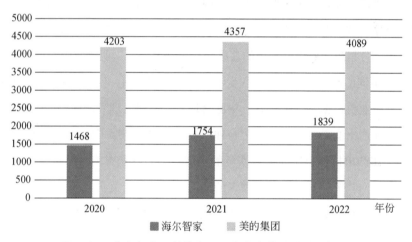

图 4-12 海尔智家、美的集团人均生产数量对比(台套)

这些指标的计算还要考虑企业业务模式的变化,比如企业通过委外生产可以减少本企业的用工数量,导致人均产量指标对比口径不一致。不同企业的业务模式不同,企业之间也可能缺乏可比性,比如轻资产模式的企业,产品制造一般由战略合作方完成,企业自己雇用的生产人员数量很少,这种模式与自己从事制造环节的重资产企业就不能直接进行比较。

2. 调整薪酬结构

根据前文的分析,我们管理人员成本并不是一味控制人员总量和人员费用总额,伴随着企业规模增长和劳动力成本提高,人员费用总额往往是要不断增长的，为了能够有效激励员工产出，要设置合理的薪酬结构。

从投入产出视角看，要提高人员产出就要适当加大员工薪酬中的变动部分，一般把固定部分称为岗位工资，把变动部分称为绩效工资。变动部分越大，员工获得的薪酬与其产出挂钩的比例越大，人工成本给企业造成的成本压力就越小，变动部分可以认为是员工从自己的产出中获得的部分，比如，根据产量和效率给予生产工人的计件工资，根据销售收入或销售毛利指标给销售人员的业务提成。从有利于企业成本控制的角度看，员工的变动薪酬占比高利于成本控制，但由于企业整体经营并不是每个员工所能决定的，而每个员工的业绩都受企业整体经营影响，变动部分占比过高，可能会出现企业业绩不好，员工薪酬过低，且相对于同行水平过低，导致员工离职率提升。因而，对于固定部分和变动部分要参照行业惯例确定，要考虑经营形势是上升期还是下降期等因素，固定部分是保健效应，变动部分是激励效应，合理的薪酬结构设计要兼顾这两种效应。

对于不同的职级，固定部分和变动部分的比例不同，变动部分确定的依据也会不同。企业要根据基层工作者、中层管理者、高层管理者职级不同，根据员工工作职责和产出衡量方式差异设定合理的薪酬结构。基层工作者的变动薪酬主要是和其工作产出挂钩，比如销售人员的变动薪酬和其获得的订单量、销售收入、销售毛利、回款等挂钩。中层管理者的变动薪酬和其所负责的部门业绩挂钩，高层管理者的变动薪酬则和企业整体业绩挂钩。不同层级的人员的变动薪酬也应采取不同类别的形式，比如季度奖金、年度奖金、延时支付奖金、虚拟股、利润分享计划、限制性股票、股票期权等各种形式。

3. 编制人工成本预算

人工成本并不仅是指工资，它包括劳动报酬、各种社会保险费用、商业保险费用、福利费用、教育经费、劳动保护费用、住房费用、非货币性福利、辞退福利、离退休人员人工成本、股权激励费用和其他人工成本等，是企业为取得劳务付出的经济代价，因而雇用一个员工带来的成本大大高于其个人薪酬。比如，2022年格力电器人工成本合计为43亿元，人员数量为72 791人，人均成本为5.86万元。

（1）确定人员数量及结构

企业要结合其战略和业务结构变动确定预算期的人员数量和结构。影响人员数量和结构的因素有以下方面。

① 企业战略类型。企业是采取扩张、稳健还是收缩战略会影响其人员规模，一般采取扩张策略的企业会大幅增加人员数量；采取稳健型战略的公司，其人员数量比较稳定；而采取收缩型战略的企业，其人员数量一般会减少。

② 业务模式变化。比如，企业把原先外包的业务收回，这部分业务就需要增加人员。企业如果把部分部件的自制改为委托加工，负责这部分业务的人员就会减少。业务模式的变化包括制造、研发、营销等多种模式的变化。

③ 企业战略重点的变化。企业战略重点发生变化时，企业应为其战略重点增加人员配备，比如加大电商业务需要增加电商工作人员，加大海外业务需要增加国际业务人员，加大自研研发投入则一般会增加研发人员数量。

④ 人员结构的变化。因企业战略类型、业务模式、战略重点等的变化，企业的人员数量会发生变化，而这种数量变化在研产销不同职能、在高中低不同管理层级中往往会不同步，最终导致人员结构变化，比如注重研发会加大研发人员占比，通过数字化管理和组织变革可能会压缩中层管理者数量。企业管理模式的变化也会导致人员结构的变化，例如，集团加大对子公司授权、精简集团管理职能会减少集团人员数量，比如企业集团实施财务共享一般会将各公司的财务核算人员集中，整个集团内从事核算工作的财务人员总数一般会减少。

（2）确定薪酬政策和人工成本预算

确定人员数量和结构后，要编制人工成本预算还需要明确薪酬政策。

如前所述，企业需要确定合理的薪酬结构，制定薪酬政策，以此来指导人工成本预算编制，薪酬政策主要包括以下方面。

① 薪酬结构。薪酬结构是指薪酬的各个构成部分及其比重，通常是指固定薪酬和变动薪酬、短期薪酬和长期薪酬、非经济薪酬和经济薪酬两两之间的比重，前面已经提及固定薪酬和变动薪酬确定时应该考虑的因素。短期薪酬往往适用于基层员工，而长期薪酬适用于高级管理者。除经济薪酬外，还可以通过成就、认可、培训机会、工作环境、职业发展前景等满足员工的精神需要。薪酬结构不同会导致不同类型的薪酬金额不同，影响人工成本预算总额和分项金额。

② 薪酬决定标准。薪酬决定标准是决定薪酬高低的依据。岗位、技能、资

历、绩效和市场状况等都可能是决定薪酬的依据。不同的薪酬标准会产生不同的行为导向，比如以绩效为标准会促进短期绩效提升，而以资历、技能等为标准则促进形式上的公平，薪酬确定标准要以绩效为导向，兼顾公平。

③ 绩效测度标准。绩效测度标准是指绩效测定是以团队绩效还是个人绩效为标准，是基于定量标准还是基于定性标准。个人绩效作为决定个人薪酬的依据具有合理性，但是管理者可能难以精确地衡量个人绩效，如果员工感觉不到它们之间的强相关性，那么薪酬制度就无法发挥应有的激励作用。定量指标衡量绩效比较客观，使用定量方法需要数据的可获得性强、精确度高，部门之间的业绩界限清晰。为了弥补定量标准的不足，一般企业还会通过访谈、问卷调查等方式对员工绩效进行定性评价，并转化为一定权重的分值。

④ 薪酬提升政策。薪酬提升政策是指企业是否设有薪酬自动提升的政策，比如按照 GDP 增长率确定薪酬普遍提升的政策，或者参照收入、利润、人均收入等的增幅确定薪酬提升政策。

基于以上人员数量、结构、薪酬政策，企业可以进一步确定人工成本预算。在预算编制时，人工成本预算往往是分职能部门进行的，分生产、销售、研发部门、采购、人资、财务等各个部门分别编制。从预算项目看，人工成本包括固定薪酬、变动薪酬、福利、长期激励、培训、招聘等各种费用。

三、变动费用率的控制

变动成本费用除了以上产品中的变动成本外，还有归属到期间费用的变动费用，包括变动销售费用、变动管理费用、变动研发费用。将变动费用除以营业收入所得到的指标就是变动费用率。对于变动费用，我们分三类期间费用分别分析。

1. 变动销售费用

销售费用中变动性较强的费用有人员费用中的绩效薪酬、物流费、维修费、广告费等。

由于上市公司变动费用数据难以完整获取，我们在此计算各行业全部销售费用率。从图 4-13 可以看出，销售费用率较高的有纺织服装、医药生物、互联网、食品饮料，平均销售费用率在 10% 以上。

第四章 盈利能力预算：如何实现高利润率

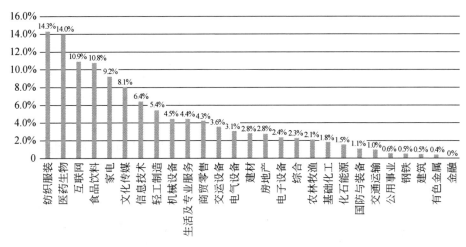

注：金融业费率为0.02%。

图4-13　2022年各行业销售费用率情况

就个别公司而言，格力电器2022年的变动销售费用金额为112.85亿元，其中安装维修费、运输仓储费和广告宣传费占销售费用的80%以上；销售费用率为5.97%，家电行业销售费率均值为9.2%，相比同行业来说格力电器费率较低。

2. 变动管理费用

由于上市公司变动费用数据难以完整获取，我们在此计算各行业管理费用率。

根据图4-14可知，管理费用率均值最高的为金融业，在20%以上；其次为文化传媒业、生活及专业服务业、互联网业，管理费用率均值均超过6%。

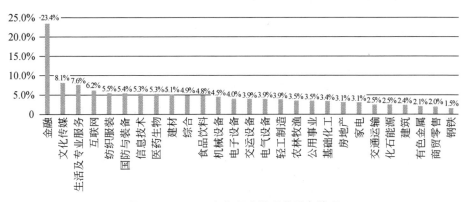

图4-14　2022年各行业管理费用率情况

163

3. 变动研发费用

研发费用是费用的一种形式，研发费用的增长会减少企业当期利润，但企业发展又离不开研发投入，通过研发投入塑造企业技术竞争力。比如，华为2018—2022年在研发费用一直在平稳增长，在2020年以后一直维持在1400亿元以上，研发费用占收入的比重也在连年增加，2022年占收入的25.10%，如图4-15所示，远高于其他各种企业，以中国家电行业头部企业格力电器为例，格力电器2022年的研发费用金额为62.81亿元，研发费用率为3.32%。

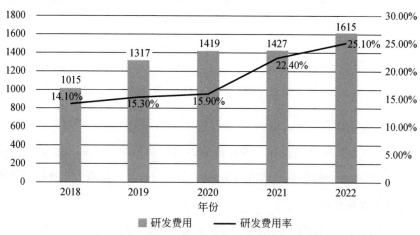

图4-15 华为2018—2022年研发费用额及费用率变动情况（亿元）

四、通过标杆管理降成本

标杆管理是一种提升企业管理水平的重要工具，20世纪70年代以来在企业界得到了广泛应用。美国生产力与质量中心对标杆管理的定义如下："标杆管理是一项有系统、持续性的评估过程，通过不断将组织流程与全球企业领导者相比较，以获得帮助企业改善营运绩效的信息。"成本管理中运用标杆管理项目（称之为标杆成本管理）的方法可以起到三个作用。一是确定先进的成本目标，企业是在竞争环境中生存和发展的，企业成本管理的目标不仅应纵向和自身历史时期比，更要横向和同行和竞争对手比，同类产品较低的成本是企业竞争力的一个重要来源。二是标杆管理不仅是指标的对比，更重要的是通过比较差距，寻找原因，可以找到改善的空间。三是标杆管理建立了完善的成本管理组织体系，可以通过激励机制的设计组建跨部门协同降成本的组织体系。

1. 标杆成本管理的组织设置

标杆成本管理一般应建立三个层级的组织体系[1]：一是决策层的标杆成本管理委员会，由公司高层领导组成，总体负责企业降成本的体系建设和重大决策；二是标杆成本管理的日常管理机构，一般为成本管理部或者财务部；三是标杆降成本的责任单位，应建立起跨部门的标杆成本项目小组。图4-16为某装配制造企业的标杆成本管理组织架构。

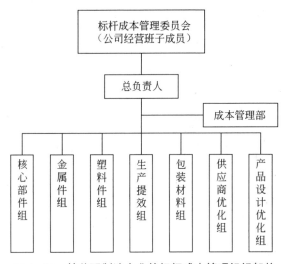

图 4-16　某装配制造企业的标杆成本管理组织架构

标杆成本项目组负责具体降成本项目方案的提出及项目实施，负责根据年度规划组织项目组成员进行目标及支撑措施的提报分解工作，具体人员构成及职责如表4-4所示。以项目方式降成本是一种比较理想的方式，因为项目可以跨部门设置，打破现有部门间的界限，同时以项目方式进行管理，有明确的降成本目标，对人员进行配置，有明确的边界进行绩效评价和考核等。

1　于培友,田莉杰,方岩.标杆管理项目在制造业成本管理中的应用[J].会计之友,2017(22):28-31.

表 4-4 标杆成本项目组成员职责

项 目 组	人 员 组 成	职 责
项目经理	由负责与降成本相关的业务负责人担任	负责项目组的降成本指标；负责项目组的组建、任务分配、绩效评价等
副经理	由具有较强的组织协调能力的人员担任	负责项目组的日常组织管理、项目推进；负责项目组工作开展记录、阶段性总结、项目评审资料的归集与传递
质量成员	由质量部质量控制人员担任	负责对项目进行质量把关，并对项目实施后的质量问题承负主要责任
财务控制	由财务人员担任	负责核算项目实际效益，测算降成本项目的预计效益等
项目成员	一般包括研发、工艺、制造等人员	负责按照项目分工完成各自的工作任务

2. 标杆成本项目的效益核算与激励

各项目组每月初将项目实施情况及效益核算材料交财务部，由财务部负责降成本效益的具体核算工作。

为激励各项目组持续不断提出新的项目，可以规定项目效益的核算期间最长为一年，从项目实施日期开始超过一年后的效益不再计算，例如，某项目从2022年6月份开始实施并核算效益，则该项目效益可一直计算到2023年5月份。

不同的降成本项目，其效益核算方法不同，常见的降成本的方法包括通过产品设计更改、议价等方式降低部件价格，通过设计更改取消某些零部件，提高生产效率，提高产品质量等。

① 对于通过议价或设计更改等方法使零部件价格下降的项目，已实现效益的计算公式为：

已实现效益 = ∑（更改前价格 – 更改后价格）× 对应零部件每月采购量 – 项目费用及由此引起的其他成本增加

② 通过设计更改取消某零部件的项目，已实现效益的计算公式为：

已实现效益 = ∑更改前零部件价格 × 使用该零部件产品的每月产量 – 项目费用及由此引起的其他成本增加

③ 对于提高生产效率的项目，已实现效益的计算公式为：

已实现效益 = ∑（项目节约的人工费、能耗、损耗）- 项目费用及由此引起的其他成本增加

④ 对于提高产品质量的项目，按照项目降低的质量成本进行核算。

为激励各项目组降成本的积极性，应该将降成本实施带来的效益的一定比例分配给项目组成员。提取比例可以根据采购、设计、制造提效等不同方式的降成本额及员工的薪酬水平等综合考虑，一般可以设置在1%～2%。

为防止降成本的短期行为，如短期降成本而损害产品质量等的行为，每月降成本的激励不全额发放，只发放一部分，如只发放50%，到次年或一段时期之后如果没有出现产品质量等不良问题，再将降成本激励额累计未发放部分进行发放。

为使项目组的激励在成员间合理分配，应明确各项目成员对降成本的贡献，按贡献进行分配，并将分配方案报公司成本管理部和人力资源部备案。

第四节 扩大销售规模,降固定成本费用率

固定成本是指在一定范围内不随产品总量而发生变动的那部分成本。固定成本大部分是间接成本,如生产设施的折旧费、软件系统的摊销费、管理人员的薪酬、房屋租金、办公费等。固定成本是在业务比较稳定的一定范围内相对固定的,在业务发生较大变化时也会有所变化,比如企业新建厂房后会增加折旧费用。有些成本具有半变动性,这类成本为便于管理,我们在制定预算时需要将其分解为固定和变动两部分,比如销售人员的薪酬,一部分是相对固定的,另一部分是与销售业绩挂钩而变动的。

一、固定成本费用的固定性与变动性

固定成本并不会因为其固定性而不影响企业利润,反而是影响企业利润的一个重要因素,固定成本是如何影响利润的呢?

假设企业不存在固定成本,息税前利润=收入-变动成本=销量×(单价-单位变动成本),在单价和单位变动成本不变的情况下,很显然息税前利润应该和销售量同比例变动。如果考虑固定成本,息税前利润=收入-变动成本-固定成本=销量×(单价-单位变动成本)-固定成本。因为固定成本金额不变,此时息税前利润不再和销量同比例变动,那么,固定成本对销量和息税前利润关系会产生何种影响,我们举例说明。

假设某产品单价为100元,单位变动成本为50元,固定成本为1000元,在销量为100件的情况下,息税前利润=100×(100-50)-1000=4000(元)。如果我们将销量增加至200元,则息税前利润=200×(100-50)-1000=9000(元)。可以看出,销量增加1倍,息税前利润增加1.25倍。反之,我们假设销量减少到一半,则息税前利润=50×(100-50)-1000=1500(元),可以看出,销量减少50%,息税前利润减少62.5%。对比销量变动幅度和息税前利润变动幅度可以

发现，在息税前利润为正的情形下，息税前利润的变动幅度要比销量变动幅度大。

造成这种现象的原因就在于固定成本的存在，固定成本的固定，是总额的固定，而单位固定成本随销量变化而变化，销量越高，单位固定成本越低，上例中，销量为50件时，单位固定成本为20元，销量为100件时，单位固定成本为10元，销量为200件时，单位固定成本为5元。单位产品息税前利润等于单价减去单位产品变动成本再减去单位产品固定成本，当销量为50件时，单位产品息税前利润为100-50-20=30（元）；销量为100件时，单位产品息税前利润为100-50-10=40（元）；销量为200件时，单位产品息税前利润为100-50-5=45（元），可以看出，随着销量的增加，单位产品息税前利润不断提高，导致这一现象的原因就在于固定成本伴随销量增加会被分摊，带来单位产品固定成本的下降，这种效应被称为经营杠杆效应，几种情形如表4-5所示。

表4-5 销量、单价、成本变动对利润的影响

项目	情形一	情形二	情形三
A 销量/件	50	100	200
B 单价/元	100	100	100
C 收入（A×B）/元	5000	10 000	20 000
D 单位变动成本费用/元	50	50	50
E 变动成本费用总额（A×D）/元	2500	5000	10 000
F 固定成本费用总额/元	1000	1000	1000
G 单位固定成本费用（F/A）/元	20	10	5
H 息税前利润（C-E-F）/元	1500	4000	9000
I 单位产品息税前利润（H/A）/元	30	40	45

二、如何利用好固定成本的经营杠杆效应？

当企业中固定成本占总成本比例过高时，企业利润对于产销量变动就会更加敏感。

1. 经营杠杆

经营杠杆是指销量变动对息税前利润变动的影响。经营杠杆有正反两方面的

影响。

我们假设开一家奶茶店，正常经营的收入成本结构如表4-6所示。

表4-6　每日销售200杯的盈亏情况计算表

每天销量/杯	200
每月销量（30天）/杯	6000
售价/元	20
A 每月销售额/元	120 000
每杯材料费/元	3
B 每月材料费合计/元	18 000
每杯水电人工费/元	2
C 每月水电人工费合计/元	12 000
D 每月房租/元	18 000
E 利润（A-B-C-D）/元	72 000

如果因一些因素导致奶茶店不能营业，该奶茶店的盈利情况如表4-7所示。

表4-7　每日销量为0的盈亏情况计算表

每天销量/杯	0
每月销量（30天）/杯	0
售价/（元/杯）	20
A 每月销售额/元	0
每杯材料费/元	3
B 每月材料费合计/元	0
每杯水电人工费/元	2
C 每月水电人工费合计/元	0
D 每月房租/元	18 000
E 利润（A-B-C-D）/元	-18 000

假设经营逐渐恢复，每日销售20杯奶茶，该奶茶店的盈利如表4-8所示。

表 4-8 每日销售 20 杯的盈亏情况计算表

每天销量/杯	20
每月销量（30 天）/杯	600
售价/（元/杯）	20
A 每月销售额/元	12 000
每杯材料费/元	3
B 每月材料费合计/元	1800
每杯水电人工费/元	2
C 每月水电人工费合计/元	1200
D 每月房租/元	18 000
E 利润（A-B-C-D）/元	-9000

假设经营进一步恢复，每日销售 100 杯奶茶，该奶茶店的盈利如表 4-9 所示。

表 4-9 每日销售 100 杯的盈亏情况计算表

每天销量/杯	100
每月销量（30 天）/杯	3000
售价/（元/杯）	20
A 每月销售额/元	60 000
每杯材料费/元	3
B 每月材料费合计/元	9000
每杯水电人工费/元	2
C 每月水电人工费合计/元	6000
D 每月房租/元	18 000
E 利润（A-B-C-D）/元	27 000

从表 4-6 到表 4-9 可以看到，随每日销量的变化，从每天 200 杯到 0、20 杯，再到 100 杯，奶茶店的利润从 72 000 元到亏损 18 000 元、亏损 9000 元、盈

利27 000元，利润的变化和销量变化并不成线性关系，原因何在？唯一原因就是房租这一固定成本的存在。不论销量如何变化，固定成本并不变化，导致盈利时销量提高，利润会更大幅度提高，而亏损时是更大幅度亏损。

由于每杯奶茶的售价为20元，每杯材料3元，每杯水电和人工费用2元，不考虑固定房租成本时，每卖一杯奶茶，其带来的收益为15元，那卖多少杯奶茶可以保本呢？要计算卖多少杯奶茶的收益可以覆盖固定房租成本，用18 000元与15元相比，得出为1200杯，则每天的销量平均为40杯，每日平均销量超过40杯，奶茶店就可以赚钱，低于40杯就会亏损，40杯就是实现月度不亏不赚的保本点日销量。

2. 固定成本费用率的控制

如何降低固定成本对盈利的巨大影响？

（1）加大产销量，将单位产品固定成本最小化

我们编制预算时需要认真考虑企业固定成本对企业盈利的影响，梳理企业的固定成本有哪些，这些固定成本的分摊情况如何。以生产设备为例，我们要梳理企业有哪些生产设备，这些设备的产能情况如何，产能利用率如何，通过提高设备的产能利用率可以提高产出，降低单位产品承担的固定成本，提高产品价格竞争力，增加盈利。对于未能充分利用的资产，可以通过出租、出售等方式减少闲置或低效资产，降低固定成本。

（2）在产销量规模小时，尽量避免大额固定投入，将固定投入变动化

常见的将固定成本变动化的方式有以下几种。

① 采用OEM方式，将生产环节外包。一般制造环节都需要建设厂房、购置设备，投资金额大，设备使用期长，带来长期的固定成本。比如，耐克、苹果公司主要从事产品的研发和营销业务，其产品的制造由战略合作方完成。

② 变购买为租赁。企业管理者往往都有建设或购买办公楼宇、车辆等长期使用资产的"冲动"，对于初创企业，如果企业运营还不能将这些资产有效、稳定地利用起来，可以不购建这些资产，而是从市场上租赁，这样可以在需要时租用，不需要时不租用，将固定的成本变为变动性成本，减少固定成本对企业经营的压力。比如，小米集团在进入手机行业时，手机行业供应链比较成熟，小米集

团并没有自己制造手机,而是等手机销量规模足够大时,投资建设了手机工厂。2016—2022 年,小米的固定资产迅速增长,2016—2022 年增长了约 80 亿元,如图 4-17 所示。原因在于小米集团原先采用轻资产模式,由合作方制造手机,而销售规模大且稳定后,小米集团自建工厂,固定资产规模因此而大幅增长。

图 4-17　小米固定资产金额变动情况(亿元)

除对营业成本中的固定成本进行控制外,还需要对期间费用中的固定费用进行控制,包括销售、管理、研发、财务四项期间费用中的固定费用。

销售费用中固定性较强的费用有人员费用中的岗位薪酬、日常费用。管理费用中的大部分费用是相对固定的,但管理费用中的股权激励等费用变动性较大,其变动性并不直接由业务量决定,而往往是由用于激励的股权的价值变动引起的。研发费用中固定性较强的是研发设备折旧、软件系统摊销。财务费用并不取决于销售规模,而由企业资本结构所决定,有息负债规模大,融资成本高会提高财务费用中的利息支出。

第五节 销售净利率预算

上文基于固定成本和变动成本划分分别叙述了单价、单位变动成本费用、固定成本费用率的预算,在实际工作中,我们在大多数情况下还是基于传统的利润表项目进行比率分析。基于以上分析,我们还可以把以上确定的各类预算按照利润表结构汇总形成预算利润表,计算影响销售净利率的相关指标,主要包括毛利率、各类费用率。

锁定盈利能力后还需要进一步根据盈利能力确定目标利润,用销售净利率测定企业的目标利润。目标利润的计算公式为:

$$目标利润 = 预计销售收入 \times 测算的销售净利率$$

我们在此分别说明毛利率、各类费用率目标的确定。

一、确定反映产品盈利能力的毛利率目标

毛利率是毛利与营业收入(或销售收入)比值的百分数,其计算公式为:

$$毛利率 = \frac{毛利}{营业收入} \times 100\%$$

式中,毛利等于营业收入减去营业成本,上文我们分析了固定成本、变动成本,把这两类成本合计就是企业营业成本。

毛利率用来表示产品销售的盈利能力,毛利率是销售净利率的最初基础,没有足够大的毛利率便不能形成盈利。企业的毛利率受哪些因素影响呢?

(1)企业行业选择

各行业的毛利率往往有较大的差异,按照证监会2012年行业分类的大类统计我国A股上市公司2022年各行业毛利率均值(不含金融业),如图4-18所示。

第四章 盈利能力预算：如何实现高利润率

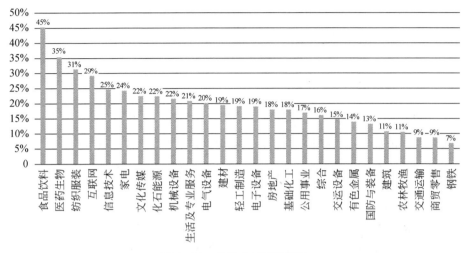

图 4-18 各行业毛利率情况

从图 4-18 可以看到，毛利率均值较低的行业有建筑业、商贸零售业、农林牧渔业、钢铁业，毛利率较高的行业有食品饮料、医药生物、纺织服装、互联网和信息技术等。

（2）客户定位

企业客户定位不同往往会导致产品售价有差异，从价格角度看，客户定位可以分为低成本战略和差异化战略。低成本战略是指以更低的价格提供同样质量的产品或者服务。差异化战略是指提供有特色的产品或者服务。一个企业如果采用低成本战略，由于其成本低，往往可以确定比较低的售价，毛利率一般比较低；一个采用差异化战略的企业，往往售价较高，往往毛利率也较高。

（3）产品组合选择

企业进行产品结构的调整，企业进行产品结构的调整，会使企业的总体毛利率随之发生变化。

（4）销售模式选择

销售模式包括直销模式和中间经销商模式。一般来说，如果采用直销模式，毛利率可能较高，但是需要将产品推广给消费者，并且需要维持直营店的经营，可能期间费用率也会比较高。

如果采用通过中间经销商的模式，则需要给经销商让利，毛利率可能较低，

175

但是也会节约部分期间费用。因此，企业销售模式的选择会给毛利率带来影响，在比较同行业不同企业业绩表现时，我们应当关注不同企业的销售模式及其对财务报表的影响。

（5）会计因素

毛利率除了与行业、企业战略及其执行效果等相关外，有时毛利率的变动可能纯粹是由会计处理带来的。会计政策变更如果给收入或者成本的确认带来影响，那么势必会影响到毛利率的计算。不同企业收入和成本会计政策不同，会影响毛利率在同行业之间的可比性。

（6）关联交易策略

上市公司可能会通过与关联方的交易来转移利益，或者进行反向操作。这类关联交易可能在收入和成本中体现，从而影响毛利率，或者在其他财务报表项目中显现，例如投资收益等。一个企业与关联方之间的交易活动过于频繁，可能会对其业绩报告的可信度和真实性造成负面影响。

我们观察一下家电行业三大企业（格力电器、美的集团、海尔智家）的毛利率情况，如图4-19所示。

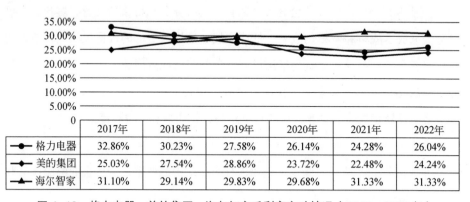

图4-19　格力电器、美的集团、海尔智家毛利率变动情况（2017—2022年）

	2017年	2018年	2019年	2020年	2021年	2022年
格力电器	32.86%	30.23%	27.58%	26.14%	24.28%	26.04%
美的集团	25.03%	27.54%	28.86%	23.72%	22.48%	24.24%
海尔智家	31.10%	29.14%	29.83%	29.68%	31.33%	31.33%

首先，通过纵向比较发现，格力电器的毛利率水平由高到低持续下降，到近两年保持平稳，美的集团的毛利率一直相对较低，在2019年达到峰值后维持在23%左右，海尔智家则一直处于稳步上升的态势，在近几年行业水平下降的情况下仍维持在30%以上的水平。

其次，3家公司横向对比可以看出，格力电器在2017年及2018年，能够在中国家电市场中保持30%以上较高的毛利率水平，对比海尔智家、美的集团，占据了优势地位。之后，海尔智家的毛利率为3家公司中最高水平。2017年，格力电器在中国空调市场份额中占据了29.2%的绝对优势，排名第二、三位的美的集团、海尔智家所占市场份额分别为24.2%和10.4%，前三名合计占据了全部空调市场的65%。市场份额的绝对领先，说明格力电器不仅在空调销售端有很强的价格控制力，也能够保证格力电器在空调采购供应链上的强势话语权。同时，由于存在规模经济效应，格力电器也可以实现在生产制造上的低成本，诸多因素共同作用使其毛利率水平维持在行业的领先水平。

3家公司2022年分业务类型的毛利率情况如图4-20～图4-22所示。从图4-20可以看出，格力电器的空调业务、生活电器、智能装备业务毛利率基本在30%左右，所有业务综合毛利率为26.04%；从图4-21可以看出，美的集团暖通空调业务毛利率为22.84%，消费电器业务毛利率为30.20%，机器人及自动化系统业务毛利率较低，仅20.93%，各类业务综合毛利率为24.24%；从图4-22可以看出，海尔智家各类业务毛利率比较相近，空调、电冰箱、洗衣机、厨电业务毛利率基本在30%左右，而水家电业务毛利率高达46.01%，公司整体所有业务综合毛利率为31.33%。从三家企业各类业务毛利率及公司综合毛利率可以看出，业务结构对综合毛利率有较大的影响。

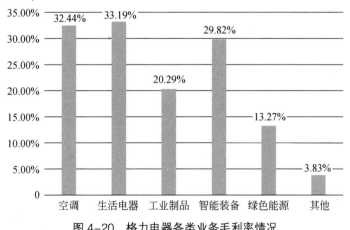

图4-20 格力电器各类业务毛利率情况

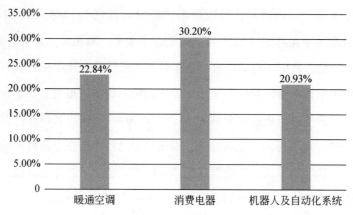

图 4-21 美的集团各类业务毛利率情况

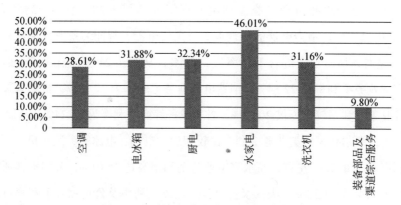

图 4-22 海尔智家各类业务毛利率情况

二、确定费用率目标

费用率是从事营业活动所需花费的各项期间费用占营业收入的比重。该项指标越低，说明营业过程中的费用支出越小，获利水平越高。其计算公式为：

$$费用率 = \frac{费用}{营业收入} \times 100\%$$

费用率可以与企业以前期间进行比较，还可以用来和企业所在行业的平均值或者可比企业的进行比较。

第四章 盈利能力预算：如何实现高利润率

费用率包括销售费用率、管理费用率、研发费用率和财务费用率。

费用率指标反映企业经营中每一元销售收入负担多少费用支出，单项费用率的提高会导致销售净利率的下降。

销售费用率是指公司的销售费用与营业收入的比率。它体现企业为取得单位收入所花费的销售费用额，或者销售费用占据了营业收入的多大比例。其计算公式为：

$$销售费用率 = \frac{销售费用}{营业收入} \times 100\%$$

管理费用率是指管理费用与营业收入的百分比。管理费用率体现企业为取得单位收入所花费的管理费用额。其计算公式如下：

$$管理费用率 = \frac{管理费用}{营业收入} \times 100\%$$

研发费用率是研发费用与营业收入的百分比。它代表着企业的研发能力和研发投入的费用高低，其计算公式如下：

$$研发费用率 = \frac{研发费用}{营业收入} \times 100\%$$

不同企业之间的研发费用率可根据行业、企业规模等不同因素而有所不同。此外，研发费用率还可以作为投资者评估企业技术竞争力的依据。

财务费用率是指财务费用与营业收入的百分比。该指标表示企业单位收入所承担的财务费用额。其计算公式如下：

$$财务费用率 = \frac{财务费用}{营业收入} \times 100\%$$

如图4-23所示，从格力电器2017—2022年单项费用率的变化情况可以看出，格力电器在生产经营过程中每一元销售收入负担的费用支出在减少，可能是因为公司品牌深入人心、销售效率提高等因素使公司在销售费用上的耗费减少；此外，管理费用率呈现上升趋势，2022年为2.77%，研发费用率则基本保持稳定，在3%左右。

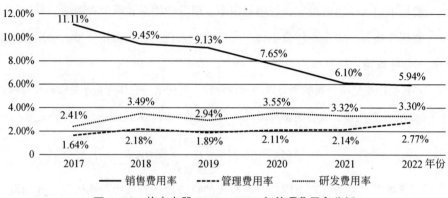

图 4-23 格力电器 2017—2022 年单项费用率分析

从图 4-24 可以看出，美的集团的销售费用率在 2019 年前后出现较大幅度的下降，2019 年之后销售费用下降，并在 2020 年至 2022 年保持平稳。美的集团的管理费用率和研发费用率几乎趋同且一直处于较稳定的状态，保持在 3% 左右，与格力电器相近。

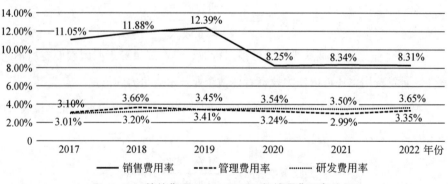

图 4-24 美的集团 2017—2022 年单项费用率分析

如图 4-25 所示，海尔智家的销售费用率在 2017—2022 年一直保持稳定，约 16%，明显高于格力电器和美的集团，说明其在销售环节的支出较高，管理效率有待提高。海尔智家在管理费用率上也维持不低的水平，约 4.5%。研发费用率约 3%，和格力电器和美的集团相近。对比而言，海尔智家的毛利率和费用率均高于格力电器和美的集团。

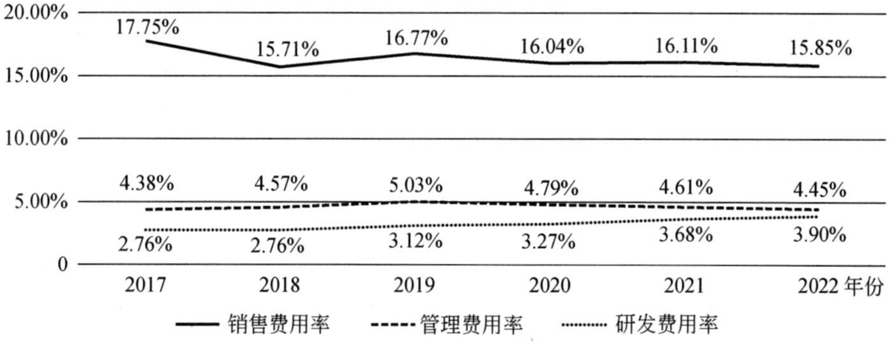

图 4-25 海尔智家 2017—2022 年单项费用率分析

第五章

营运能力预算：如何加速资产周转

资产的价值在于被利用，资产被利用的效率就是资产带来收入的水平。要提高对股东的回报，一个重要的因素是加速资产的周转，也就是用更少的资产实现更高的收入。资产周转率反映了企业资产利用效率，应收账款、存货、企业长期性资产等都是企业重点管理的资产，本部分探讨如何加速资产周转、如何确定资产周转和资产占用的预算目标。

第一节　轻资产与重资产孰优孰劣

所谓轻资产、重资产是指企业资产结构中固定资产等流动性较弱的资产占比高低，一般制造企业需要购买或建造大量厂房、设备，使得企业资产结构中固定资产等流动性弱的资产占比高，流动性差，这种运营模式称为重资产模式；而有些企业专注研发或营销的一两个环节，自己并不从事制造环节，其资产结构中此类固定资产占比小，大多数资产是货币资金及其他流动性强的资产，称为轻资产模式。到底哪种模式更好，两种模式各有什么特点？

一、万达商管是如何甩"资产包袱"的

大连万达商业管理集团股份有限公司（简称"万达商管"）成立于2002年，是万达集团旗下商业物业运营管理的唯一业务主体。经过多年发展，万达商管于2014年在香港交易所上市，但不到两年时间，万达商管又从港交所退市。在此期间，万达商管积极探索适合其未来发展的策略，在2015年开始实施轻资产转型策略，并于2018年2月将公司更为现名。

房地产行业是一个与产业政策和金融政策密切相关的行业，2014年根据城市的具体情况进行"分类调控"的政策出台；2016年，中央经济工作座谈会上首次明确"房住不炒"；而2020年国家为防范房地产行业的金融风险，正式出台"三条红线"政策。这些政策的出台规范了房地产企业的经营行为，也限制了部分房地产企业过于依赖金融负债发展的模式，部分企业的债务压力加大。

轻资产模式转型前，万达商管从事的业务包括项目的可行性研究、土地获取、规划设计、施工建设、竣工交付和运营管理，如图5-1所示，该价值链具有重开发、轻运营的特点，且建造属于附加值较低的环节，持有大量物业表现为拥有较多的房产，资金需求大，在外部融资环境趋紧时容易面临资金紧张、财务风

险较高的困境。鉴于环境的改变，万达商管开始了轻资产转型。

图 5-1 重资产模式的价值链

1. 轻资产转型策略

（1）聚焦高附加值的运营管理环节

在提出轻资产转型策略后，万达商管将附加值较低的房屋建造环节进行剥离，公司名称也更改为商业管理，表明其业务的重大变化。经过多年的发展，万达商管积累了丰富的商业运营经验和稳定的客户资源，因而相较于其他房地产企业，其竞争优势明显。以运营管理为核心主业的价值链主要包括：开业前选址调研及项目定位，设计及建设咨询，开业筹备，招商管理，租户管理等环节，如图 5-2 所示。

图 5-2 轻资产模式的价值链

（2）剥离物业销售业务

在提出轻资产转型策略后，万达商管对国内业务结构进行调整并且停止了海外扩张。2016 年，万达商管出售海外马德里项目，随后陆续出售欧洲、大洋洲、美洲等海外投资项目；2017 年，将西双版纳万达文旅项目等 13 个文旅项目及北京万达嘉华等 77 个文旅项目分别转让给融创中国和富力地产；2018 年万达地产公司成立，万达商管将九江万达广场投资有限公司等 14 家公司出让给万达地产，且万达地产逐步成为万达集团旗下房地产开发业务的经营主体；2019 年，万达商管将剩余房地产业务公司股权转让给万达集团旗下的万达地产；到 2020 年，万达商管已完全剥离传统的地产开发业务并对外宣布 2021 年起不再发展重资产类业务[1]。

---

[1] 于培友,崔啸,于顺浩.价值链视角下企业轻资产转型的财务效应研究——以万达商管为例[J].商业会计,2023(1):46-49.

2. 轻资产转型效果

（1）资产结构不断调整，运营效率提升

业务模式的改变使其出售固定资产，缩减存货。如图 5-3 所示，万达商管的固定资产由 2017 年底的 428.43 亿元降低至 2018 年的 78.85 亿元，存货则由 2019 年底的 457.47 亿元降低至 2020 年底的 39.29 亿元，到 2021 年底存货仅 5.79 亿元。伴随业务结构和资产结构变化，存货周转率大幅提高，到 2021 年存货周转率为 24.31，而之前存货周转率曾在 2016 年低至 0.45；固定资产周转率也明显提高，2016 年为 3.32，而在 2019 年周转率为 11.19，轻资产转型后两类资产周转率提升明显。

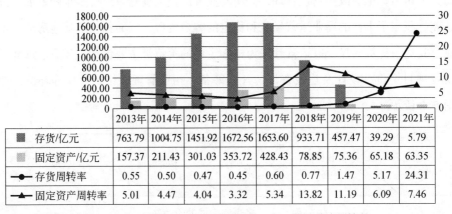

图 5-3 资产及周转情况

（2）资本结构优化，财务风险降低

伴随业务结构和资产结构的变化，万达商管的资本结构也发生改变。在以投资物业租赁及商管为主业后，存货和固定资产的资金占用逐渐降低，减少了资金占用，资金需求也明显降低。如图 5-4 所示，2016 年万达商管负债总额为 5277.7 亿元，而 2021 年其负债总额下降至 2998.2 亿元，降幅为 43.12%。同时，万达商管的资产负债率表现良好，一直处于下降状态，由 2014 年的 72.51% 下降至 2021 年的 51.28%，且后期降幅明显，财务风险降低。

（3）盈利能力提升

轻资产模式使得万达商管的盈利能力得到明显提升，并保持稳定发展态势。伴随房地产市场增幅放缓，市场竞争激烈，房地产行业的销售净利率也有所下滑。然而，自2015年万达商管实施轻资产经营模式以来，公司的销售净利率改变了以往逐年下降的趋势，从2014年的21.91%增长到2021年的28.52%，从2018年到2021年，销售净利率基本在30%左右；对比而言，地产企业的华润置地一直采用重资产模式，其销售净利率一直维持在20%左右，如图5-5所示。万达商管的轻资产转型为其盈利改善带来积极的影响。

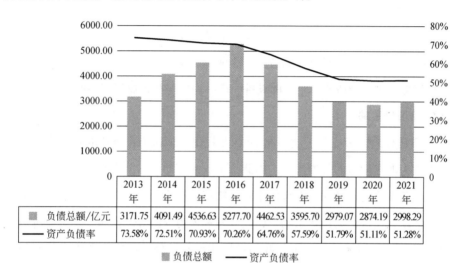

图5-4 万达商管的资产负债率情况

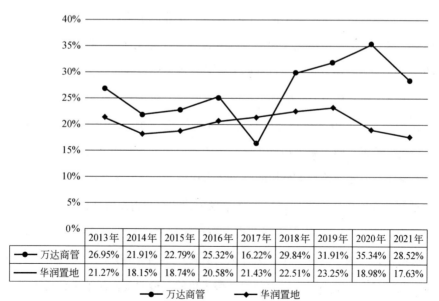

图5-5 万达商管和华润置地的销售净利率

二、资产"轻重"由何决定

所谓轻资产或重资产是企业资产结构的一种形象表述,其差别主要体现在资产结构方面,因资产结构的差异,其资本结构、盈利结构往往也会有所差异。企业资产结构主要由行业、价值链策略、投资战略、管理等因素决定。

1. 行业

不同行业所需要投入的厂房、设备、存货、货币资金等资源不同,形成的资产结构往往也不相同。对于非制造业,企业的设备、产品和厂房在企业资产中的比重比较低;对于制造业,企业的设备、产品和厂房在企业资产中的比重高。

2. 价值链策略

价值链概念由迈克尔·波特在1985年提出。他认为,企业的竞争力大小可以体现在为顾客创造的价值大小。因此,企业的活动可以分为基本活动和支持活动两类,基本活动包括材料部件的生产、物流、销售、售后等与产品服务有关的实质性活动,支持活动包括采购、研究开发和人力资源等。按照一个企业价值链所涉及的关键价值活动的范围,我们可以将价值链分为一体化和集中化两种类型。价值链一体化更加注重企业整体的运营,包括企业内部各种价值活动,而价值链集中化则侧重于价值链上的一两个环节。企业的价值链形成与其投资方式息息相关,对于价值链一体化来说,一种方式是通过内部发展、投资研发、制造和营销等环节,另一种方式是通过并购来完善价值链;反观价值链集中化,因为企业只集中于一两个环节,其他环节多通过市场购买和外包等方式完成。

比如,对于同处手机行业的华为公司和苹果公司,华为公司从事手机的研发、制造、销售,而苹果公司则主要从事手机的研发和营销,其手机制造由战略合作方完成,由此导致苹果公司的资产结构和华为公司资产结构差异较大。

通过图5-6可以看出,2022年底苹果公司的存货占总资产比例不到2%,远小于华为的占比15%,从固定资产占总资产比例看,华为约25%,而苹果公司占比仅12%,约为华为的一半,为什么二者资产结构会有如此大的差异,其原因就在于二者的价值链不同,华为公司从事手机的制造业务,而苹果公司主要从事研发和营销,所以苹果公司拥有更少的存货和制造设施,表现为存货和固定资产更少。

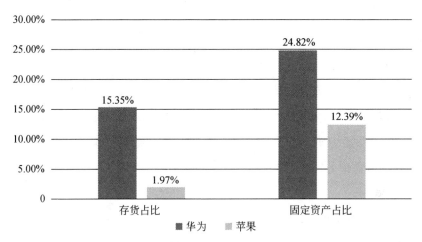

图 5-6　2022 年底华为与苹果公司资产结构对比

再如餐饮业、酒店业等连锁行业，企业对于店面扩张可以采用直营或加盟两种策略，直营模式是一种重资产模式，需要购置设备、店面等，而加盟模式需要企业输出品牌和管理，各个店面的一些长期性资产购置是由加盟商负责的。

3. 投资战略

企业投资战略从投资方向上分主要有两类：一是实业投资，投资后会形成经营性资产；二是金融性投资，投资后所形成的资产称为投资性资产。经营性资产，是指企业在自身经营活动中所产生和利用的资产，通过产品和服务的经营获得收入和利润。例如货币资金、存货、固定资产、无形资产等。其中，货币资金项目既可以用于企业的生产经营周转活动，作为经营性资产；部分闲散现金也可用于对外投资，作为投资性资产存在。投资性资产是企业战略投资或投资理财活动形成的资产，通过这些资产的收益分配或买卖价差获取收益。例如交易性金融资产、债券投资、其他债权投资、长期股权投资等。

按照投资所涉及的产业领域之间的关系，投资可分为多元化投资和专业化投资。多元化投资是指企业将资金投向多个产业，这些产业可能有相关性，也可能无相关性。专业化投资是指将资金投向单一产业。

以雅戈尔为例，其业务主要是三类：服装、投资、房地产，服装和房地产属于经营性业务，而投资属于投资性业务，2022年末其资产结构中的存货、固定资产、应收账款等经营性资产占总资产比例为56%，而交易性金融资产、长期股权投资、其他权益工具投资等投资性资产规模占比44%。存货中11%是服装，房地产业存货约150亿元，占比约89%。对于一家实业企业来说，一般情况下资产以经营性资产为主，例如，格力电器在2021年、2022年的经营性资产占比一直在70%以上，而雅戈尔的资产中经营性资产和投资性资产各占一半左右。

企业不同的风险偏好也会影响企业资产配比，例如在风险保守型企业中，流动负债过多则需配备较多流动资产。以上都属于影响企业资产结构的战略因素。

4. 管理

在公司治理环节，高层对于决策的制定和实施过程渗透到经营管理的方方面面，管理者管理水平的高低也可以在资产结构中有所体现。管理水平较高的企业可采用高风险高收益的资产结构，此时非流动资产占比较高；对于新成立且管理能力有待提高的企业来说，往往在开始会选择稳中求进的管理理念，此时要注重降低经营风险，因此尽量减少长期性资产购置，非流动资产占总资产比例相对较小。

三、资产结构的衡量

资产规模是指企业拥有的资产存量，是保证企业正常生产经营活动的物质基础。企业资产规模大反映企业可动用的资源多。对于资产规模的分析，通常采用水平分析法，即将企业资产负债表中不同时期的资产金额进行对比，以确定其增减变动量或增减变动率。

企业需要运用多种资产进行运营，因此，企业还应有与其战略匹配的资产结构。不同比例的资产组合实际上就是对企业资源的有机整合和合理配置。每家企业都有自己的战略，对资源配置的规划不同，表现为资产结构的不同。如果固定资产、无形资产、存货等经营性资产占比高，说明是以实业投资为主，企业的战略重点在于提高规模效益、发展技术；如果长期股权投资等战略性投资性资产比重大，说明是以股权投资为主，对应的是扩张型战略，企业的重点是迅速扩大规模,提高市场地位,增加话语权;如果理财类投资性资产占比高,说明是以证券投资为主,企业目的在于利用闲散资金短期获益,实现资本增值。

可以使用各项资产占总资产的比例来反映企业资产结构的变化。

流动资产占比的计算公式为:

$$流动资产占比 = \frac{流动资产}{资产总额} \times 100\%$$

流动资产占比高的企业表明其资产的流动性较强,变现速度较快,因此具备一定的偿债能力和抗风险能力,但同时由于缺乏雄厚的固定资产支撑,其经营的稳定性较差。流动资产占比低的企业,表明非流动资产占比较高,资产的流动性差。

非流动资产占比的计算公式为:

$$非流动资产占比 = \frac{非流动资产}{资产总额} \times 100\%$$

首先,非流动资产占比高意味着企业非流动资产周转较慢,变现能力差,会增加企业的经营风险。其次,非流动资产规模较大的企业固定费用较高,也会带来经营风险。总的来说,非流动资产比重过高会限制企业的应变能力,当市场行情发生变化时难以迅速做出调整,从而受到波及。由于企业资产分为流动资产、非流动资产两类,因而流动资产占比与非流动资产占比之和为1。

各行业的非流动资产占总资产比例差异较大,不考虑金融业、综合行业,从图5-7中可以看出,化石能源、交通运输、钢铁三个行业的非流动资产占比最高,均高于60%,化石能源和钢铁行业都有大量的厂房、设施,而交通运输业需要购置大量车辆等交通设备,因此这些行业的非流动资产占比过半,是典型的重资产行业。而互联网、国防与装备、房地产等行业非流动资产占比低,比如房地产行业,虽然有大量土地、房子等资产,但这些资产都是为建房、卖房准备的,是企业的流动资产,房地产企业并不需要大额的固定设施和设备,因而非流动资产占比低。

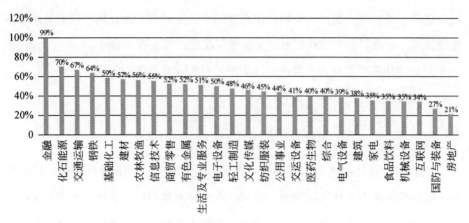

图 5-7　2022 年底各行业非流动资产占总资产比例

格力电器 2022 年末总资产为 3350 亿元，其经营性资产的规模为 2782 亿元，投资性资产的规模为 568 亿元，经营性资产占总资产的比重为 83%，投资性资产所占比重为 17%，所以格力电器是典型的经营性资产占据主导地位的投资战略。

通过分析可以发现，从发展战略来看，格力电器一直以来都是以空调为主业的专业化战略。在这种发展战略下，企业一般具备完整的价值链，从事研发、生产、销售等全部活动。

四、资产结构影响什么

行业、价值链策略、战略、管理、会计等因素会影响企业资产结构，那资产结构差异又会带来哪些影响？我们主要是从企业资本结构、盈利结构等方面分析。

1. 资本结构

资产结构反映了企业的经营风险，而资本结构反映了企业的财务风险。资本结构中短期资金来源占比大，企业的财务风险就会高，尤其是短期借款等有息负债占比大，其财务风险更高，而股权资本占比大，企业财务风险会降低。

企业的资本结构和资产结构要有匹配性，这种匹配主要是指用长期资金来源满足长期资金占用，用短期资金来源满足短期资金占用。

重资产型企业的经营风险高，一般要控制财务风险，此时就要采用长期资金来源，如股权融资、长期负债，会加大负债比，而且由于重资产企业的厂房设备等适合抵押，可以通过这些资产抵押等方式获得债务融资。反之，对于轻资产型企业，由于缺少长期资产抵押，债务融资难，一般采用经营性负债融资，股权融资方式。

2. 盈利结构

影响企业盈利结构的因素主要有产品价格策略、产品成本、企业研发、管理、销售模式等。

重资产型企业一般处于传统制造业，产品差异小，低价是重要的竞争策略，而产品成本中由于大量设备厂房的折旧，固定成本比例高，企业也需要通过低价占领市场，提升产能利用率，摊薄固定成本，低价策略下，企业的毛利率比较低。企业的研发费用率、管理费用率、销售费用率等也不高，综合下来，这类企业的盈利水平可能不高。有些高端制造业则不同，虽然也是重资产型企业，但其产品竞争力强，定价高，往往会有较高的毛利率和销售净利率。

而轻资产型企业注重研发和营销，由此可以形成产品或服务的差异化，采取高价销售策略，毛利率一般会高，但这类企业的研发费用率、销售费用率一般也会高。综合而言，这样较高的毛利率被较高的期间费用率抵减后，销售净利率可能高，也可能低，要根据具体行业或企业进行分析。

第二节　资产周转率衡量企业营运能力

资产是企业用于经营的资源，从权益角度而言企业资产是由股东和债权人所提供的，而这两类权益人都是要求回报的，回报来自使用资产所获得的收益，如何最大化资产的产出是企业运营的重要目标，我们衡量资产的产出，最为重要的一个方面就是衡量资产是否被充分使用。衡量资产使用效率的重要指标是资产周转率。

一、资产的价值在于被利用

1. 两类资产运营方式

按照资金实现增值的方法差异，我们可以把资产运营方式分为两类。一类是经营性资产运营方式，在这类方式下，资金首先要变为产品或服务，通过客户购买产品和服务回收资金。另一类是投资性资产运营方式，在这类方式下，资金直接变成某种股权或债权，这种资产为投资性资产，获利方式为所持股权的股利分配、所持债权的利息收益。另外，还可以通过权益转让方式获得买卖价差收益。

经营性资产主要包括货币资金、应收票据、应收账款和合同资产、预付款项、存货、投资性房地产、固定资产及在建工程、使用权资产、无形资产及开发支出、商誉、长期待摊费用等。

投资性资产在财务报表中主要包括交易性金融资产、其他流动资产、一年内到期的非流动资产、债权投资、其他债权投资、其他权益工具、其他非流动金融资产等项目。

2. 经营性资产是如何周转的？

我们在此主要分析经营性资产的使用和周转问题。

飞机是航空公司最主要的资产，单架飞机金额大，且飞机的使用周期长，表明其资金占用时间长,飞机是航空公司运营所需要的最主要的资产。航空公司拥有的飞机需要通过飞行运输实现收入,只要飞行所获得的收入超过飞行而发生的变动成本,也就是边际贡献为正时,在天上飞行运输乘客或货物的时间越长,创造的收入越多,盈利越高,账面亏损越少。

图 5-8 表明了一般制造业企业资金周转过程。一个企业成立后,股东将资金投入企业,债权人借贷资金给企业,形成了企业最初的资金来源。这些资金在运营过程中不断变换形态,企业首先需要利用资金购买厂房、设备,这些资金就变成固定资产形态。利用资金购买原材料后,被耗用的资金变成了原材料;原材料经过加工后变成生产线上的在产品,在产品完工后入库就会变成产成品,产成品的价值不仅包含耗用的原材料,还包含消耗的直接人工成本、所使用的设备的耗损(折旧费)等的价值;产品销售给客户后,产品已不再为企业所有,此时企业可能在销售前已经收到客户预付的货款,或者货物所有权转移和客户付款同时进行,也可能客户获得货物时还未付款,企业给客户一段时间的付款账期,此时企业需要在账面记录应收账款,这是一种收款的权益,也是一项资产。我们可以看到,伴随企业的运营过程,企业的资金转变成各种资产形态,这些资产形态就是资金的不同形式的占用。

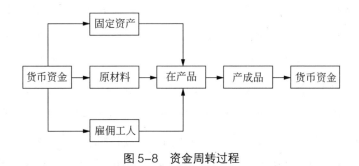

图 5-8 资金周转过程

我们经营的目的就是实现资金的增值,也就是将钱变成更多的钱,为了提高资金的回报,我们要用更少的钱来赚钱。从运营角度看,要将资金快速周转起来,如同上面所讲,让飞机在天上飞行的时间越长就能实现越多的收入,就是加速了飞机这项资产的周转。

二、用资产周转指标衡量企业营运能力

1. 用总资产周转率总括反映企业资产效率

我们用总资产周转率表达企业资产运营效率。资产是能够给企业带来未来经济利益流入的资源，优质经营性资产的一个重要标志是它能够给企业带来更大的销售规模。为了更加直观地表达企业对资产的利用效率，我们用一段期间的营业收入除以资产金额，计算结果越大，表明单位资产带来的销售越多，自然意味着资产的利用越有效率，这类指标叫作周转率指标。周转率指标区分期间，比如年度资产周转率、月度资产周转率。

总资产周转率是企业一定时期的销售收入净额与平均资产总额之比，它是衡量资产投资规模与销售规模之间的配比情况的指标。其计算公式为：

$$总资产周转率 = \frac{营业收入}{平均总资产}$$

式中，营业收入是某段期间的数值，比如年度营业收入、半年营业收入、月度营业收入；平均总资产是用期初总资产和期末总资产的平均数。

总资产周转率总体、宏观地衡量了企业资产创造收入的能力，整体反映了企业管理层对总资产的管理能力。但是企业资产的组成通常很复杂，这个指标只是笼统地测算，具体对每项资产的利用效率还需要结合各项资产的具体情况来分析。通常来说，总资产周转率越高，意味着对资产的利用效率越高。

海信集团于 2006 年完成了对科龙集团的收购，目前该公司已更名为海信家电。同为家电行业，海信集团和当时的科龙集团在资产运营效率方面差异明显，海信集团的资产运营效率要远高于科龙集团，通过收购后整合，海信集团迅速提升了科龙集团（现海信家电）的资金效率。海信集团收购前，2004 年，科龙集团总资产为 114 亿元，营业收入为 84 亿元。海信收购后，2007 年，科龙集团的营业收入为 88 亿元，与 2004 年基本持平，而其总资产仅为 44 亿元，仅为 2004 年总资产的一半。海信集团通过对科龙集团的整合，用不到一半的资产实现了相近的营业收入，资产运营效率差异之大显而易见。

从存货周转天数看，科龙集团在被收购前，其周转天数基本在 100 天以上，

而在海信集团收购并整合后,存货周转大幅加速,在 2009 年降至不足 28 天,后面多年也基本保持在 50 天以下,约为以前的一半,如图 5-9 所示。

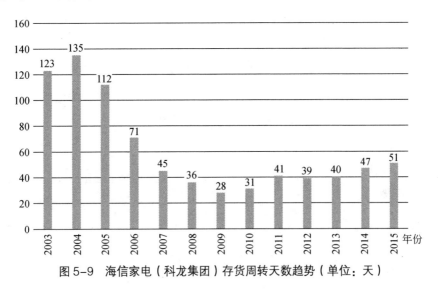

图 5-9　海信家电(科龙集团)存货周转天数趋势(单位:天)

从总资产周转率看,海信集团收购前,2004 年科龙集团总资产周转率为 444,而 2007 年总资产周转率降至 183,不足以前的一半,在 2010 年降至最低天数 126,资产周转率仅为不到 2004 年的 1/3,如图 5-10 所示。

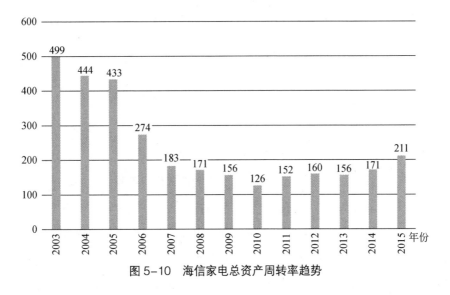

图 5-10　海信家电总资产周转率趋势

由于企业为股东创造回报的方式不同,有些行业资产周转快,而有些行业资产周转慢,有着较为显著的行业差异。

我们用年度资产周转率(也称为资产周转次数)来表示各行业资产周转的速度,如图5-11所示。通过统计2022年上市公司各行业资产周转情况可以发现,资产周转速度最快的是商贸零售业,年资产周转率约1.3,这与我们平时观察一致,零售行业经营的关键就是尽快把货物卖出去。因金融业特殊,不考虑金融业。周转最慢的是房地产业,一方面建房速度慢,另外,2022年房地产业销售形势不好。2022年房地产业资产周转最慢,年资产周转率约0.2。

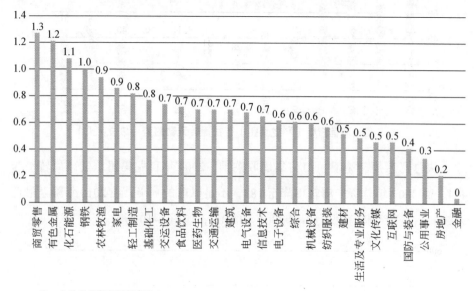

注:金融业总资产周转率为0.04。

图5-11　2022年各行业总资产周转率均值

数据来源:Choice金融终端。

2. 用经营性总资产周转率反映经营性资产效率

由于企业中总资产包括经营性资产和投资性资产,而投资性的资产获利方式并不是取得营业收入而是通过持有投资获得投资收益,或者通过出售投资获得投资收益,因此投资性资产并不影响企业营业收入。而总资产周转率指标使用营业收入和资产占用额进行计算,只有经营性资产的产出适合用营业收入来反映,投资性资产的产出不能用营业收入来反映。因此,总资产周转率是反映经营性资产

周转效率的指标。我们应该使用经营性资产计算企业总资产周转率,可把该指标称为经营性总资产周转率,其计算公式为

经营性总资产周转率 = 期间内营业收入 / 经营性总资产平均金额

= 期间内营业收入 / (总资产平均金额 – 投资性资产平均金额)

以格力电器为例,对比美的集团、海尔智家,看其总资产周转和经营性总资产周转情况。

从图 5-12 可知,格力电器在 2017—2022 年总资产周转率呈现下降趋势,并且 6 年来一直低于海尔智家和美的集团,这说明格力电器的总资产周转速度越来越慢,公司的资产使用效率也在逐步降低。

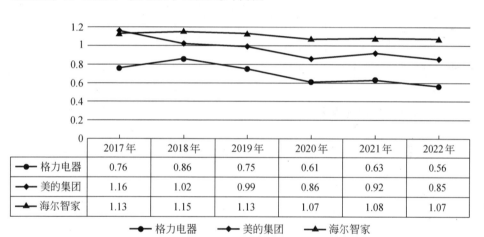

图 5-12　格力电器及美的集团、海尔智家 2017—2022 年总资产周转率

因为投资性资产在会计核算上并不能创造营业收入而是直接创造收益,为了更好地反映经营性资产周转效率,可单独计算经营性资产周转情况。

通过图 5-13 可以发现,格力电器的经营性总资产周转率并不高,整体呈现下降趋势,2022 年经营性总资产周转率仅为 0.7,约为美的集团的一半。格力电器两个口径的总资产周转率都显著慢于海尔智家和美的集团,其主要原因在于主要资产项目中,无论是固定资产还是存货,其周转速度都明显比海尔智家和美的集团慢,后文对此有所分析。另外一个影响格力电器总资产周转率的因素是其货

币资金规模庞大，资金只有周转起来才能创造收入，货币资金并不能创造收入，如图5-14所示，格力电器2022年末货币资金规模高达1575亿元，是美的集团、海尔智家的3倍左右，而格力电器的收入不及海尔智家和美的集团，大约是美的集团的一半，因而，格力电器过多的货币资金拉低了其总资产的周转速度。

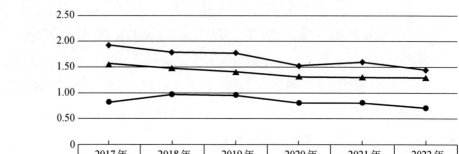

图5-13　格力电器及美的集团、海尔智家2017—2022年经营性总资产周转率

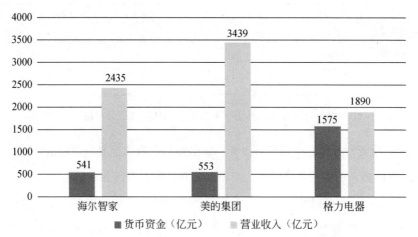

图5-14　格力电器及对比企业的货币资金、营业收入情况

第三节　应收账款：别把赊销当"武器"

企业产品销售实现后并不是一定就能收到销售款项，如果企业在销售前已经预收到款项，表明企业在销售之前已经取得现金流入，而如果企业销售时给客户约定一段付款账期，这种销售方式称为赊销，此时企业的销售并不能立即收到货款，而是形成了应收账款。赊销可以延迟客户付款，是一种促进销售的政策，但赊销会导致销售款项不能及时收回，资金状况变差。那么，企业该如何制定赊销政策，应收账款如何进行预算？

一、赊销的利弊

赊销是信用销售的俗称。赊销是一种以信用为基础的销售，买卖双方签订购货协议后，卖方将货物或劳务提供给买方，按照双方协议，买方在规定日期前一次或分次付款的过程。赊销是提供信用的一种形式。因为赊销的存在，商品销售方成为债权人，购买方成为债务人，这种债权债务关系是因商品买卖而产生的。

赊销给企业带来的最大好处就是能促进销售规模的扩大。赊销对客户来讲是一种延缓资金支付的结算方式，同等货物前提下，相对于现款销售或者提前预收款销售，客户自然会选择赊销方式的卖方，因此通过赊销可以促进销售，赊销期越长对于客户来讲支付资金的压力延迟，可以获得更长时间的资金使用权，客户倾向于更长账期的赊销，如图 5-15 所示。更长账期的赊销更能促进客户购买，增加卖方销量，随着企业销售规模的扩大，可以摊薄单位产品的固定成本，企业可以获得一定程度的规模效应，增加企业获利。

图 5-15　企业经营过程与应收账款

然而赊销并不是有利无害的,赊销在促进销售的同时也可能会带来坏账损失和资金压力。赊销将货物销售出去的同时获得了一项收款权益,会计上称之为应收账款,而这项权益是否能够实现取决于客户的信用和付款能力,客户如果信用不好赖账不付或者长期无能力支付货款,企业的应收账款就会变成一笔坏账,形成损失,减少企业的利润,而且不能收回的应收账款会减少企业利润。假设企业对客户管理较好,没有产生坏账,长账期赊销会形成大量应收账款,导致企业现金流入推迟,造成当期现金周转压力大,甚至企业由于赊销规模大,缺少资金,需要外部融资满足资金需求,带来融资成本。

二、如何分析应收账款?

1. 影响企业应收账款的主要因素

因货物赊销而形成的收款权益称为应收账款。企业的应收账款规模受哪些因素影响呢?一般而言有如下几方面因素。

(1) 行业差异

不同的行业采用的销售结算方式往往会有所不同,比如零售业较多采用的是现款销售方式,在销售货物的同时收取货款;又如通信行业,个人通信费用往往是按照月度预付给中国移动、中国联通等通信运营商;再如工程机械行业,较多采用较长账期的赊销方式进行销售。

采用现收款模式的行业主要集中在那些产品或服务具有即时性、低价值或者客户对交易信任度要求较高的领域。例如快消品零售业,如便利店、超市、果蔬市场等,顾客购买商品时通常需要立即支付现金或通过电子支付完成交易。餐饮服务业,包括快餐店、小吃摊贩、普通餐厅等,消费者就餐后即刻结账。公共交通业,包括公交、地铁、出租车等出行工具,乘客乘车后一般需现场购票或刷卡付费。日常生活服务类,如理发店、洗车行、家政服务等行业,服务完成后立刻收取费用。临时性或小额交易场景,如街头小贩、菜市场商贩等,交易金额较小,普遍采取"一手交钱一手交货"的方式。

许多行业采取赊销方式,先提供产品或劳务,后面再收回货款,但不同行业赊销占销售的比例、赊销账期长短并不相同。由于企业规模差异较大,我们可以通过总资产中应收账款所占比例来观察企业应收账款的相对规模。由于应收账款是因销售而产生的，我们还可以通过应收账款与营业收入的比例来观察应收账款的资金占用情况，应收账款数据可以选年末数据，营业收入数据则可以采用年度数据。

如图5-16所示，从2022年末应收账款占总资产比重的数据可以看出，机械设备、医药生物、生活及专业服务、电气设备、建筑、电子设备、交运设备等行业的应收账款在总资产中比例高，都超过10%，这表明这些行业赊销模式普遍且账期较长。而交通运输、化石能源、农林牧渔、钢铁、房地产、食品饮料等行业应收账款占总资产比例较低，基本低于5%，原因在于这些行业中有些行业面向个人消费者，采用现款结算，有些行业对于下游客户议价能力强，较少采用赊销方式，赊销账期也短，或者有些行业会采用预收款方式结算。

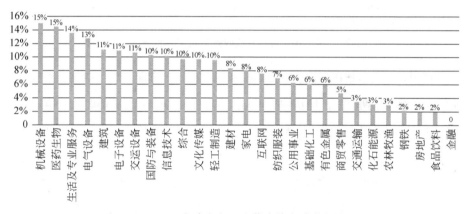

图5-16　2022年末各行业应收账款占总资产的比重

如图5-17所示，从2022年末各行业应收账款占全年营业收入的比重看，各行业的情况基本与应收账款占总资产比例的分布情况一致。

（2）客户信用管理

影响企业应收账款资金占用的另外一个要素是企业信用管理，包括信用政策和回款管理能力。信用政策是指企业对客户进行赊销管理而确定的一些基本原则，主要包括信用标准、信用条件和收账政策三方面。

信用标准是指客户要获得企业信用销售方式应该具备的基本条件。达到这些基本条件才可以采取信用交易方式，否则就无法获得信用交易方式。企业对客户的信用标准要求越高，符合条件的客户越少，这样会减少赊销规模。评价客户信用有多种方法，一种比较多用的方法是5C评估法，即通过评估客户的品质（Character）、能力（Capacity）、资本（Capital）、抵押（Collateral）、条件（Condition）等五个方面来评估客户的信用。

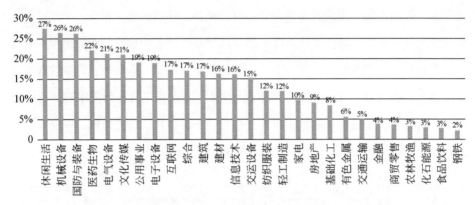

图5-17　2022年末各行业应收账款占全年营业收入的比重

信用条件是指信用期限、折扣期限和现金折扣等方面。信用期限是指给予企业付款的最长账期时间，即从购买货物（或接受劳务）到付款的时间，信用期过短，对客户的吸引力不高，不利于销售，信用期过长会促进销售，但也可能会导致坏账损失和资金成本、管理成本提高。折扣期限和现金折扣是指为鼓励客户早付款，确定的在何时间内付款给予客户付款的优惠比例，比如20天内付款，可以享受5%的折扣，客户付款时只需支付原金额的95%，60天内付款，可以享受2%的价格折扣。现金折扣力度的大小影响客户付款积极性，影响收款的时间长短，同时折扣比例高低也会影响企业的费用。

收账政策是企业为了确保应收账款及时回收而采取的措施和程序。包括对逾期账款的追踪、催收策略以及坏账处理等，采取电话、催款通知、上门访问等方式来加快账款回收。

回款管理也是影响企业应收账款的重要因素。回款管理得好，企业的款项会按账期收回，管理得不好可能会导致超账期回款或者形成坏账，恶化企业现金流或者侵蚀企业利润。回款管理主要包括应收账款监控、催收、激励约束政策等方面。

应收账款监控是指要建立应收账款监控体系,对于每一笔应收账款都要掌握其状态,掌握客户信用动态变化,对于超期的款项要进行重点监控。对于应收账款,应按照账期、是否超期、客户、责任人等多个维度进行数据统计和监控。

催收是指为确保款项按期回收所采取的措施,包括掌握客户付款流程、周期,跟踪客户付款进度。要根据客户付款周期等因素及时提醒客户履行付款流程,而不是等到期收不回款项才与客户沟通付款事宜。另外,对于超期未回的款项还应采取与客户沟通、找第三方催收、法律诉讼等方式催收。

激励约束政策是指要明确回款责任人、及时或提前回款的激励、超期回款或形成坏账的约束等政策。不同企业对于回款的责任人界定并不相同,大多数企业将销售人员确定为回款责任人,将回款作为销售人员业绩的一个重要指标,甚至有些企业将回款作为销售人员业绩的核心指标,还有少数企业可能把财务人员作为回款主要责任人。企业应该树立只有款项收回才是真正的销售完成的理念,引导员工不仅要完成销售,而且要在客户开发、信用政策确定、回款管理等各个环节都关注回款,避免坏账和拖欠给企业带来损失和资金压力。

以格力电器为例,2022年末其全部应收账款金额为29.63亿元,绝大部分是一年以内的应收账款,金额为28.01亿元,应收账款回收风险相对小,如图5-18所示。

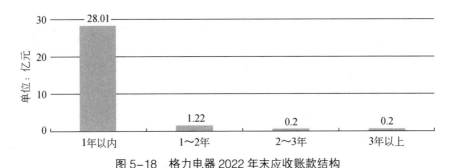

图5-18　格力电器2022年末应收账款结构

2. 如何分析应收账款回收效率

上文分析了应收账款的影响因素,在企业内部对应收账款进行管理时要针对每笔应收账款进行监控和管理。我们还需要掌握应收账款回收的总体情况。应收账款回收天数和应收账款周转次数是反映企业总体应收账款管理效率的主要指标。

如图5-19所示,各行业中,金融、商贸零售、农林牧渔、食品饮料、化石能源、钢铁等行业的应收账款周转快,回收天数短,大约在10天;而生活及专业服务、机械设备、国防与装备、医药生物、电气设备、文化传媒行业的应收账款周转速度较慢,收账周期较长,回收天数超过70天。

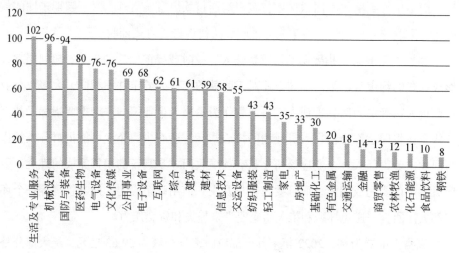

图5-19　2022年各行业应收账款回收天数均值

数据来源：Choice金融终端。

应收账款回收天数或者称为应收账款周转天数,其理论意义是应收账款从产生到收回资金需要的时间长度,我们假设给客户每天赊销金额是1亿元,账期是一个月,即30天,且款项到期就能收回,那么企业每天都会有最近30天赊销形成货款未收回,在账面上形成应收账款30亿元。反过来,如果我们知道了账面的应收账款金额,知道了每天的赊销额,就可以计算应收账款回收天数,如果账面应收账款金额为30亿元,每日赊销额为1亿元,我们用30亿元应收账款占用额除以每日销售额1亿元,计算出结果30天,30天即为应收账款回收天数。一般情况下,应收账款回收天数短反映应收账款管理效率高,企业赊销账期短,收账迅速,资产流动性强,坏账损失少。应收账款回收天数计算公式为：

$$应收账款回收天数 = \frac{平均应收账款}{每日营业收入}$$

知道了应收账款回收天数（也称为应收账款周转天数），我们还可以计算一段时间内的应收账款周转次数（也称为应收账款周转率），这一指标是与应收账款回收天数对应的指标。以上例说明，如果应收账款周转天数是 30 天，一年按 360 天计算，应收账款周转次数就是 360 与 30 的比值，即 12 次，该企业年度应收账款周转次数为 12 次。应收账款周转次数实际上反映了资产周转来获得营业收入的比例关系，等于期间内营业收入与平均应收账款的比值，以上例说明，每日销售额平均为 1 亿元，全年销售额为 360 亿元（按 360 天计算），应收账款占用额为 30 亿元，360 与 30 的比值为 12，即应收账款周转次数为 12 次。也就是说，我们可以通过应收账款回收天数计算应收账款周转次数，也可以通过某段期间内的营业收入和应收账款占用额直接计算应收账款周转次数。应收账款周转次数是一个与期间相关的指标，我们在讲应收账款周转次数时一定要说明是多长期间的，比如全年应收账款周转次数还是季度应收账款周转次数，计算期间可以选择月度、季度、半年、年度等不同期间。应收账款周转次数高，表明赊账越少，收账迅速，账龄较短，资产流动性强，短期偿债能力强，可以减少坏账损失等。应收账款周转次数计算公式为：

$$应收账款周转次数 = \frac{营业收入}{平均应收账款}$$

这两个指标是对应的，据一个指标就可以计算另一个指标，以年度期间为例，计算公式如下：

$$应收账款回收天数 = \frac{360}{应收账款周转次数}$$

这两个指标都是反映公司整体应收账款回收效率的指标，但这两个指标只是依据财务指标总括计算应收账款回收效率，并不准确，原因主要有几个方面。

一是营业收入和应收账款的范围口径不一致。应收账款反映的是赊销所形成的未回收的款项金额，而一般企业的销售回款方式不仅有赊销，还有现销、预收款等非赊销方式，且非赊销方式并未形成应收账款，但是营业收入的数据一般并不区分赊销形成的收入和非赊销形成的收入，上面公式中，我们采用了营业收入代替赊销收入计算应收账款周转天数。

二是营业收入和应收账款的金额计算口径不一致。货物销售形成的应收账款包含企业增值税，而营业收入并不包含增值税，使得二者计算口径不一致。

三是由于企业经营具有季节性，财务指标难以反映平均水平。比如，财务报表一般最短周期为月度，月度末的应收账款并不能反映企业每日的应收账款平均水平，企业的营业收入也往往在各月有较大差异，有较强的季节性特点。比如，冰箱、空调企业的生产和销售旺季一般是每年3月至8月。

为了更接近实际情况，我们在计算应收账款金额时往往采用更多时点数据进行平均，反映一段期间内的平均水平，比如取四个季度末应收账款金额的平均数作为全年的应收账款平均占用额。

其他影响因素包括应收票据结算方式影响等。虽然依据应收账款金额和营业收入计算的应收账款回收天数和应收账款周转次数有不准确的弊端，但该指标对于同一企业前后具有较强的可比性，跨企业也能反映企业应收账款的总体情况，因此得到了较为普遍的应用。

在一般情况下，应收账款周转率越高越好。因为应收账款周转率高，说明应收账款能更快地收回，能提高资金回收效率；如果应收账款周转率过低，表明企业大量的资金被客户占用，可能会造成自身资金周转困难，甚至还需要从银行融资来维持生产经营，这样就需要支付利息，等于"企业付利息，把钱借给客户用"。

赊销的目的是促进销售，减少存货，赊销也可以视作一种"投资"。如果企业应收账款周转率过高，说明企业的信用政策紧，可能会失去一部分客户，不利于企业开拓和占领市场。所以，应收账款周转次数也不是绝对的越高越好。

对应收账款周转次数快慢进行判断时需要有参照标准，我们在分析时应将公司本期指标和公司前期指标、行业平均水平或其他可比公司的指标相比较，进而做出判断。

如图5-20所示，通过格力电器2017—2022年应收账款周转天数的变化可以看出，应收账款周转天数呈现下降态势，应收账款收回速度提高，资金被外单位占用的时间越短,销售回款的效率越高。这在一定程度上有利于公司资金流转,增强短期偿债能力。2020—2022年,相对于美的集团和海尔智家,格力电器的应收账款回收天数是最短的。

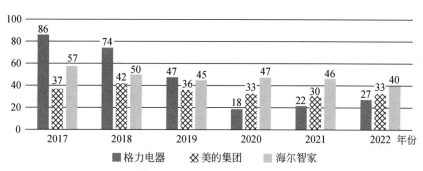

图5-20 格力电器、美的集团、海尔智家2017—2022年应收账款周转天数(天)

三、根据赊销情况制定应收账款预算

在制定应收账款预算时,我们需要确定各个期末的应收账款金额,以月度为例,需要确定各月末的应收账款金额,但在确定应收账款金额时我们并非直接确定,而是依据赊销收入及客户账期进行确定。

应收账款周转次数反映了企业资金使用效率,理论上我们可以依据应收账款周转次数和营业收入来确定应收账款余额,但前面已经说明应收账款周转次数只是一个依据财务数据反映总体资金效率的指标,我们进行预算管理时不应采用这类外部投资人才能获得的财务数据,而是应该依据业务要素来制定预算。影响应收账款的关键要素是企业赊销业务占比、赊销账期。以下举例说明。

假设某企业全年营业收入36亿元,每月收入3亿元,收入在全年各月、各日是均衡的,其中一半的收入是现款销售实现的,另一半的收入是赊销实现的,即每月赊销收入为1.5亿元,现销收入为1.5亿元,而赊销的客户按账期分为两类,其中第一类客户赊销额占80%,每月收入1.2亿元,赊销账期是2个月,第二类客户赊销额占比为20%,每月收入0.3亿元,赊销账期是4个月。对应两类赊销账户,我们来看在这种情形下每个月末应收账款金额该如何确定,如表5-1所示。

表 5-1　应收账款计算表示例　　　　单位：亿元

项目	1月	2月	3月	4月	5月	6月	7月	8月	9月	10月	11月	12月
营业收入	3	3	3	3	3	3	3	3	3	3	3	3
赊销收入（第一类客户）	1.2	1.2	1.2	1.2	1.2	1.2	1.2	1.2	1.2	1.2	1.2	1.2
应收账款（第一类客户）	1.2	2.4	2.4	2.4	2.4	2.4	2.4	2.4	2.4	2.4	2.4	2.4
赊销收入（第二类客户）	0.3	0.3	0.3	0.3	0.3	0.3	0.3	0.3	0.3	0.3	0.3	0.3
应收账款（第二类客户）	0.3	0.6	0.9	1.2	1.2	1.2	1.2	1.2	1.2	1.2	1.2	1.2
应收账款合计	1.5	3	3.3	3.6	3.6	3.6	3.6	3.6	3.6	3.6	3.6	3.6

1月末的应收账款应该会受到上年赊销影响，为简单化分析，我们不考虑上年赊销对本年的影响。我们计算各月末应收账款余额，需要分赊销账期分别计算，第一类客户赊销期为2个月，第二类客户赊销期为4个月，那么在此例中，第一类客户1月的赊销收入在月底全部形成应收账款1.2亿元；2月末，1月份的赊销仍然不能收回，1月赊销形成的应收账款仍为1.2亿元，同时2月新增的赊销收入1.2亿元在月末形成应收账款1.2亿元，合计1月、2月赊销形成的应收账款为2.4亿元；到3月末，1月的赊销在3月全月都会超过2个月赊销账期，我们在此假定客户准时付款，1月赊销形成的应收账款全部变成了银行存款收回，而2月赊销的1.2亿元仍未收回，3月赊销的1.2亿元也未收回，3月末应收账款余额为2.4亿元；以后每月末均同3月末，应收账款金额为2.4亿元。

对于第二类客户赊销应收账款的计算也是如此，因1月赊销额为0.3亿元，1月末形成应收账款0.3亿元，直到4月末，每月赊销均不能收回，应收账款每月累加0.3亿元，到4月底应收账款余额为1.2亿元；5月份，1月赊销的0.3亿元收回，2月、3月、4月每月的赊销额0.3亿元未到期收回，又新增5月赊销金额0.3亿元，5月末应收账款余额为1.2亿元；之后每月末均同5月末。

该例中，由于第一类客户赊销账期为60天，占赊销收入比例为80%，占总收入比例为40%；第二类客户赊销账期为120天，占赊销收入比例为20%，占总收入比例为10%。50%的营业收入是现销类型，我们认为其账期为0，所有类型销售的综合平均账期为36（60×40%+120×10%+0×50%）天。如果只计算赊销业务平均账期，则应为72（60×80%+120×20%）天。

按照财务指标计算应收账款周转次数和周转天数，取全年营业收入，取平均应收账款占用额。

如果以12月末应收账款金额3.6亿元代表全年平均水平，则应收账款周转次数为36亿元营业收入与3.6亿元应收账款的比值，为10次；周转天数为360天与10次的比值，为36天。这一周转天数结果与包含赊销业务的综合平均账期36天一致。

通过账期计算和通过周转指标计算，我们得出了36天这一相同结果，当然，这一结果并非真实的赊销账期，只是一个反映综合的资金周转效率的指标，原因在于我们并非只计算了赊销业务，而是把现销业务也考虑在内计算。

以上计算是假定企业各月、各日营业收入均衡发生的情况计算得出，而在实际企业运营中，企业往往有淡旺季的季节性特点，营业收入的发生一般也多发生在下半月，导致指标计算要复杂得多。但制定应收账款预算的逻辑应该是根据赊销账期对客户进行分类，分类预计赊销收入和应收账款。在预算编制时，可以根据工作量情况，以单个客户逐一计算赊销收入和应收账款，也可以将赊销客户分为几类，按类别计算。

第四节 存货：供应链管理定高低

对于产品销售型企业，存货是一项重要资产，所谓存货，是指企业为产品销售而准备的产成品、为生产产品而准备的原材料及生产线上正在加工的在产品等。存货占用额受哪些因素决定？如何制定存货的预算？

一、存货占用由什么决定？

1. 存货是什么？

存货是指企业在日常生产经营活动中，持有以备出售的产成品或商品，处在生产过程中的在产品，在生产过程或提供劳务过程中耗用的材料、物资等。持有存货的最终目的是短期周转或出售。

存货的构成在不同企业之间存在差别。在工业企业中，存货涵盖了库存中的商品、生产过程中的半成品、在制品、成品以及各类原材料、包装材料、低值易耗品，还有分期收款的已发出商品等。而在零售和物流企业中，存货包括在途商品、库存商品、租赁商品、分期收款的已发出商品、材料物资、包装材料、低值易耗品以及委托代销的商品等。另外，虽然用于建造固定资产等工程项目的各种材料本质上也是材料，但由于它们是专门用于工程建设的，因此被归类为工程物资，并不计入存货范畴。

以格力电器为例，我们观察其存货的构成，如图 5-21 所示。

格力电器 2022 年末存货中主要是产成品，即待售的各类产品，金额为 278 亿元；其次是原材料，金额为 110 亿元；在产品及合同履约成本金额较小，仅 20 亿元。

2. 存货有什么用

库存是一种资金占用形式，而资金使用是有成本的，那么我们为什么还需要保持一定数量的存货？存货有哪些作用？

第五章 营运能力预算：如何加速资产周转

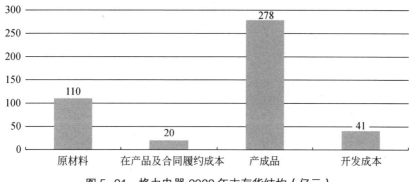

图 5-21　格力电器 2022 年末存货结构（亿元）

数据来源：格力电器 2022 年年报附注。

① 缩短备货时间。存货在前期加工完成有助于企业尽快接到新订单，能快速满足客户的需求。

② 应对需求波动。市场对产品的需求不是一成不变的，当需求较小时生产形成库存，有利于在市场需求增加时及时售出，抓住机遇，保持供应的稳定。

③ 防止缺货。保持一定的库存可以避免因缺货带来的损失。

④ 存货可以使企业免受原材料价格上涨的风险。

⑤ 大批量采购原材料，可以争取获得数量折扣，降低采购成本。

3. 为什么说库存是"万恶之源"

有一个说法，认为库存是"万恶之源"，意思是说高库存会带来很多风险和损失。我们来看一下企业存货金额过高可能会带来哪些负面影响。

（1）占用企业现金资源

企业持有大量的存货是由库存原材料多、产成品销售缓慢等原因引起的，这些存货可能长时间不能流转、变现，使企业资金被占用在存货上，增加企业资金需求，或者是通过外部融资满足资金需要，因此会加大资金压力或增加融资成本。

（2）价格风险

企业库存过高可能是由于原材料金额过大或者产成品金额过大，原材料、产成品的价格变动往往较快。如果是囤积大量原材料，在原材料价格下行周期，企业之前以高价购买的原材料会导致企业错失低价购进原材料的机会，提高产品成本，不利于竞争和获利。积压大量的产成品则往往会面临跌价风险，大多数产品在上市后会面临价格下行压力，新产品推出后，老产品往往会面临市场萎缩的困境，如果产成品不能快速销售，会面临较高的降价风险，给企业带来损失，尤其是保存期短的商品，比如生鲜类商品，存货积压后会导致商品新鲜度下降，最后要降价销售或者作为废品处理。对于消费电子类产品也往往会在上市后经过短暂销售期便很快降价。

（3）管理成本

企业的库存需要仓储、搬运、盘点、清理等各种管理工作，会产生仓储费用、管理人员费用等管理成本，存货占用额越大，占用时间越长，这些管理成本就越高。

4. 存货规模的影响因素

存货规模主要受企业战略、经营模式、管理水平等因素的影响。

（1）战略因素

企业所处的行业、价值链策略、风险偏好等战略因素都会影响存货的规模。

如图5-22所示，在各个行业中，2022年末存货占总资产比例最高的是房地产业，占比高达62%，说明房地产业的主要资产是存货，包括土地、在建的房产、建成还未交付的房屋等，其他占比较高的行业有纺织服装业和综合行业、国防与装备业等；而信息技术、文化传媒、交通运输、化石能源、生活及专业服务、公用事业等行业的存货占比非常小，一个原因是这些行业大多缺少有形商品，另一个原因是这些行业的存货销售快，库存的存货规模小。

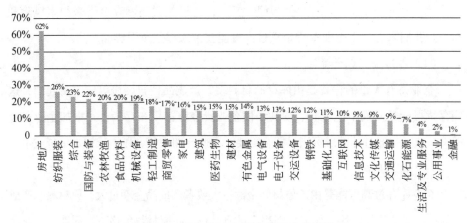

图5-22　2022年末各行业存货占总产比例

数据来源：Choice金融终端。

企业战略模式也是影响存货规模的重要因素，比如从事电商业务的阿里巴巴和京东，阿里巴巴并没有自营业务，为商家和买家提供交易服务，而京东除了为买卖双方提供交易服务外还有自营业务。因此，2022年财报中，阿里巴巴账面存货为0，而京东账面存货为780亿元。

（2）经营模式

不同企业采购、生产、销售的模式也是影响企业存货规模的因素，制造业企业的生产工艺是影响存货规模的重要因素。例如，白酒尤其是酱香型白酒的价值与窖藏时间相关，企业需要备足原料酒，原料酒是一项重要资产，也是衡量其未来销售潜力的重要方面。以茅台为例，茅台的生产工艺流程为制曲→制酒→贮存→勾兑→包装；茅台是由不同年份、不同轮次、不同浓度的基酒相互勾兑而成，为保证公司可持续发展，每年需留存一定量的基酒，按生产工艺，茅台从生产到出厂至少需要五年。茅台集团坚持"崇本守道，坚守工艺，贮足陈酿，不卖新酒"，茅台的生产属于自然固态发酵，传统工艺酿造，遵循一年一个生产周期、端午踩曲、重阳下沙、纯粮酿造、开放式固态化发酵、陶坛长期贮存、以酒勾酒的传统工法，这一经营模式使得茅台集团储备大量的在产品、半成品，导致其存货规模较大。

如图5-23所示，茅台酒业的存货在2022年末合计388亿元，而这些存货未来将转化为商品即白酒进行销售，由于茅台毛利率约90%，这些存货能够支撑约10倍的销售收入，即约3800亿元的销售额。

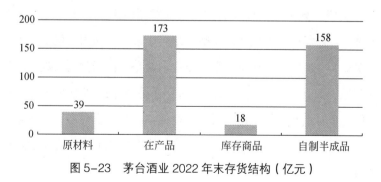

图5-23 茅台酒业2022年末存货结构（亿元）

数据来源：茅台酒业2021年、2022年年报附注。

（3）管理水平

企业对于采购、生产、销售等的管理能力会影响企业的存货规模，采购管理直接影响企业原材料占用规模，而生产管理影响在产品占用规模，销售管理影响企业的产成品占用规模。企业的内部管理是密切联系的，比如研发管理会影响存货占用，如果企业研发进度延迟，为新产品备用的原材料就会长时间占用。

二、存货该如何分析？

1. 存货周转次数与周转天数分析

存货项目在流动资产中所占比重较大，是一项重要的流动资产。持有存货的目的是实现销售收入获得利润。我们对于存货的分析包括其效率分析、安全性分析等，此处重点关注存货的效率分析。

效率是一个相对数指标，从经济意义上看，效率是指产出与投入的关系。对于存货而言，其投入就是指存货占用了多大金额的资金，不同企业、同一企业不同时期存货金额是变动的，存货占用额与企业规模相关，单纯比较存货金额意义不大，而存货资金占用的目的是实现产出，产出就是指企业的销售，因此用销售和存货金额的关系可以反映存货资金使用效率。销售收入是企业反映销售的核心指标。由于存货是以成本计量，为了更准确反映存货资金使用效率，在计算存货产出时我们采用的是营业成本金额，而非采用销售收入，这与存货以成本计量的口径是一致的。

反映存货资金效率的指标我们称之为存货周转次数（或称为存货周转率），可用营业成本与存货成本的比率来反映，相当于某个期间内单位金额（元）的存货可以实现多少金额的营业成本，是营业成本对存货占用额的倍数。因为营业成本是个期间数，因此我们一定要明确是一年还是半年或其他期间的营业成本金额，而存货是个时点数，为了使存货和营业成本在时间上对应，存货金额往往取该期间的平均数，比如取年度营业成本、将年初和年末的存货占用额进行平均代表全年平均水平。

简言之，存货周转次数是企业一定时期内营业成本与存货平均余额的比值。其中，营业成本可以取月度、季度、半年、年度等各种区间，存货平均余额则为对应期间内的存货金额平均值。其计算公式为：

$$存货周转次数 = \frac{营业成本}{存货平均余额} \times 100\%$$

$$= \frac{营业成本}{（期初存货余额 + 期末存货余额）/2} \times 100\%$$

存货周转次数反映了企业一定时期存货流转的速度，通常情况下越大越好。数值越大表明存货周转越快，表明企业用更少的存货实现了更多的销售，反映了企业资产流动性强、资金使用效率高。

但在实务中，存货周转次数也并非越高越好：一方面，过高的存货周转次数可能是因为企业的存货过少，这有可能导致不能保障供货，比如企业在供应紧缺时，市场供不应求，此时存货周转很快，但企业的营业收入受缺货影响；另一方面存货周转过快可能是因为所执行的信用政策过于宽松，大量长账期赊销未来很可能会形成大量的坏账。

反映存货资金效率的另一个指标是存货周转天数，其计算公式为：

存货周转天数=存货平均占用额/平均日营业成本

这个公式分子为存货平均占用额，分母为平均日营业成本，以产品销售企业为例，平均日营业成本就是企业每天销售出去的存货的成本，公司库存的存货金额与每日销售出去的存货成本金额的比值就是公司库存的存货可供销售的天数，称为存货周转天数。比如，公司存货账面金额为1亿元，每天销售的营业成本0.1亿元，则二者比值为10，10天就是企业存货周转天数，是企业把公司存货转变成销售需要的天数。

存货周转天数也可以通过存货周转次数计算，其计算公式为：

存货周转天数 = 计算期间天数 / 计算期间周转次数

以年度存货周转天数为例，存货周转天数 =360/年存货周转次数，为便于计算，一般把全年天数计算为360天，半年天数为180天，每季度天数为90天，每月天数为30天。

各个行业特性不同，各行业存货周转次数也不同，存货周转次数是否合理可以参照行业进行判断。另外，企业可以对比历史数据，观察变动趋势。对于大多数制造业企业,尤其是产品上市后跌价较快的产业,如消费电子业、半导体业等,存货周转速度特别重要,因为企业销售周期越长,跌价风险越大。依赖快速周转获利的企业,其周转速度也尤其重要,比如零售业。图 5-24 的数据表明,2022 年末国防与装备业存货周转最慢,约 211 天,而存货周转比较快的行业有信息技术、有色金属、钢铁、化石能源等,周转天数均低于 60 天。

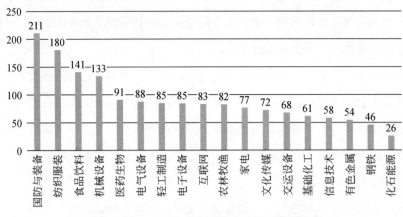

图 5-24　2022 年各行业存货周转天数(天)

从图 5-25 可知,格力电器 2017—2022 年的存货周转天数一直呈上升趋势,在 2019 年前基本低于美的集团和海尔智家,而 2020—2022 年开始上升,周转延缓,尤其在 2022 年已达到 107 天,比美的集团慢 38 天。查阅格力电器近几年年报可知,格力电器主要的销售模式是线下,由于突发公共卫生事件影响及近两年家电行业市场低迷,格力电器产品销售不畅,导致其存货周转降速。

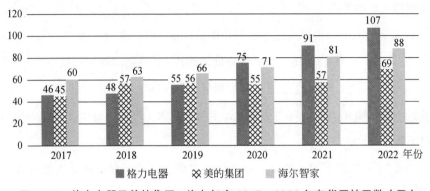

图 5-25　格力电器及美的集团、海尔智家 2017—2022 年存货周转天数(天)

2. 存货库龄分析与非正常占用

存货周转天数与周转次数是利用财务数据计算的反映资金效率的总括指标，企业内部管理则需要利用更为明细的数据，要分析到具体某种原材料、某种产成品，分析其占用合理性，而合理性分析的一个重要依据是存货的库龄和是否为正常占用。

现在的信息系统已经能够记录存货库龄，将每个月末原材料、产成品的库龄数据进行分析，分析库龄结构，比如对于原材料，分别统计库龄在1个月、2个月、3个月、3个月以上的原材料金额及占比，对比之前的结构，可以看出库龄结构及其变化，对于长库龄的原材料、在产品进行进一步的细化分析。

分析库龄的主要目的是评估存货的占用情况是否处于合理范围之内。为了进行这一评估，我们需要针对原材料、在产品、产成品等不同类别，制定一套详细的占用时间标准。这些标准将作为衡量存货占用是否合理的基准。一旦存货的占用时间超出了这些既定的标准，我们就将其定义为非正常占用。识别并尽快处理这些非正常占用的存货，对于降低整体的存货占用金额至关重要，同时也能有效提升资金的使用效率和周转速度。

对于产成品而言，非正常占用的情况通常涉及那些超出了库龄标准的存货。例如，如果库龄标准设定为一个月，那么所有超过一个月未销售的产成品都应被视为非正常占用。除了这些超出库龄标准的存货外，还有一些特殊的产成品需要给予额外的关注，比如不合格的产品、处于"三包"期内的商品，以及用于展示的样品等。这些存货如果超出了规定的数量或时间标准，也需要被划分为非正常占用的存货。

在产品的非正常占用涉及那些因为生产计划安排不当、质量问题、物料短缺等因素，导致存货占用时间超出预定标准的在制品。这些在产品如果在生产过程中停滞时间过长，不仅会占用宝贵的仓储空间和资金，还可能影响到整个生产流程的效率。

原材料的非正常占用情况包括那些超过预定使用时间仍未被投入生产的物料，以及那些存在质量问题、不再需要用于生产的原材料，或者是低值的消耗品。这些原材料如果长期处于未使用状态，不仅会造成资金的浪费，还可能导致物料的贬值或过期，从而给企业带来额外的损失。

因此，通过对库龄的细致分析，我们可以更准确地识别出存货管理中存在的问题，及时调整存货策略，优化存货结构，减少不必要的资金占用，从而提高企业的资金流动性和运营效率。这对于企业的长期发展和市场竞争力具有重要的意义。

三、存货预算

对于只能通过财务数据对企业存货周转效率进行分析的外部分析者而言，利用存货周转次数和存货周转天数可以总括地判断企业存货资金的周转效率。企业内部管理者对存货占用额制定预算或者管理，则需要利用存货更为明细的数据对采购、生产和销售业务进行管理。存货主要分为原材料、在产品、产成品三类，我们分类说明如何针对三类存货制定预算。存货预算在过程中需要计算数量和单价，最终表现为金额，成为资产负债表预算的一项内容。同时，存货预算会影响企业资金占用，进而影响企业资金需求，影响资金周转指标的预算。

1. 原材料占用额预算

原材料占用是为了满足生产需要，前面已经讲了材料采购金额预算的编制，材料采购金额由采购数量和单价决定，某段时间的采购量由期末存量、期初存量及生产需要量来确定，即预计采购数量＝生产需要量＋计划期末预计库存量－计划期初库存量，在此，我们需要确定期末原材料占用金额预算。原材料占用金额由原材料数量和原材料价格两方面决定，原材料价格的预算与材料采购价格预算一致，在此主要讲述原材料期末库存量的预算。原材料期末库存量实际上是下一个期间的期初库存量，而下一期间的期初库存量是为了满足下一期的需要，受生产规模和采购活动影响。

影响原材料占用的一个重要因素是材料通用性及模块化程度。材料通用性高，企业需要的原材料种类会降低，有利于减少原材料库存，比如企业内用的螺钉，能否尽量统一起来，减少品种，对于原材料占用额影响最大的是核心部件、材料的通用化，比如家电行业的压缩机。另外，模块化会减少供应商数量，减少对外采购部件数量，有利于降低原材料库存。

由于原材料种类繁多，不同材料的重要性、订货提前期等都不同，因此，应该对原材料进行分类预算，一般可以分为以下几类。

① 战略类原材料。这类原材料往往是企业最为重要的原材料，供应商数量少，一旦短缺会影响整体生产。这类材料的采购和库存量计划不能单一考虑本企业的库存策略，而是要结合供方的销售策略制定库存量预算，尤其是预测到市场供应紧张和价格上涨时，要做出提前储备的安排，加大库存量预算。

② 普通类原材料。这类材料往往有多家供应商，市场供应充分。这类材料的库存量主要结合订货提前期和安全库存考虑来确定。订货提前期越长，材料库存量越大，安全库存越高，材料库存量越大。

③ 非正常占用类材料。有些材料占用时间长，在预算编制时也要考虑此类占用，比如因为研发变更导致的已采购原材料不再适用，此类材料不能为后续生产所消耗，处理时间往往较长；还有些材料因质量问题不能及时处理导致长时间占用。在制定预算时可以考虑到非正常占用，但非正常占用的比例要不断降低，要体现出通过提升管理能力来降低非正常材料的占用。

2. 在产品占用额预算

在产品占用额是指期末（一般是指月末）在生产线上加工还未完工入库的产品所包含的材料、人工、制造费用等的金额。在产品占用额一般按照生产的产品品种、生产数量等进行预测，要考虑生产节奏，合理预测。

3. 产成品占用额预算

产成品占用额预算是在期末库存产成品数量和单价预计基础上确定的。产成品占用额预算是存货预算的主要组成部分，因为一般产成品都是企业存货中占比最大的部分。编制产成品占用额预算要考虑企业生产安排，同时要考虑企业销售安排。另外，产成品占用额预算会受到企业产品生命周期的影响。库存量一方面要满足销售需要，另一方面要防止过高的库存带来的资金占用成本及长时间的库存可能会面临的产成品跌价风险。

① 企业产品策略的影响。企业的产品策略从主推产品品种的数量方面看，有多品种和少量品种两种策略。例如，在苹果公司推出手机前，我国绝大多数企业采取多品种策略，每年推出十余款甚至几十款各种不同性能不同类型的手机，

苹果公司则基本每年推出一款精品手机，之后我国的众多手机企业也向苹果公司学习，每年仅推出少数几款手机。多品种策略下，企业需要为每种手机准备一定数量的库存。多品种就需要更多的库存总量，而且众多品种的手机可能有很多销量不佳，形成库存积压，加大库存量；而单品种策略相对会减少库存量。事实上，产品策略不仅影响产品库存数量，还会影响材料库存量、在产品占用金额，相对于众多品种，少品种策略需要的材料类型少，需要准备的材料库存数量少，也更容易制造，有利于降低在产品占用额。

② 产品生命周期及产品组合的影响。企业在编制年度预算时，要对全年的产品做出规划，哪些产品在哪个月度要上市，哪些产品要退出市场等，都要做出规划；每类产品从上市到上量到产品退出市场等，也都要做出全生命周期的计划。将这些计划对应预算年度的各个月，这样才能指导各月研发、销售、生产等的预算，也会影响各月月末库存的产品类型，影响月末库存占用额预算。

③ 企业生产策略的影响。企业的生产安排会影响期末产成品库存预算，比如，大批量低频次生产和小批量多频次生产对库存的影响不同，在大批量低频次生产模式下，企业往往因此会生产众多数量的产成品，满足较长时间的销售需要，导致产成品库存占用量大；而小批量低频次生产策略会减少库存量。

④ 企业销售策略的影响。企业销售有按订单销售和按销售预测备货两种模式。按订单销售模式下，所生产出的产成品都已经有对应的客户，生产出的产品会以最短的时间发送给客户，可以使企业期末的产成品库存量降低；按销售预测备货模式则是先根据对市场的预测做出销售计划和生产计划，生产出来的产品需要分散到各地各个渠道，每个渠道都有一定的备货，汇总在一起会形成较大的库存量。

第五节　固定资产：长期预算需谨慎

资本支出是指企业为取得长期资产而发生的支出，如企业购置固定资产、购买软件和土地使用权等，资本支出还包括企业长期持有的债权投资、股权投资。资本支出对企业的影响主要有两个方面：一是金额大，相对于材料购置、经营费用，资本支出往往金额大，对企业现金流影响重大；二是资本支出对企业的影响时间长，比如购置设备可能使用十年甚至更长时间，设备折旧对于企业成本的影响时间长，长期性的股权投资会影响企业投资收益，长期性债权投资会影响企业利息收入。正因为资本支出的这两个显著特点，我们要特别关注资本支出预算。在此我们不考虑债权性、股权性资本支出，主要探讨经营性资本支出，而经营性资本支出主要是企业固定资产投入。

一、固定资产规模由什么决定？

1. 固定资产是什么？

固定资产是指同时具备下列两个特征的有形资产：第一是为生产商品、提供劳务、出租或经营管理而持有；第二是使用寿命超过一个会计年度。

企业持有固定资产的目的是生产商品、提供劳务、出租或进行经营管理，即企业持有的固定资产是企业的劳动工具或手段，因此，固定资产是企业获取利润的主要物质基础，在企业生产经营过程中发挥着重要的作用。固定资产的使用寿命，是指企业使用固定资产的预计期间，或者固定资产所能生产产品或提供劳务的数量。

固定资产一般包括产权属于本企业的所有房屋和建筑物、办公设备、专用设备、运输设备、机械设备等。按照固定资产的使用目的可以分为生产用固定资产、非生产用固定资产、未使用固定资产和不需用固定资产。

如图 5-26 所示，2022 年末，格力电器的固定资产包括房屋及建筑物、机器设备等，其中房屋及建筑物金额为 319 亿元，机器设备金额为 276 亿元，占固定资产的比例非常高，而运输设备、电子设备、其他设备的金额较小。

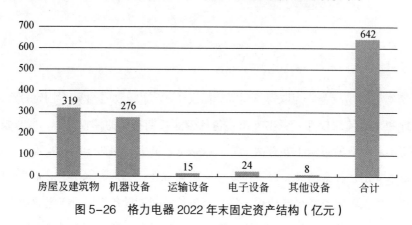

图 5-26 格力电器 2022 年末固定资产结构（亿元）

数据来源：格力电器 2022 年年报附注。

2. 固定资产规模的影响因素

固定资产规模主要受公司战略、经营管理因素的影响。

（1）战略因素

企业所处的行业、价值链策略、融资能力、风险偏好等战略上的考量，都会直接影响固定资产的规模。

不同行业的产品、服务形态不同，所需要的厂房、设备数量、金额等差别较大，由此导致不同行业平均的固定资产规模和固定资产在总资产中占比有较大差异。比如，钢铁等冶金行业的固定资产规模一般都非常大。如图 5-27 所示，2022 年末，钢铁行业中固定资产占总资产比例最高，占 47%，公用事业占比也超过 40%，其他占比高的行业还有建材、轻工制造、基础化工、农林牧渔、交通运输、信息技术等行业。而除去金融业固定资产占总资产比例较低的是房地产业，比例约 2%。这是因为房地产企业虽然有大量的房屋，但这些资产是存货，而非固定资产。

企业的价值链策略也会对固定资产规模和占比形成显著影响，一般而言，制造环节需要的固定资产最多，而在研发、营销环节所需固定资产则较少，同一行业不同企业采取的价值链策略不同，有些企业采用价值链一体化策略，从事研发、制造、营销等的全产业链活动，其固定资产规模和占比往往会更高，而采取价值链集中化策略的企业，如只是从事研发、营销等环节的企业，其固定资产规模和占比会较低。

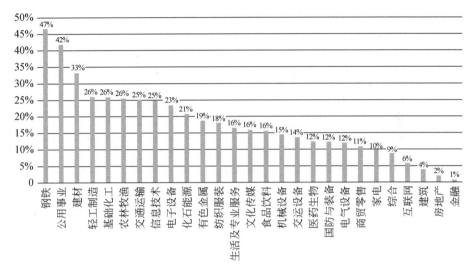

图5-27　2022年末各行业固定资产占比

融资能力也是影响固定资产规模的因素。由于固定资产购建需要大量资金支出，需要企业具有较强的融资能力，因此一般国有企业、处于生命周期成熟阶段的企业会通过融资支撑固定资产的购建。

企业的风险偏好影响。因为固定资产购建一方面需要大量的资金支出，增加财务风险；另一方面，如果资产运营不当，企业固定成本高，会带来经营风险。大额固定资产购置主要是由公司高管层决策，有时也需要董事会决策，如果董事会和高管层偏好高风险，可能会倾向于固定资产的大量购建；相反，如果企业偏好低风险，则会控制固定资产的购建。

（2）经营管理因素

市场需求、产能利用率、资产维护、技术创新等会影响固定资产需要量和规模。

如果市场需求大，企业可能需要扩大固定资产规模以满足生产需求。相反，如果市场需求萎缩，企业可能会缩减固定资产规模以降低成本。

企业所购建的固定资产如果产能利用率低，会导致资产闲置；如果资产维护不到位，有些资产因技术、设备质量等因素导致不能正常使用。这些都会导致企业的固定资产规模较其实际需求大。

技术创新也会影响固定资产规模。随着科技的不断进步，企业可能需要更新或升级其固定资产，如引入先进的生产设备，从而导致固定资产规模扩大。

二、企业固定资产效率分析

对于固定资产的使用效率，主要通过固定资产周转率（也称固定资产周转次数）进行评价。固定资产周转率是企业营业收入与固定资产价值的比率。由于固定资产在使用中会有折旧、损耗、减值现象，因此账面上反映固定资产价值的口径有三个，一是固定资产原值，即固定资产购置或建设时进行计量形成的价值；二是固定资产账面净值，等于账面原值扣除累计折旧；三是固定资产账面价值，是在账面净值基础上再扣除固定资产减值准备。对于使用哪个口径计算固定资产周转率有不同的观点，使用原值可以反映企业在用固定资产的使用效率，使用净值考虑了固定资产损耗后的资产使用效率，使用账面价值考虑了减值因素对资产当前价值的影响。

其计算公式为：

$$固定资产周转率 = \frac{营业收入}{固定资产平均余额}$$

固定资产周转率主要用于分析企业固定资产的利用效率，一般而言，比率越高，说明利用率越高，管理水平越好。如果固定资产周转率与同行业平均水平相比偏低，则说明企业对固定资产的利用率较低，可能存在闲置现象，会影响企业的获利能力。

如图 5-28 所示，从各个行业固定资产周转率看，周转最快的是建筑、商贸零售、房地产行业，固定资产年周转率超 10 次；而周转较慢的有建材、公用事业等行业。

第五章 营运能力预算：如何加速资产周转

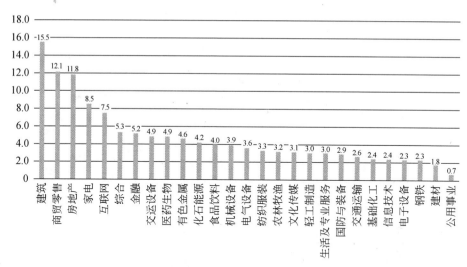

图 5-28 2022 年各行业固定资产周转率

格力电器的固定资产周转情况。如图 5-29 所示，以固定资产原值计算，2022 年，格力电器固定资产周转约 3 次，大约为美的集团的一半，固定资产运营效率低，也显著低于海尔智家。

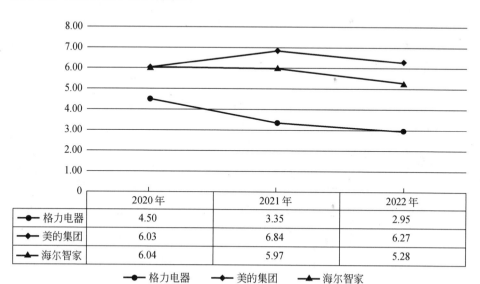

图 5-29 2020—2022 年格力电器、美的集团、海尔智家固定资产周转率变动情况

如图 5-30 所示，以固定资产净值来计算，3 家企业的周转率基本为原值的两倍，但格力电器周转率为 6.23 次，仍约为美的集团和海尔智家的一半，周转速

227

度慢。

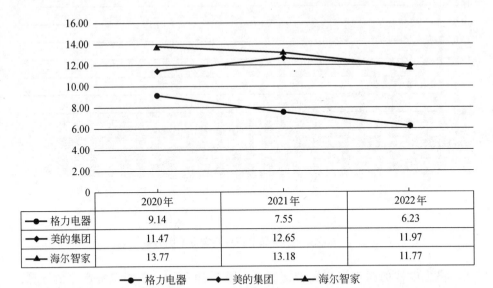

图 5-30 2020—2022 年格力电器、美的集团、海尔智家固定资产净值周转率变动情况

在同行业企业对比时,为防止折旧政策差异对固定资产净值产生影响,以固定资产原值口径计算固定资产周转率可以剔除折旧因素不同带来的影响。

三、固定资产预算

固定资产因其规模大、影响企业时间长而成为资产预算中的一项重要内容,应加强固定资产预算。

1. 盘点已有资产

盘点已有资产是预算编制过程中的一个重要环节,它不仅涉及对企业现有资产的全面审视,还包括对这些资产价值和使用状况的深入分析。具体来说,这一过程要求我们详细记录每一项资产的原始购置成本、累计折旧额以及账面净值。同时,还需要对资产的当前使用状况进行全面的评估,以识别是否存在任何闲置、技术过时、损坏或已经无法使用的资产。

在盘点的基础上,我们需要对所有资产进行分类管理,特别是对于那些被判定为闲置的资产,应当制订出一套详细的资产处理计划。这个计划不仅要考虑资产的处理方式，如出售、捐赠或报废，还需要确定一个合理的时间表，以确保在预算期内将这些资产的价值及时从预算中剔除，避免对预算编制造成不必要的影响。

在固定资产的管理方面，我们需要特别关注那些不良资产，包括已经报废或毁损、无法继续使用的固定资产，以及由于市场价值下降或技术进步而发生无形损耗的固定资产。此外，对于那些长期闲置、实际上已经无法为企业创造经济效益的固定资产，也需要进行严格的审查和评估。

除了对现有资产的盘点，我们还需要对现行的折旧政策进行审视。通过这一过程，我们可以判断现有的折旧政策是否仍然合理，是否需要进行调整以反映资产的实际使用情况和价值变化。如果折旧政策确实需要调整，那么我们需要根据新的政策对预算期内每个月末的资产价值进行重新计算，确保预算的准确性和可靠性。

总的来说，盘点已有资产并对其进行深入分析，是确保预算编制准确的关键步骤。通过这一过程，企业不仅能够更好地理解其资产的实际状况，还能够有效地管理和优化资产配置，从而为企业的长期发展和财务健康打下坚实的基础。

2. 考虑新增固定资产

在企业预算编制过程中，新增固定资产的预测和管理是一个关键环节，它直接影响到企业的资本支出和未来的运营效率。新增固定资产主要源于两个方面：一是企业已有的在建工程在预算期内达到可使用状态，从而转变为固定资产；二是企业基于新的投资决策而形成的固定资产。

首先，对于预算期初的在建工程，企业需要进行详细的进度评估和时间规划，以合理预测这些工程何时能够完工并投入使用。这包括对工程进度的实时监控、对可能出现的延误因素的分析，以及对相关资源和条件的评估。只有准确预计了在建工程的完成时间，企业才能在适当的时间点将其纳入固定资产的预算中，从而确保资本支出的合理性和时效性。

其次，对于预算期内新增的投资决策，企业需要结合自身的战略规划和具体的投资计划来确定固定资产的新增时间和规模。这涉及对市场趋势的分析、对投资回报率的评估，以及对资金筹措能力的考量。企业应当根据月度或季度的投资进度更新，及时调整固定资产的预算计划，确保新增固定资产的预算与实际投资决策一致。

在编制预算时，企业还应考虑到新增固定资产对现有资产的潜在影响，包括可能产生的协同效应或替代效应。例如，新购置的高效设备可能会提高生产效率，从而降低对其他老旧设备的依赖性。此外，企业还需要评估新增固定资产对折旧政策的影响，并据此调整预算期内的折旧费用。

为了更准确地反映新增固定资产的财务影响，企业应当采用合适的会计方法和估值技术。这可能包括对固定资产的公允价值评估、对使用寿命和残值的估计，以及对折旧方法的选择。所有这些因素都会影响固定资产预算，进而影响到企业的财务状况和经营成果。

最后，企业在编制预算时，还应考虑到外部环境的变化，如政策调整、市场需求波动等，这些都可能对固定资产的新增计划产生影响。因此，企业需要建立灵活的预算调整机制，以便在外部环境发生变化时，能够及时调整固定资产的预算，确保企业的财务计划适应不断变化的市场条件。

综上所述，基于新增固定资产的预算编制是一个复杂的过程，它要求企业不仅要对在建工程和新的投资决策进行准确的预测和评估，还要考虑到这些新增资产对企业整体财务状况的影响。通过细致的预算管理，企业可以确保资本支出的合理性，优化资产结构，提高资产使用效率，从而为企业的长期发展和财务稳健奠定坚实的基础。

第六章

财务杠杆预算：安全借钱

企业可以利用的资金不仅来自股东，也来自债权人。利用债权人的资金为股东创造回报是对财务杠杆的利用。财务杠杆的利用可能会加大对股东的回报，也可能会降低对股东的回报；过高的财务杠杆导致企业债权人利益得不到保障，企业陷入财务困境，最终会损害股东利益。企业需要制定合理的财务杠杆预算目标。

第一节　用财务杠杆撬动更多资金

企业生存和发展离不开资金，资金从哪里来？首先是股东出资。除了股东提供的资金外，企业在经营过程中还普遍负债，即通过贷款、发行债券等方式融资，或者通过延期支付采购款、预收货款等方式获得资金。企业利用负债水平的高低称为财务杠杆。财务杠杆一方面反映了利用负债满足企业资金需求的程度，另一方面反映了企业因负债带来的财务风险的水平。

一、借款生钱

1. 有不欠钱的企业吗？

有时在对一些对企业家的访谈中，我们会看到企业家说："我这个企业没有一分钱欠款，全都是自己的钱。"企业家这样讲往往是表明自己的企业资金状况非常好，没有向外界借款。

这个问题怎么看？企业家所讲的没有借款是指没有银行贷款等金融负债，并不是财务含义上的没有负债和欠款。比如，企业经营过程中对供应商的应付采购款也是一种负债，是一种欠款；企业经营得好，竞争力强，很可能会向客户预收款项，这种预收款项也是一种负债。而有些企业家所讲的没有借款或欠款是指没有银行贷款、企业债券等需要承担利息的金融负债，这种负债不同于应付账款、预收账款，这种负债因到期还款刚性强，一旦还不上款就可能面临较高的风险，影响企业运营，甚至导致企业倒闭、破产。

从会计视角看，一个正常经营的企业不大可能在任何时刻都和其他企业现款交易。另外，比如企业的税金等并不是每个月都缴，有些月末就会把应缴的义务进行会计核算，形成账面应交税金，这也是一种负债。因此，正常经营过程中，企业是难以避免产生负债的，如果认为负债就是欠钱，那就没有不欠钱的企业。

如果把欠款认为是企业承担有息负债，那有些企业并不开展对外借款或发行债券等金融负债活动，就没有这类有息负债。

2.借钱可以增加对股东的回报

不同于有些企业家将不借钱当作经营的信条，有些企业家将借钱作为发展壮大的一种重要手段。在这些企业家眼中，借钱是因为自己有实力，有实力才能借到钱，而且，借钱可以增加自己可用的资金，促进企业发展壮大。企业利用这些负债资金实现的回报高于利息时，多出来的回报就是为股东创造的回报。

我们举例说明负债可以增加对股东的回报。假设有一个项目需要投资100万元，项目的年回报率为15%，项目资金全部来自股东投资，即该项目的回报额为15万元，对股东的回报率为15万元与100万元的比值，即15%。

假设该项目投资扩大后，项目的年回报率不变，即回报率依然为15%。该项目借款100万元，借款年利率为5%，则项目回报为200万元的15%，即30万元。此种情形下，项目还需要承担债务利息，利息额为100万元的5%，即5万元。项目回报30万元扣除5万元利息剩余25万元，这25万元是项目对股东的回报，此时股东年度投资回报率为25万元回报与100万元投资的比值，即25%。

对比上面两种情形，股东的年投资回报率由15%提高到25%，原因何在？主要原因在于通过借款所得资金实现了高于借款成本的回报，即企业使用资金的回报为15%，而这些资金的使用成本为5%，资金的收益归公司股东所有，因此提高了给股东的回报率。

通过上面的例子，我们可以看出，不是借钱就不好，借钱最大的好处是增加企业资金，如果这些资金运用得好，可以提升对股东的回报。

正因为负债可以在股东投入不变的情形下扩大对股东的回报，财务上把这种效应称为财务杠杆效应。

二、两大资金来源：股权和债务

1.股权和债务的三大差异

财务杠杆是指通过负债而增加企业资金来源、扩大股东回报的策略。财务杠杆的存在是由于企业的资金来源分为两类，一类是股东权益，另一类是负债。

任何企业的发展都离不开资金，而资金所有者和企业之间的关系可以分为两种，一种是股权关系，另一种是债权债务关系。我们可以把企业中资金归属于股东的部分称为股权资本，把企业中资金归属于债权人的部分称为债务资本。为什么要如此区分？这两类资本有哪些差异？股权资本和债务资本主要在三大方面有较大的差异。

（1）所提供资金的偿还性

对于资金所有者提供给企业使用的资金未来能否由企业偿还给提供者，两种资本方式显著不同。股东出资到企业的钱企业不需要偿还，属于永久使用；而债权人提供给企业的资金则需要按约定时间偿还，所以对企业而言，股东提供的资金没有任何偿还压力，而债权人的资本则有到期偿还压力，因此，有时也把股东提供的资本称为自有资本。如果股东的出资不能退还，那股东如何使其资金具有流动性，也就是股东怎么能够在需要时将股权变成钱？最主要的方式是将股权出售给其他个人或单位，由此获得资金。此时，股东发生变更，但这一变更过程并不会影响企业的资金，是新老股东之间的交易。

（2）资金提供者收益方式不同

资金提供者将资金提供给企业自然是为了获得回报，而企业对股权和债务两类资本的回报方式不同。企业负债分为两类：一类是有息负债；另一类是无息负债，如欠供应商的应付账款。此处我们主要探讨有息负债。对于债权人，企业按约定的利率计算利息，按约定时间将利息支付给债权人，利息是债权人获得的主要收益，利率一般是固定的或者有明确的计算标准，因此，债权人的收益是可预期的。而股东持有股权获得的收益则主要是企业的股利分配。企业的股利分配首先受企业盈亏影响，分配股利即分配企业利润，首先要求企业要有可供分配的利润。因一般股利分配都是分配资金，因此企业还需要有钱。其次，企业分配股利的高低也是企业自主制定政策，除一些法定约束外，企业分配股利的高低由股东共同决定，企业所分配的股利和年度盈利金额的比值称为股利支付率，这一指标在企业之间有很大差异，有的企业多年从不分配股利，而有的企业可能每年按照一定比例（比如30%）或者按照一定的金额（如每股1元），或者是变动金额或者变动比率进行利润分配。因此，不同企业股东持有股权获得的收益相差很大，当然也存在企业因累计亏损而不能分配股利的情况。

（3）参与公司治理的权力不同

股东和债权人所面临的收益不同，他们面临的风险也不同。对于债权人而言，其面临的最大风险是公司不能偿还债务；对于股东而言，其面临的最大风险是公司长期发展缓慢、盈利差或者是亏损。债权人的利息是一种费用，抵减利润后才形成可供股东分配的收益，因此利息是优先于股利分配的。另外，如果公司资不抵债，公司资产要优先保障债权人的债务，债权人的债权是优先于股东权益的。由此可以看出，债权人面临的风险要低于股东，其债权及债权的利息会得到优先保障，因此为了保护股东的权益，需要给予股东更多的参与企业治理的权力，比如通过股东会或股东大会参与企业重大决策，任命执行董事或选举董事会成员对公司进行治理。而债权人除了签订一些债权保障条款，如限制资金使用的情形、限制企业对外提供担保等有限的权力，并不参与公司重大决策和高管任命。

2. 股权资金的两种来源

（1）股东入资

股权性筹资，一般有投入资本筹资和发行普通股票筹资，在资产负债表中的项目有股本（实收资本）和资本公积。

股东对企业的入资可以反映出投资者对企业的发展规划和企业战略。首先，不同的股权结构、股东的范围以及出资方式的选择都会反映出企业的战略，即企业战略可以决定股权结构和资本规模，且企业战略会根据经营环境、行业周期、竞争地位和融资环境的变化而自主调整。其次，股权结构和资本规模等也可以反作用于战略。例如，股权结构过于分散会直接影响企业的控制权，而控制权决定战略选择，且投资者投入资本的种类直接形成企业的资源为企业所用，该资源是否能与日常的生产经营活动契合，也会直接对经营战略产生影响。

通常情况下，以股东入资为主的企业往往处于企业发展的初期。例如，大量创新型和互联网企业在初创阶段需要多轮风险投资来维持研发经营。在该阶段，企业通过债务融资和经营活动产生的现金流较少，主要是通过投入资本融资的方式获得资金，因此股东权益中股本（实收资本）和资本公积项目的比重较大。投入资本筹资所筹集的资本属于企业的股权资本，与债务资本相比，它能提高企业的资信和借款能力。

（2）企业留存收益

企业留存收益是在企业实现的净利润中，股东没有分配而留存于企业内部的权益部分，包括盈余公积和未分配利润。留存收益筹资是企业的内部筹资，是在内部自然形成的，因此被称为自动化的资本来源。这种方式无须花费筹资费用，数量通常也由企业可分配利润的规模和股利分配政策决定。它是企业最稳定的内部筹资来源，既不会增加企业的偿债压力，也不会对控制权结构产生影响。

企业留存收益的大小与两个方面有关。一个是盈利能力。企业能够获取的利润越多，留存资本就越大。另一个是股利政策。在一定的盈利模式下，可以通过制定不同的股利政策调整留存收益大小。当企业的负债率高、投资支出压力较大时，企业可以通过选择股票股利或股票股利与现金股利相结合的股利政策，降低现金股利的支出，从而提高留存收益的规模；反之，在企业负债率低或金融性负债规模小、现金流量充裕时，企业可以选择积极的股利分配政策，提高现金股利的分配。

留存收益可以大大降低融资对外部资本的依赖性，而且留存收益不必偿还，可以降低企业的财务风险。以留存收益为主要筹资渠道的企业通常情况下盈利能力较强，具备一定的竞争优势。但是如果长期采用这种方式，而不增加债务融资和股权融资的比重，则说明企业的融资战略过于保守，在经营过程中对资金的需求量不大，并没有利用自身的优势来获取更多的资源，很不利于企业的扩张与发展。

3. 债务资金的两种来源

（1）金融性负债

金融性负债指企业通过债务融资的方式获得的资本。这类资本包括从银行等金融机构获得的银行贷款、在资本市场发行的债券、融资租赁方式取得的设备等，在资产负债表上表现为短期借款、交易性金融负债、一年内到期非流动负债、应付债券和长期应付款等项目。

因为通过金融机构或在资本市场上形成的债务最终都需要偿还，有一定的时间期限，所以该类融资方式具有一定的偿债压力，需要按时偿还本金并按规定支付利息。此外，在公司治理中，企业的实际控制人为了防止控制权被稀释，往往会选择金融性负债融资方式，一方面引入金融性负债可以快速获得资金，来满足企业在发展和扩张中对资金的需求；另一方面也可以保证现行股东的控制地位。

以金融性负债资本为主可以在短期内满足企业的资金需求。利用债权融资可以发挥财务杠杆的作用，因为无论所筹集的资金盈利多少，债权人只收取固定的利息，剩余部分可以留存于企业内部或分配给股东。采用金融性负债融资虽然可以解决资金问题，但债务融资存在一定的资本成本，且存在固定的还款期限，因此有较大的偿债压力和财务风险。

（2）经营性负债

经营性负债是指企业在经营活动中通过商业信用的方式而获得的资本，例如应付账款、应付票据、预收账款、合同负债等项目。

经营性负债资本，不仅可以反映企业与上下游供应商和客户之间进行结算时所产生的债务情况，而且反映出了企业一定的议价能力。如果企业的应付款项越多，说明在与供应商的交易中掌握话语权，在同行业企业中具备一定的竞争力。另一方面，如果预收款项占比较大，说明企业生产的商品供不应求，市场火爆。

经营性负债有一些有利之处。第一，使用方便，经营性负债与商品的买卖同时进行，属于一种自发性质的筹资，不用刻意地进行规划安排且不需要办理手续，所以使用比较方便。第二，如果不考虑现金折扣的问题，采用这种方式的筹资没有资本成本，所以基本上是没有成本的，因此可以最大限度地降低企业的筹资成本。第三，商业信用筹资没有固定的偿还期限，且使用灵活，具有弹性，相比较其他的筹资方式限制条件最少，在一定程度上降低了偿债的压力。第四，可以加强与固定上下游企业的交易，从而形成经济联盟，构成利益共同体。

采用这种方式筹资也存在一些不足：第一，经营性负债的时间一般较短，尤其是应付账款，很不利于企业对资本的统筹。第二，经营性负债的额度以实现的交易为限，额度不定，只能用于企业短期内的资金流动，而不能弥补实际的短缺。第三，在资金管理不善的情况下，企业缺乏信誉会造成资金的拖欠，影响资金运转。

4. 资本结构与权益乘数

企业资金源于两个方面：一个是"借入"的资金，形成债务；另一个是自有资金，构成所有者权益。我们把资金的来源称为资本，把股东投入的称为股权资本，把借入的资金称为债务资本。不同企业两类资本的占比往往不同，比如同样是100万元的资本总额，某企业股东投入80万元，向债权人借入20万元，而另外一个企业股东投入20万元，其余80万元从债权人借入，这两个企业的资本结构就显著不同。企业资金的来源方式构成了企业的资本结构，即指企业的全部来源中，负债和所有者权益各自所占的比重以及它们相互之间的比例关系。

企业的资金来源结构如图6-1所示。企业的资金来源一是借入资金，即负债。按照负债偿还期长短分为流动负债和非流动负债。偿还期在一年或一年以下（或者短于一个营业周期）的称为流动负债，这里所谓流动是指偿还期短；其他负债则为非流动负债。而股东对企业的投入分为两种类型：一种是股东把资金提供给企业，在会计记录上形成股本（实收资本）和资本公积；另外，企业为股东赚取的利润，如果分配给股东就不再在企业，没有分配给股东的利润，在企业会计记录上会形成盈余公积和未分配利润，这部分也是归股东所有，是股东权益的一部分，也可以理解为是股东"投入"企业的资金。股东的权益称为自有资金。

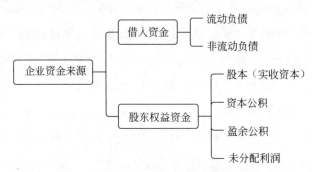

图6-1 资金来源结构

为了衡量借入资金和自有资金的比例关系，反映企业所有资金与股东投资的比例关系，我们经常计算一个指标，这个指标用公司资产与股东权益相比。一般而言，这个指标都会大于1，这个指标称为权益乘数，意思是企业的资金总额把股东权益放大了多少倍。比如，一个企业股东权益是50万元，借入50万元，则总资产就是100万元，权益乘数就是100与50的比值2，表明企业通过借入资本实现了2倍于股东权益的资金来源。如果股东投入20万元，借入资本80万元,则权益乘数为总资本100万元与股东权益20万元的比值5,即权益乘数为5,显著大于上面的权益乘数2,表明用更少的股东权益实现了更大金额的资本。权益乘数反映了企业利用股权资本撬动总资本的能力,放大了股权资本,是一种财务杠杆,而权益乘数是反映财务杠杆程度的重要指标,对比上面两种情况,权益乘数5比权益乘数2有着更高的财务杠杆。

权益乘数较大,表明企业负债较多,企业利用股东权益撬动的资金越多,一般会导致企业财务杠杆率越高,财务杠杆越高,表明企业利用债权人资金越多,如果资金收益高于债务融资成本,企业的收益会扩大,但如果资金收益低于债务融资成本,则亏损会扩大。我们举例说明,如果一个项目的资金年收益率为2%,债务融资年利率为5%,一种情形下,假设股东投入100万元,无债务融资,则项目给股东的回报率为2%,另一种情形下,假设债务融资100万元,总共200万元的回报额为4万元,由于负债100万元需要支付融资利息5万元,则200万元的回报为–1万元,即亏损1万元,表明因为融资而减少了收益,形成了亏损,原因在于企业资金的收益率低于债务融资成本。这就是财务杠杆的不利影响,为企业带来风险。

另外,企业债务过多,可能会存在到期还不上债而使企业破产、倒闭等风险。企业破产很多时候不是因为没有账面利润,而是因为资金链紧张,因此权益乘数过高或者说财务杠杆过高,企业面临的财务风险会加大。

图6-2为格力电器2017—2022年与可比企业美的集团、海尔智家的权益乘数,格力电器和美的集团、海尔智家的权益乘数比较相近,基本在3左右,表明其资产每3份中有约1份是股东权益,另外2份是负债,资产负债率约为2与3的比值,大约在66%,这个负债率属于较高的负债率,看上去财务风险较高。但权益乘数指标对财务风险的衡量不能单一看指标高低,还要结合负债结构来看。负债分有息负债和无息负债两大类,有息负债是通过银行贷款、发行企业债券等方式形成的,这类负债需要支付利息,到期偿还的刚性强,给企业带来的财务风险高。而企业因采购物料而形成的应付账款,为客户提供产品前预收的货款也是一种负债,这类负债是因经营活动而形成的,并不需要支付利息,到期时如果还不上,还可以与债权人沟通延期,偿还的刚性不强,为企业带来的财务风险相对

有息负债要低。因此，不能单一看权益乘数高低，还要结合负债的类型、结构看企业财务风险高低。以格力电器为例，2022年底，总资产为3550亿元，股东权益为1019亿元，负债总额为2531亿元，其权益乘数为3.48。

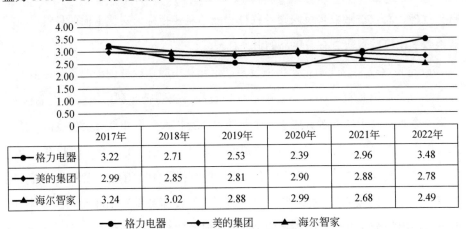

图6-2　格力电器及美的集团、海尔智家权益乘数变化情况

5. 资产负债率与资产金融性负债率

权益乘数指标反映了企业通过负债形成资产的财务杠杆程度，在实践中为了观察企业负债水平，经常使用资产负债率这一指标。资产负债率是企业负债总额与资产总额的比率，一般以百分比的形式表示。该指标表示企业全部资金来源中有多少来源是出自举借债务，也是衡量企业财务风险的主要指标。其计算公式如下：

$$资产负债率 = \frac{负债总额}{资产总额} \times 100\%$$

如图6-3所示，格力电器2017—2022年的资产负债率波动比较大，2017—2020年持续下降，而2021年、2022年短期借款以及应付账款增加，使得资产负债率有所增加，要明显高于美的集团和海尔智家。

对企业的股东和债权人来说，他们对该指标的期望是不一样的。对于企业的投资者来说，在财务风险可控情况下，他们希望该指标大些，也就是充分利用财务杠杆，以便获得更多的投资利润；对于债权人来说，他们希望该指标小些，这样企业的长期偿债能力越强，债权人的权益保障程度也就越高。

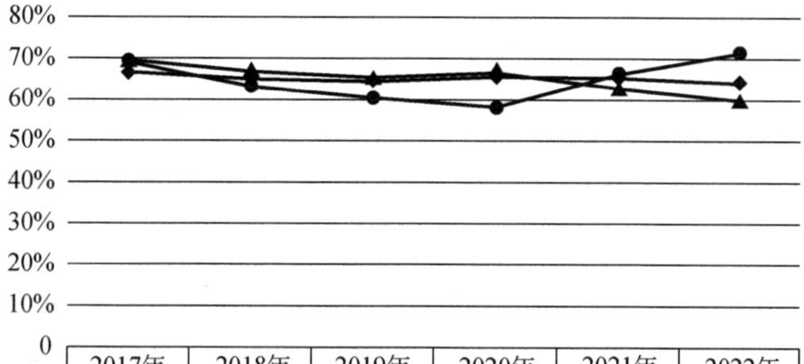

	2017年	2018年	2019年	2020年	2021年	2022年
格力电器	69%	63%	60%	58%	66%	71%
美的集团	67%	65%	64%	66%	65%	64%
海尔智家	70%	67%	65%	67%	63%	60%

图 6-3　格力电器、美的集团、海尔智家资产负债率变化情况

资产负债率与权益乘数之间具有换算关系，因为资产负债率为负债比资产，权益乘数为资产比股东权益，而资产等于负债与股东权益之和。因此权益乘数＝资产/股东权益＝资产/（资产－负债）＝1/（1－负债/资产）＝1/（1－资产负债率）。由公式可以看出，资产负债率越高，权益乘数越大。

负债分为金融性负债（或称有息负债）和经营性负债（或称无息负债）两类。这两类债务的融资成本不同、到期偿还的刚性等很多方面有差异，金融性负债对企业的财务风险影响更大。为了更好地反映企业财务风险水平，有时我们会计算资产金融性负债率，即以企业金融性负债总额与资产总额相比，观察企业财务风险水平。

$$资产金融性负债率 = \frac{金融性负债总额}{资产总额} \times 100\%$$

通过图 6-4 可知，格力电器 2017—2022 年的资产负债率基本在 60% 以上，2022 年末攀升至 71.30%，简单从资产负债率指标来看，财务风险较大。

由图 6-4 也可推测出，格力电器比较高的资产负债率并不是由于有息负债多而造成的，而是经营性负债较多的结果，因为有息负债占总资产的比例基本维持在10%左右，仅在2022年有上涨趋势，因而格力电器并不因其资产负债率高而存在很大的财务风险。

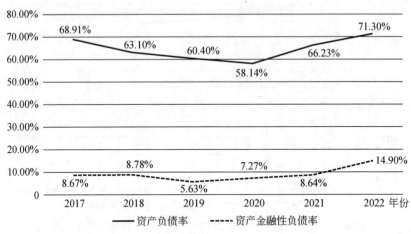

图6-4 格力电器资产负债率与资产金融性负债率变动

三、哪些因素影响财务杠杆高低？

影响企业财务杠杆高低的因素较多，主要有企业所处行业、企业所处生命周期阶段、公司治理及管理者态度、资本市场的发达程度等因素。

1. 企业所处行业

企业资本结构往往会受其行业属性影响，原因在于不同行业对资金规模的需求不同，现金流结构也不同，因而会影响其筹资策略选择。比如，制造业固定资产等经营性资产比重较大，前期投入过多，企业在前期的资金需求量较大，用于购买生产使用的设备，这时资金的主要来源只有大规模金融负债和使用股东注资两种，因此筹资战略会以金融性负债或股东入资方式为主；金融行业主要通过举借债务的方式来实现运营，因此资产负债率很高，以金融性负债获取主要资本。除此之外，资产负债率较高的还有房地产、建筑行业，资产负债率均值超过70%；而负债率较低的行业有医药生物和食品饮料行业，负债率均值低于40%，如图6-5所示。

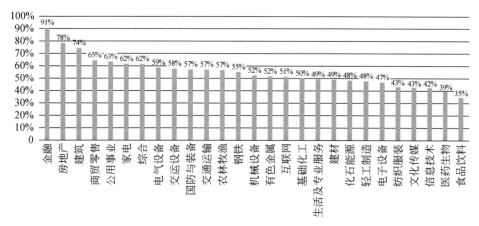

图6-5 2022年末各行业资产负债率均值

2. 企业生命周期阶段

企业处于不同发展阶段，对于资金的需求和现金流结构也有所不同。在初创期，企业主要通过股东入资的方式获取资本实现投资与经营；在成长期，企业需要大规模扩张，加快产品研发生产，快速占领市场，争取实现规模经济从而扩大竞争优势，因此对资金的需求量较高，股东的入资流程较长且一次性获取的资金量不大，而前期盈利有限，难以积累充足的留存收益，因此企业开始采用金融性负债资本；在成熟期，企业已经占领市场，在该行业掌握一定的话语权，因此具备了对上下游的议价能力，同时拥有了一定盈利水平，留存收益较充裕，该时期企业可以依靠地位和信誉获取经营性负债，增加应付账款，减少应收款项的比例，此时企业多以留存收益和经营性负债筹集资金；在衰退期，企业和市场进入寒冬时期，旧产品市场份额越来越小，企业要想实现可持续经营必须减少旧产品、开拓新市场，此时企业要减少贷款，形成风险程度较小的资本结构。

3. 公司治理及管理者态度

公司治理模式和管理者的态度与资本结构的选择息息相关。有的企业大股东为了保证自己的控制地位，掌握绝对的话语权，会尽量减少股权融资，以防自身的股权比例被稀释，企业对资金的需求多通过债务融资方式满足，这就会导致债务融资比重较高，资产负债率攀升；另外，大股东较为保守，公司治理的重心在于控制风险上，大股东不断增资扩股，广泛吸纳投资者，虽然决策控制权开始分散，但债务偿还风险也得到了有效的控制，这种情况下企业以股东入资方式为主。

4. 资金市场的发达程度

从资本市场上获取资金的难易程度也会影响企业的筹资战略。当股权融资市场比较发达时，企业的资产负债率可能较低，企业以获得股权资本的融资方式为主；当间接融资市场发达时，企业会加大贷款力度，资产负债率升高。

如图6-6所示，2017—2022年格力电器的资产负债率一直在60%左右，2017—2020年有明显下降趋势。2019—2022年流动负债占比较高，排在前五的负债分别为短期借款、应付账款、应付票据、其他流动负债和合同负债。其中，应付账款、应付票据和合同负债为经营性负债，这部分是企业无偿占用上下游企业的资金，是竞争水平较高的体现；其他流动负债中主要是销售返利。

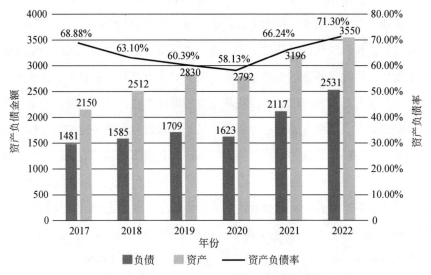

图6-6 格力电器2017—2022年的资产负债变动情况（亿元）

根据2022年格力电器的资产负债表，负债与股东权益合计为3550亿元，其中负债合计2531亿元，股东权益合计1019亿元，负债占比在70%左右。负债中，经营性负债为1482.64亿元，达到59%，所以占据负债主体的并不是金融性负债，而是经营性负债。此外，企业的股本和资本公积项目合计约61.27亿元，盈余公积和未分配利润合计937.01亿元，金融性负债949亿元，因此经营性负债占总额的大多数。

　　支撑格力电器发展的资本结构不是金融性负债，也不是股东入资，而是自身长期积累起来的与公司经营地位和竞争优势密切相关的经营性负债和反映企业盈利能力的留存收益。这也从一定程度上说明格力电器多年来在市场上的竞争地位和较高的收益水平。

第二节 财务杠杆是把"双刃剑"

上节我们分析了企业资金来源,除了股东权益资金外,企业还可以通过负债扩大资金来源,发挥财务杠杆的作用,但财务杠杆是一把双刃剑,既可以提高对股东的回报,也可能会扩大亏损,或者因不能及时偿还债务而使企业陷入财务困境,导致企业破产、倒闭。

一、高负债下的财务困境

负债高固然有其有利的一面,即通过负债获得更多资金来源,获取更高的资金回报,提高企业对股东的回报率,但负债过高可能会导致财务危机,轻则出现企业资金紧张,影响正常经营,重则出现企业资金链断裂,使企业陷入破产、倒闭、清算等境地。

高负债最大的风险是企业陷入财务困境。财务困境也称为财务危机,往往是指企业现金流紧张,无法偿付到期债务。企业陷入财务困境后通常有两种结果,一是企业破产,二是企业重组。

企业一旦陷入财务困境就难以脱离困境,即使曾经再有前景也一去不返,比如曾经的光伏行业企业无锡尚德。无锡尚德于 2001 年创立,2005 年在美国纽交所上市,跻身世界光伏行业"前三强",创始人施正荣 2006 年曾成为中国首富。该公司在鼎盛时期,在全球有约 1.1 万名员工。但后来,受欧美对中国光伏产品"双反"和国内行业产能严重过剩等影响,无锡尚德生产经营和财务状况不断恶化,公司亏损严重,不能偿还到期债务。2013 年 3 月 18 日,无锡尚德的债权银行联合向无锡市中级人民法院递交无锡尚德破产重整申请,经法院审查,于 3 月 20 日正式裁定对无锡尚德实施破产重整。[1]

---

[1] 张婷.无锡尚德破产光伏进入"黎明前最后的黑暗"?[J].股市动态分析,2013(12):26.

近几年，D公司陷入财务困境。该公司于1996年在广州成立，2009年11月5日在香港联交所主板上市。成立初期，该公司从事房地产业务，凭借"小面积、低价格、低成本"的策略迅速抢占市场，销量一路上升，开发项目不断增加，在广州房企中脱颖而出。2009年在香港交易所上市后，品牌影响力和企业实力快速上升，房地产业务从广州延伸至全国。2017年，该公司规划其产业格局为"一基两翼一龙头"，即以民生地产为"一基"，以文化旅游、健康养生为"两翼"，以高新科技产业为"龙头"。2021年下半年该公司已经形成了如图6-7所示的产业布局，以D地产为主营业务，还拥有D物业、D汽车、D网络[1]、D房车宝、D童世界、D健康、D冰泉等八大产业。D公司旗下共拥有D汽车、D物业和D网络三家上市子公司。

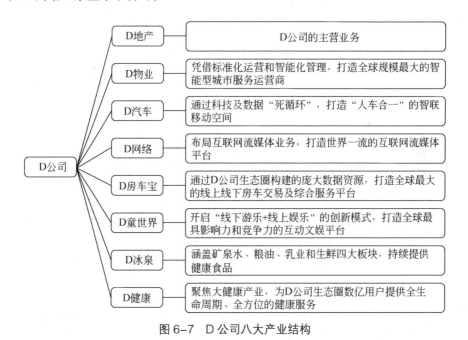

图6-7 D公司八大产业结构

D公司股权结构属于典型的"一股独大"式股权结构，董事长及其妻子合计持股比例远高于半数以上，拥有绝对的控制权和话语权。董事长夫妇合计持股份额如图6-8所示，持股比例最高达77%，长期持股比例高于66%。

---

1 注：截至2021年11月17日，D公司通过清仓的方式，不再持有D网络的股份。

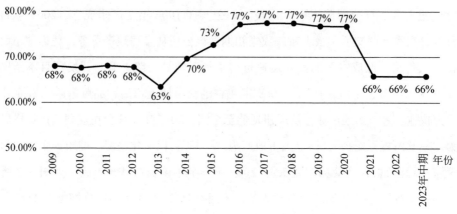

图6-8 董事长夫妇对D公司的持股比例（2009—2023年）

借房地产市场发展的红利，2015—2020年D公司的销售收入快速上升，如图6-9所示，2017年开始超过同行业竞争对手万科、碧桂园，并连续四年保持领先，至2020年D公司营业收入达到最高峰5072亿元。然而，2021年D公司财务危机渐渐浮现，导致2021年和2022年的销售收入折半，如表6-1所示。

图6-9 2015—2022年同行业销售收入对比（亿元）

表6-1 D公司等三家公司营业收入情况　　　　单位：亿元

公司	2013年	2014年	2015年	2016年	2017年	2018年	2019年	2020年	2021年	2022年
D公司	937	1114	1331	2114	3110	4662	4776	5072	2500	2301
万科	1354	1464	1955	2405	2429	2977	3679	4191	4528	5038
碧桂园	627	845	1132	1531	2269	3791	4859	4629	5231	4304

伴随收入增长，D公司投入大量财务资源，这些财务资源大部分并不是来自

股东投入而是负债,如图 6-10 所示。2021 年前,D 公司的负债总额不断增加,最终导致 D 公司 2021 年起的财务危机,之后 2022 年负债有所下降。

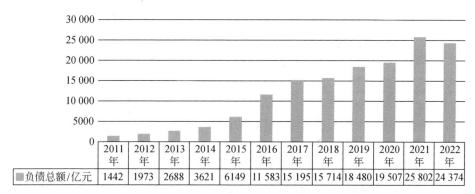

图 6-10　2011—2022 年 D 公司负债规模变化趋势图

反映企业负债水平的一个主要指标是企业的资产负债率,图 6-11 对比了 D 公司、万科和碧桂园 2010 年至 2022 年的资产负债率。从图 6-11 可以发现,D 公司经调整的资产负债率[1]显著地高于万科和碧桂园,2015 年至 2018 年 D 公司的资产负债率甚至超过了 90%,如表 6-2 所示,这表明 D 公司的偿债能力较弱,财务杠杆系数过高,财务风险较大。

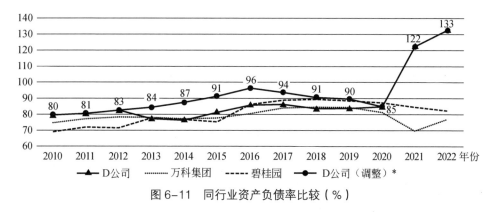

图 6-11　同行业资产负债率比较(%)

---

1 根据实质大于形式的原则,将永续债作为债务工具进行调整,从而得出D公司调整后的资产负债率。

表 6-2　同行业资产负债率情况　　　　　　　　　　　　　　　（%）

	2015 年	2016 年	2017 年	2018 年	2019 年	2020 年	2021 年	2022 年
D 公司	81	86	86	84	84	85	122	133
万科集团	78	81	84	85	84	81	70	77
碧桂园	75	86	89	89	89	87	85	82
D 公司（调整）*	91	96	94	91	90	85	122	133

二、D 公司的财务困境是如何形成的？

1. D 公司的四次财务危机

目前，D 公司遭遇其发展史上最严重的财务危机，而 D 公司的财务危机并不是第一次，到目前，D 公司先后经历了四次财务危机。

（1）第一次财务危机

第一次危机是由 D 公司向一、二线城市进军引起的。2006 年 D 公司提出布局全国的战略，同年 D 公司的业务铺展到了全国 22 个城市，土地储备暴增 9 倍，达到了 4580 万平方米（建筑面积）。2013 年中到 2014 年，D 公司再次发动"进攻"，土地储备量同比暴增 128.7%，购买土地支付的价款高达 707 亿元。但当年 D 公司账面上的临期债务达到 358 亿元，而其在 2013 年初账面非限制现金仅有 400 多亿元，D 公司面临财务危机。在融资成本高、债务缺口大的双重压力下，D 公司选择以永续债的方式化解第一次财务危机。永续债具有无期限、利息可递延等优势。续存期前两年利率为 10%，第三年起以 30% 的增长率跳升，最终维持在 18%。为了充分利用永续债无本金偿还期限的优势并避免支付第三年及以后的高额利息，D 公司选择借新还旧：在两年内赎回历年发行的旧债，同时发行新债。大量发行永续债，一方面解决了 D 公司的资金问题；另一方面，永续债作为权益工具降低了 D 公司的资产负债率。从 2013 年 6 月开始，截至 2016 年底，D 公司累计发行了 1548 亿元的永续债，缓解了 D 公司当时的资金危机，并为 D 公司的扩张提供了持续的资金。

（2）第二次财务危机

化解第一次危机的方式是永续债，而导致第二次财务危机的也是永续债。永续债虽然能够解决燃眉之急，但其"利率跳升机制"存在着潜在的财务风险，D

公司不断发行永续债，以"借新债还旧债"的方式维系。直至 2017 年银保监会发布了 55 号文，明确规定不得将信托资金违规投向房地产。无法继续借新债还旧债的 D 公司再度陷入危机。这次，D 公司选择引入战略投资者，三轮战略投资带来的资金规模共计 1300 亿元，成功化解了因永续债引起的财务危机。

（3）第三次财务危机

战略投资者引入化解了第二次财务危机，却因与战略投资者签订的对赌协议而带来了第三次财务危机。按对赌协议，2021 年 1 月 31 日前若 D 公司与深深房重组失败，D 公司要么赎回战略投资者的出资，要么触发棘轮条款，额外赠送机构投资者 18.26% 的股权，赠股后战略投资者总计将持有 D 公司 54.81% 的股权，D 公司将失去对恒大的控制。2020 年 11 月 8 日，D 公司发布公告称 D 公司地产拟借壳深深房上市的计划以失败告终。最终，D 公司通过与战略投资者签订补充协议，1300 亿元战略投资中的 1257 亿元继续以普通股的形式留在 D 公司，仅 43 亿元通过支付现金实现回购，成功化解了第三次财务危机。

（4）第四次财务危机

随着前三次危机的成功化解，第四次危机悄然来临。长期借债导致的"积重难返"以及借新还旧的经营模式，均给 D 公司埋下隐患。

2020 年 8 月，央行和住建部颁布了限制开发商融资的政策，即"三条红线"，该政策于 2021 年 1 月 1 日起全行业推行。"三道红线"是针对所有的开发商划出的三个标准，分别是：一是剔除预收款后的资产负债率大于 70%；二是净负债率大于 100%；三是现金短债比小于 1。如果房地产企业全部超过三条标准，将被归为红色档，其后果就是有息负债规模不得增加。如果房地产企业超过其中两条标准，则将被归为橙色档，有息负债规模年增速不得超过 5%。如果只超过其中一条标准，那就被归为黄色档，有息债务规模年增速将扩宽至 10%。对于全部低于三条标准的企业，则被归为绿色档，有息债务规模年增速可放宽至 15%。

由于 D 公司超过了三条标准，因此被归为红色档，即有息负债规模不得增加。政策的限制让 D 公司"借新还旧"的模式难以维系下去。D 公司集团通过商业信用解决资金紧张，发行商业汇票，2020 年末商票余额共计 2053 亿元，约占全国总量的十分之一。

2021年5月起供应商陆续爆出D公司商票逾期拒付，2021年9月，D公司陷入多事之秋，关于D公司"重大重组""破产清算"等传闻接连不断。随即一系列违约事件接连发生，让D公司面临债务和舆论双重压力。如图6-12所示，自三棵树发出D公司商业承兑汇票出现违约起，出现了一系列的连锁反应，随之D公司财务危机彻底爆发。

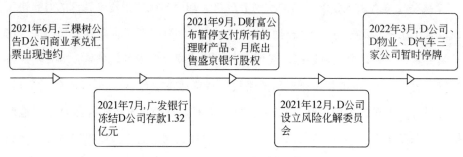

图6-12　2021年违约事件时间图

2. 财务危机带来的影响

（1）营业收入下降

2021年接连的债务违约导致D公司的信用评级不断下调，2021年中诚信国际将D公司地产主体信用等级由A级调降至BB级；美国信用评级机构标准普尔（S&P）宣布将D公司地产的评级从"CCC"进一步下调至"CC"，评级展望为负面；惠誉将D公司的评级从"CCC+"下调至"CC"。债务违约事件导致多家机构对D公司信用等级进行下调，严重影响到D公司的信用形象。

2021年D公司营业收入出现"腰斩"，2022年营业收入再次下滑，2023年上半年营业收入仅1282亿元（图6-13）。

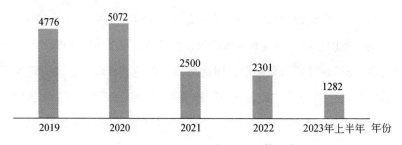

图6-13　2019—2023年D公司营业收入

（2）市值巨幅下降

财务危机爆发后，D 公司的市值急剧缩水，每股股价出现大幅度下降。如图 6-14 所示，从 2019 年到 2023 年，D 公司股价整体呈下降趋势，从最高价每股 27.39 元，下降到每股 0.182 元。

图 6-14　2019—2023 年 D 公司收盘价变化情况

3. 财务困境是如何形成的

D 公司财务危机形成的原因主要分为内部原因和外部原因。如图 6-15 所示，内部原因主要有：大量购买土地、多元化业务扩张、融资成本高、连续高额分红等，外部原因主要是房地产行业政策和融资政策收紧。

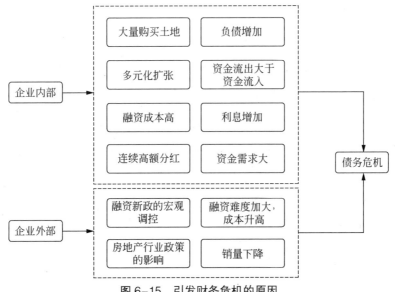

图 6-15　引发财务危机的原因

房地产属于资金密集型行业，具有资金需求量大、建设周期长等特点，大量资金需求靠负债来满足，这就导致房地产行业普遍存在负债率过高的现象，财务风险相对较高。此外，房地产行业关乎民生和经济发展，政府通过行业政策、金融政策进行调控，因此该行业受宏观调控政策影响较大。

（1）大量土地储备产生庞大的资金需求

融资是为了满足经营和投资需要，房地产行业的土地购买需要消耗大额现金，D公司高负债的原因之一是进行大量的土地储备。图6-16统计了D公司自2009年上市以来土地储备量的变化情况。通过数据可以看出，D公司2009年至2017年土地储备量呈现不断增加的态势，尤其是在2016年和2017年，呈现爆发式增长，这两年的土地储备量同比分别增加了46.79%和36.24%，2017年土地储备原值达到顶峰，土地储备原值为5336亿元。

图6-16　2009—2022年D公司期末土地储备变化情况

如图6-17，将2010—2021年12年间的土地储备原值年增加额与每年净利润做对比后发现，在2017年之前，除2014年，其他各年D公司土地储备原值增加额远大于年净利润。尤其是在2016年，土地储备原值增加额约为当年净利润的10倍，当年净利润根本无法满足D公司购买土地的资金需求，只能借助外部融资来满足资金需求。2017年过后，D公司实施"三低一高"战略，土地储备量有所下降，但仍然居于高位。这种大幅度增加的土地储备导致D公司集团不得不通过更多的负债来满足土地资金需求。

图 6-17　2010—2021 年 D 公司土地储备原值年增加额与年净利润对比

（2）多元化业务投资未能实现持续盈利

D 公司并不是仅从事单一的房地产业务，D 公司进入多个产业，这些产业需要大量投资，而这些投资并没有产生理想的回报。

2010 年，D 公司投资 1 亿元将广州足球俱乐部收入囊中，并将其更名为"广州 D 足球俱乐部"，初步完成体育产业布局。

2013 年 9 月，D 公司成立了矿泉水集团，11 月，D 冰泉产品成功上市，2014 年营业收入仅 9.68 亿元，净利润为 –28.39 亿元。2016 年 9 月，D 公司宣布以 18 亿元的价格出售 D 冰泉在内的非主营业务，为 D 公司在矿泉水领域的跨界画上了句号。

自 2015 年起，D 公司加快了多产业布局。

2015 年成立了 D 人寿与 D 公司互联网金融集团，2016 年收购盛京银行 H 股并不断增持，成为第一大股东，2015 年 D 金服上线，注册用户数超 1700 万人。

2015 年 4 月，D 公司与中国人民保险集团在北京签署了战略合作协议，D 公司联手人保，标志着 D 公司正式进军养老健康业。

2017 年 8 月 27 日，D 童世界亮相。

2018 年 4 月，成立 D 高科农业集团。

2018 年 6 月 25 日，D 健康公告称，以 67.47 亿港元收购香港时颖公司 100% 股份，从而获得 Smart King 公司 45% 的股份，成为其第一大股东，这标志着 D 公司正式入主法拉第未来。2019 年 D 公司加大了对新能源汽车企业的投资并购，以 9.3 亿美元收购瑞典电动汽车公司 NEVS 的 51% 股权；D 健康与瑞典柯尼塞格成立合资公司，注资 9.67 亿元；以 5 亿元收购了泰特机电 70% 股份。

D 公司的多元化战略是非相关多元化，多元化导致 D 公司不断对外新增投资，而这些投资并不能在短期取得回报，投资活动现金流长期为大额负数，仅 2015 年为小额正值，长期而言投资活动导致巨额资金支出，如图 6-18 所示。

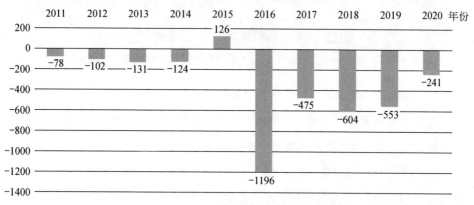

图 6-18　2011—2020 年投资活动现金净流量（亿元）

其中 D 汽车自上市以来一直处于亏损状态。2018 年，D 公司旗下的 D 健康更名为 D 汽车，之后，D 公司大量收购造车技术与相关资产，不惜耗费重金。但是，如图 6-19 所示，进军新能源汽车领域带来长时间亏损。2018 年 D 健康改名之前，该公司的净利润还较为可观。2018 年 D 健康更名为 D 汽车之后，D 汽车开始了连续五年的亏损。

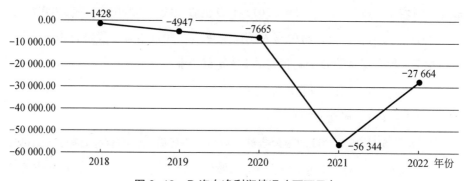

图 6-19　D 汽车净利润情况（百万元）

如图6-20，根据D公司的营业净利率不难看出，D公司营业收入创造净利率的能力较低。2018—2020年虽然营业收入比较可观，但由于成本及其他支出较多，导致营业净利率较低，分别为14.27%、7.02%和6.19%。2021年，由于D公司财务危机爆发，营业收入下降50%左右，计提了较多的资产减值损失，因此导致严重亏损，2021年、2022年营业净利率均为负数（见图6-20）。

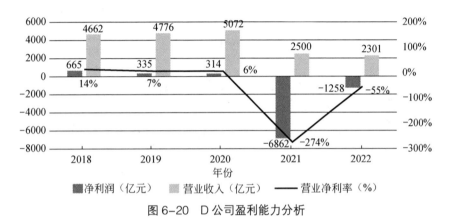

图6-20　D公司盈利能力分析

从现金流来看，如图6-21所示，多年来D公司的经营活动现金流为负数，不能为公司造血，仅2018年和2020年例外，这两年带来了正的现金流。2020年上半年在疫情期间，D公司首创"网上购房"，下半年，D公司采取七折销售策略，大幅促进销售，改善了现金流（见图6-21）。

图6-21　D公司经营活动现金净流量（亿元）

（3）流动负债占比加大，债务成本居高不下

大量投资净消耗资金，而经营活动又不能创造净现金流入，满足企业正常资金运转唯一的手段就是融资，如图6-22所示，D公司近十年来的筹资活动现金净流量基本为高额正数，2016年筹资活动现金净流量高达2731亿元。

图6-22　D公司三类现金流净流量情况

如图6-23所示，到2022年末，D公司流动负债总额达23529亿元，非流动负债总额为845亿元。

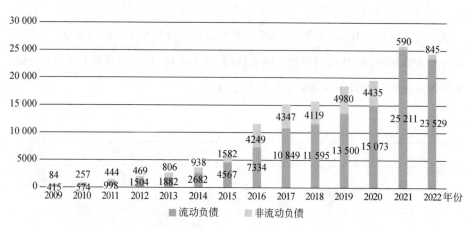

图6-23　D公司流动负债、非流动负债历年变化情况（亿元）

从负债结构看，如图6-24所示，D公司流动负债占总负债的比重在70%左右，其中财务危机爆发的2021年和2022年，流动负债占比分别高达98%和91%。结合房地产行业产品周期长、资金回笼慢的特点，过度依赖流动负债属于"短债长投"行为，偿债压力大。

图 6-24　D 公司流动负债占总负债比重

短期借款融资成本高，抬高了 D 公司的财务费用。如图 6-25 所示，从 2009 年至 2020 年，D 公司长期借款从 78 亿元增长到 3811 亿元，短期借款从 94 亿元增长到 3355 亿元，这加剧了 D 公司的流动性危机和偿债压力，降低了信用等级，增加借款和债券融资成本，2018 年，D 公司发行了票面利率高达 13.75% 的美元债。2020 年初，D 公司再次发行了总额高达 60 亿元的高息美元债。

图 6-25　D 公司短期借款、长期借款变动趋势（亿元）

如图 6-26 所示，在 2009—2014 年，财务费用率低于 1%，甚至个别年份出现负数，这说明此期间的 D 公司资金管理效率较高，且资金较为充裕。从 2015 年开始，由于大规模地购买土地，加之多元化业务扩张，不仅使得债务增加，财务费用也随之增加，财务费用率上升。2020 年，D 公司得益于较高的汇兑收益，对冲了当年的财务费用，财务费用率大幅度下降。2021 年、2022 年，财务费用的上升加上营业收入的下降,导致财务费用率大幅度上升,2022年财务费用率高达20.6%。

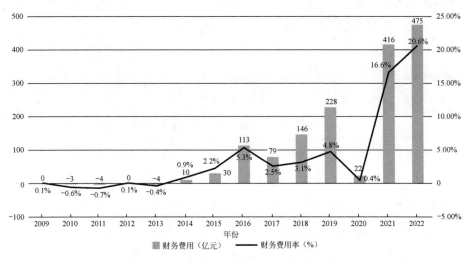

图6-26　D公司财务费用及财务费用率

为规避借款和发债限制,D公司加大了商业信用融资,导致应付票据和应付账款剧增,而应付票据期限短,短期偿付压力大,加剧了流动性危机。2021年,包括永高股份、宝胜股份、三棵树、广田集团、世联行在内的多家上市公司发布公告,称持有D公司逾期未兑付承兑汇票。

（4）连续高额分红

图6-27为D公司自2009—2020年D公司股利分配情况,十二年内D公司现金分红次数为11次,现金分红总额共计693.32亿元,累计股利支付率高达45.62%。

从图6-27中可以看出,在经营活动和投资活动均无法为企业带来正向现金流的情况下,D公司依然"大手笔"现金分红,每年都会产生较大额的现金流出。因此,分配现金股利的资金需求则主要依靠于筹资活动支持,即D公司主要是靠借钱分红。

（5）政策影响

政策影响主要分为两种,一种是针对企业融资的宏观调控政策,例如分红与再融资相挂钩的"半强制性分红政策"、房地产"三条红线"政策等。这类政策会加大房地产企业的融资门槛，融资难度增加。房地产企业为满足分红政策便会持续分红，甚至提高融资成本，长期如此便会导致财务风险增加。

图 6-27　2009—2020 年 D 公司分红情况

2019 年 7 月，发改办外资 778 号文（《国家发展改革委办公厅关于对房地产企业发行外债申请备案登记有关要求的通知》）强调了房企发行外债只能用于置换未来一年内到期的中长期境外债务，境外中长期债务新增规模受到严格控制。

另一种是针对购房数量的调控政策，例如房住不炒、颁布"限购令"等政策。这些政策会通过降低住房的价格及销量造成房地产企业主营收入下降，回收资金周期增长，从而导致财务风险增加。

三、资产负债率预算如何编制

企业财务风险往往是过高负债导致的，而反映总体企业整体财务风险水平的重要指标是资产负债率。资产负债率预算是预算编制的一个重要指标，其通过对未来某一特定时期内企业的资产、负债及所有者权益的预期规模与结构进行预算编制，以评估和控制企业的财务风险，优化资本结构。资产负债率预算编制步骤如下。

第一，收集历史数据和预测信息。历史数据和预测信息是编制预算的基础。企业需要搜集过去几年的资产负债表数据，通过分析历史资产负债率的变化趋势，了解企业的负债结构和资产结构的历史变化情况。这一步骤对于理解企业的财务状况和把握其发展趋势至关重要。

第二，结合企业所在行业的特点、宏观经济形势的变化以及企业的经营计划等因素，对未来的销售收入、成本费用、投资活动等进行合理预测。这些预测将直接影响企业资产和负债的规模，进而影响到资产负债率的计算。

第三，企业需要根据销售预测来制定应收账款、存货等流动资产的预算。同时，考虑企业的日常运营资金需求以及投资项目所需的资金，制定相应的货币资金预算。对于非流动资产，如固定资产、无形资产、长期投资等，企业需要依据投资计划、折旧政策、摊销政策等进行预算编制。这些预算的制定需要细致考虑企业的长期发展战略和资本支出计划。

在负债预算的编制方面，企业需要基于采购预测、工资薪酬预测、税费预测等信息，制定应付账款、预收账款、应付职工薪酬、短期借款等流动负债的预算。对于长期负债，如长期借款、应付债券、长期应付款等，企业需要结合资本支出计划、筹资策略等因素进行预测和预算编制。这一过程对于确保企业短期和长期财务稳定至关重要。

所有者权益预算的编制则依据预计的净利润、利润分配政策以及其他综合收益项来进行。企业需要编制实收资本（或股本）、资本公积、盈余公积、未分配利润等所有者权益的预算。这些预算的制定有助于企业合理安排利润分配，确保企业的持续发展和股东利益的最大化。

第四，企业需要将编制好的资产、负债、所有者权益预算数据代入资产负债率的计算公式，得出预期的资产负债率。这一比率是衡量企业财务风险和资本结构合理性的重要指标。企业应将计算出的预期资产负债率与历史数据、行业平均水平、目标水平等进行对比分析，根据分析结果调整和优化预算方案。这样做的目的是在控制财务风险的同时，实现资本结构的优化，为企业的稳健发展提供坚实的财务支持。

第三节 如何用好无息负债

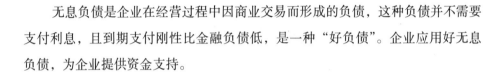

无息负债是企业在经营过程中因商业交易而形成的负债,这种负债并不需要支付利息,且到期支付刚性比金融负债低,是一种"好负债"。企业应用好无息负债,为企业提供资金支持。

一、应付账款

企业采购物料付款方式主要有三种,即预付款、赊购、现购,三类付款方式对于企业资产负债表的影响不同。

(1)预付款。预付款是指企业先支付货款,经过一段时间之后才能获得物料或接受服务。在这种付款方式下,企业报表上体现为货币资金减少、预付账款增加,此时是资产形态的变化,即货币资金变为预付账款,企业并没有取得可用的物料,形成了资金占用。

(2)赊购。赊购是指供应商先为企业提供物料或服务,经过一段时间后企业才支付货款给供应商。这种采购结算方式下,企业账面会形成存货,同时对应形成一种负债,即应付账款,这种负债是因采购交易形成的,并不需要支付利息,是一种无息负债。在这种情形下,企业所取得的资产并没有占用自身的资金。

(3)现购。现购是指企业在取得物料的同时支付货款,在账面上显示为存货增加而货币资金减少。预付款购买会形成资金的提前占用,现购是资金的即时占用,赊购是资金的延后支付。

既然应付账款可以延缓资金支付,能够改善企业现金流状况,且不需要承担利息,那企业自然希望可以更多地采用赊购方式,加大对供应商的资金占用。如果我们比较各个行业、各个企业应付账款规模及占资产比例会发现,它们间有较大差异,那么企业应付账款规模和占比受哪些因素的影响呢?

① 行业因素。采用赊销模式的行业主要集中在那些销售周期较长、交易金额较大或者客户关系较为稳定，且对信用风险有一定控制能力的领域。代表性行业有工业原材料和设备供应，如钢铁、化工原料、机械设备等大宗商品贸易中，供应商往往允许信誉良好的大客户在一段时间后支付货款。行业不同，其成本结构中物料占比、人工占比等会有较大差异，从会计核算上看，对供应商的物料赊购会形成应付账款，而人工成本未支付前会形成应付职工薪酬。另外，不同行业的供应链模式有差异，比如有些行业的上游供应商比较集中，物料供应紧张，此时对供应商付款往往赊购账期较短，或者需要采用预付款方式结算。而在上游供应商分散、物料差异小、竞争激烈的情形下，企业往往可以采用赊购方式结算，且可以获得较长的赊购账期。

如图 6-28 所示，2022 年底在所有行业中，金融业、住宿和餐饮业、农林牧渔和教育业的应付账款占比低于 4%，表明这些行业的赊购较少，同时也说明这几类行业的赊购周期短。相反，建筑、制造、批发和零售、信息传输、卫生和社会工作等行业往往选择赊购，应付账款占资产比例均值高于 16%。

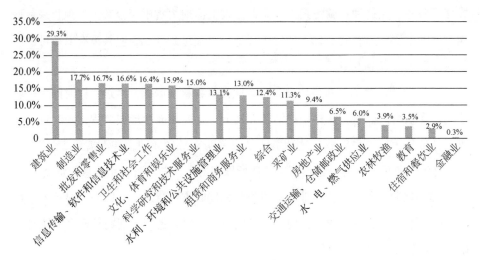

图 6-28 2022 年末各行业应付账款占总资产比例

数据来源：国泰安数据库、证监会行业分类（2012 版）。

② 企业与供应商的议价能力。除上述行业因素外，对于同样行业的不同企业，其付款是否采用赊购以及账期长短还取决于企业自身的议价能力。如果企业

的议价能力强，可以采用赊购及更长付款账期进行结算，因此会形成更大规模的应付账款。企业与供应商的议价能力受哪些因素影响呢？一是供应商所供物料的差异性，如果物料差异性较高，物料的市场竞争不强，采购方的议价能力就较弱。二是企业采购规模大小，企业采购规模越大，企业议价能力就越强。

③ 企业的付款政策。企业付款政策会影响其结算方式选择，比如，供应商为促使企业尽早付款会提供早付款享受价格折扣的政策；有些资金宽裕的企业会采用现购或短账期付款方式；有的企业资金比较紧张，会选择长账期付款方式改善资金状况，就会形成较大规模的应付账款。另外，企业的商业信用也会影响其应付账款，比如企业经常性拖欠到期应付款项，就会加大应付账款规模。

如图 6-29 所示，格力电器的应付账款和应付票据规模较大，2022 年末，应付账款规模为 329 亿元，应付票据规模为 386 亿元。2017—2022 年应付账款规模比较稳定，除 2019 年，其他年份保持在 300 亿～400 亿元。

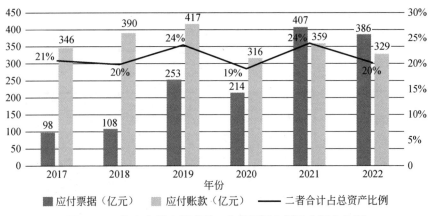

图 6-29　格力电器应付账款、应付票据金额及占资产比例

对于企业利用应付账款为企业提供资金支持的程度，我们不能单一看应付账款规模，因为应付账款规模会受到企业经营规模的影响。我们可以从两个角度来分析企业应付账款规模。首先看企业应付账款占总资产的比例，这一比例反映了企业通过应付账款方式提供资金来源的比重。上面已经分析了各个行业应付账款占总资产比例的差异，如图 6-30 所示，从格力电器与美的集团、海尔智家应付

账款占总资产比例的比较看，格力电器和美的集团在应付账款支撑企业资金规模方面比较相近，占比约20%，而海尔智家的占比不到10%，显著低于格力电器。其次，我们可以分析应付账款周转期。应付账款周转期是近似反映企业付款账期的指标。企业在业务运作时，会为不同供应商、不同物料等确定不同的结算方式，比如对哪些供应商的哪些物料采购采用预付款方式，哪些采用现购方式，哪些采用赊购方式，对于赊购，不同供应商不同物料可能有几种付款账期，这样多种结算方式、赊购下多种账期会形成一个综合的应付账款结果。我们为了更好地判断应付账款为企业提供的资金占用时间长短，可以计算应付账款周转期。

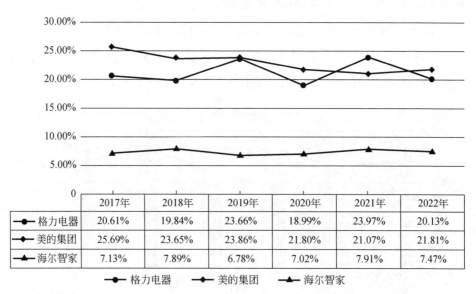

图6-30　2017—2022年格力电器、美的集团、海尔智家应付款项占总资产比重

我们可以这样去理解应付账款周转期。首先我们计算每日营业成本。为简化计算，财务上一般将一年计为360天，每月计为30天，平均日营业成本可以用全年营业成本求出。用应付账款余额与日营业成本的比值表示应付账款周转天数。举例来说，假设每天的营业成本是100万元，应付账款余额是3000万元，则表明这些应付账款是30天的营业成本形成的。这种计算只能是一种近似计算，有几个原因使其并不完全代表业务环节的综合账期：一是营业成本不仅包含所消耗的物料金额，也包括人工成本、制造费用等；二是企业结算并不完全是通过赊

购,还有预付、现购两种方式,而这两种方式并不会形成应付账款;三是应付账款中还包含增值税,而营业成本不含增值税,分子、分母的口径不同;四是会计上所核算的应付账款余额是个时点数,一般每个月末或季度末会有应付账款数值,而营业成本是一段期间的合计数,为了使二者口径对应,我们往往取多个时间点的应付账款求出平均值代表某段期间的平均水平。尽管利用财务数据计算应付账款周转期存在局限性,但如此计算的应付账款周转期可以近似反映企业采购付款的综合账期水平,用于对企业付款政策变化进行纵向比较,在同行业中进行横向比较。应付账款周转期的计算公式可简单表示为:

应付账款周转期 = 应付账款平均余额 / 平均每日营业成本

如图 6-31 所示,通过各个行业 2022 年应付账款周转期的情况,水利、环境,房地产业的应付账款周转期是较高的。房地产业的生产周期也较长,所以存在长期赊购款项的情况。采矿业、批发和零售业、租赁和商业服务业、农林牧渔的应付账款周转期较短,均值低于 50 天。

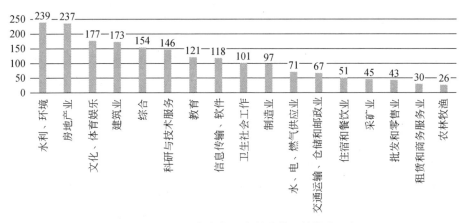

图 6-31 2022 年各行业应付账款周转期(天)

数据来源:国泰安数据库、证监会行业分类(2012 版)。

二、应付账款预算编制

应付账款是企业在日常运营中因采购原材料、接受服务等经营活动而产生的短期债务,主要包括应付供应商货款、应付服务费用等。编制应付账款预算是为了准确预测未来一段时间内企业需要支付给供应商和其他债权人款项的时间与金额，主要预算编制过程如下：

① 收集历史数据和预测信息。观察过去几年的应付账款余额变化趋势，了解企业的付款周期、信用政策及对供应商的议价能力。根据销售预测、生产计划以及库存策略，计算出预期的原材料、商品和服务等采购量。

② 制定采购成本预算。基于预测的采购量和预计的市场价格（考虑可能的价格波动），估算未来的采购总成本，这是应付账款预算的基础。

③ 结合供应商采购合同条款确定信用条款和付款周期。分析供应商的供货能力、价格等方面的信息，分析现有供应商的信用政策，如折扣期限、信用期限、逾期罚款等，结合企业的现金流量状况和财务政策，制定或调整付款策略。这将直接影响各个预算期付款金额及预算期末的应付账款金额。

④ 编制应付账款预算。我们一般以月度为单位编制预算，为此需要计算每月预计采购额，并按照供应商的信用条款推算出各月的支付金额及月末应付账款金额。

三、预收款项

预收款项是指企业在向客户销售商品或提供劳务之前，向客户预先收取全部或部分款项，常见于房地产预售、定制产品的销售等情景。这是一种负债性质的款项，在会计核算上核算为预收账款、合同负债等项目。

预收款项对企业而言有三个好处：一是在一定程度上降低企业的经营风险，企业预先收到了款项，订单被取消的风险变小，企业更好地锁定了客户；二是降低坏账风险，预收全部货款会避免坏账风险，预收部分货款也会降低坏账风险；三是改善企业现金流，预收货款可以早收到资金，用于采购材料、支付费用等，改善企业现金流。

企业预收款项规模主要受行业因素、企业销售策略和市场地位、企业财务状况和信用政策、法律法规与监管要求等因素的影响。

① 行业因素。产品或服务的特性是影响预收款规模的重要因素。对于一些定制化程度高、生产周期长的产品或服务，企业可能需要预收款来启动生产或提供服务。而对于一些标准化、低风险的产品或服务，企业可能较少或不要求预收款。

不同的行业和地区可能有不同的预收款惯例和规范。在一些行业中，预收款是一种常见的商业惯例，以下是一些常见行业。第一，房地产开发业。购房者在购买期房时，通常需要预先支付首付款甚至全款，开发商在房产交付前就已经获得大部分资金。第二，高端定制行业。例如，珠宝定制、高级服装定制等，基于产品的独特性和高昂价值，商家常要求客户先付定金或全额预付。第三，教育培训行业。各类教育培训课程，尤其是长期培训班、留学咨询服务等，经常采取预付费方式来锁定学员名额和确保教学资源投入。第四，电信及网络服务业。例如，手机套餐、宽带业务、网络游戏虚拟物品充值等，消费者需提前充值购买服务。第五，软件开发与技术服务业。定制软件项目、年度技术支持服务合同等，一般会要求在签订合同时支付一部分或全部费用。第六，出版业。图书出版预售、定期杂志订阅等也是典型的预收款商业模式。

② 企业销售策略和市场地位。企业的经营策略和市场地位对其预收款规模有显著影响。一些企业可能采取较为保守的策略，通过预收款来降低经营风险；而另一些企业可能采取更为激进的策略，通过赊销后收款的方式来扩大市场份额和增加销售额。

③ 企业财务状况和信用政策。企业的现金流状况也会影响其预收款策略。例如，当企业现金流较为充裕时，可能采取宽松的信用政策，对客户进行赊销；而当企业现金流紧张时，企业可能会采取预收方式来改善现金流。企业的信用政策也会对销售状况产生影响，因预收款可能会降低销售规模，减少现金流入，因此企业需要综合平衡信用政策的影响。

④ 法律法规与监管要求。相关法律法规和监管要求也可能对企业的预收款规模产生影响。例如，某些法律法规可能要求企业在特定的条件下才能预先收取款项，比如在教育培训行业对于每次可以预收款项的金额有相应规定。监管机构也可能对预收款的规模和使用进行监管和限制，比如房地产业预收房屋款的使用有相应规定。

我们看一下 2022 年各个行业预收款项（预收账款加合同负债）占公司总资产比例情况，如图 6-32 所示，教育、房地产业的预收款项占总资产比例最高，超过 20%，而卫生、农林牧渔、餐饮等行业的预收款项比例最低，低于 3%。

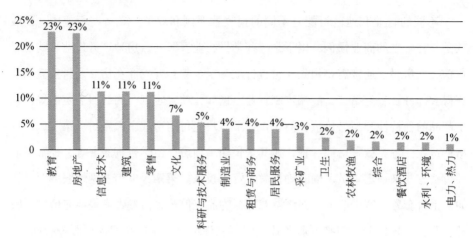

图 6-32　2022 年末预收款项占总资产比例

数据来源：国泰安数据库、证监会行业分类（2012 版）。

预收款项预算让企业能够更好地预测现金流，也是企业负债预算的一部分，其主要编制过程如下。

① 收集历史数据。收集历史销售、生产等数据，收集过去几年预收款项的变化趋势、季节性波动以及与销售收入的相关性，收集采用预收方式结算的客户销售规模、预收的时间等数据。

② 预测未来的销售收入。根据市场环境、销售策略、新产品推广计划等因素，预测未来一定时期的销售收入，预测销售收入的客户构成。细化到产品线或服务类别，分别编制详细的销售收入预算，为预收款项预算提供基础数据。

③ 确定预收政策。对客户的需求和合同信息进行分析，了解客户的支付习惯、合同条款等信息，以确保能够准确预测预收款项增加金额和时间。同时，根据客户的需求和合同信息，企业可以合理安排生产和发货计划，根据实际提供的商品或服务所对应的预收款项转销，从而判断预收款项减少金额和时间。

④ 编制预收款项预算。根据预收政策和比例，结合销售收入预算，计算出对应的商品或服务需预收的款项总额。考虑已有的预收款项余额以及预期的预收款项回款情况，推算出未来各期预收款项的预计增加额或减少额。

第四节 现金流预算

对于企业而言,现金常被称为企业的血液,企业如果有足够的资金,即使短期亏损也不影响生存;反之,企业即使有利润,现金流断裂也会影响企业生存。收入、利润是会计上按权责发生制核算的结果。除了确定权责发生制下的收入、成本、费用、利润等目标外,企业还需做好现金流量预算。企业的现金流被分为三类,即经营活动现金流、投资活动现金流、筹资活动现金流。

一、生命周期阶段不同,现金流不同

企业生命周期是指企业从创立、成长、成熟到衰退的整个发展历程。一般把企业的整个发展过程分为初创期、成长期、成熟期、衰退期四个阶段,每个阶段都有其特定的特征。企业生命周期阶段是企业战略制定、财务管理等的重要基础,要结合企业生命周期阶段对企业现金流进行管理。企业现金流具有显著的生命周期阶段特征。

(1)初创期

在企业的初创阶段,企业创立时间短,需要在研发、市场、生产设施购置和人力资源等方面进行投资,由于产品尚未成熟或市场知名度较低,销售收入一般较小,而投资支出较高,导致经营活动产生的现金流入无法覆盖经营成本和投资支出,形成较大的净现金流出,资金入不敷出。在此阶段,企业需要做好资本预算,保障企业发展的资本需求,可通过持续的股权融资等方式满足企业资金需求。

(2)成长期

进入成长期,产品销售提升,资金回流加大,有些企业的资金状况得以改善,而有些企业为了抓住市场机遇和扩大市场份额,仍需持续加大投资,如增加

产能、开拓销售渠道、提升品牌影响力等。因此，在这个阶段，虽然经营活动现金流有所改善，经营活动现金净流量可能为正也可能为负，但由于扩张速度较快，投资活动现金流仍可能呈现较大规模的净流出，整体上企业可能仍面临较大的现金流压力。

（3）成熟期

进入成熟期后，企业的经营模式稳定，产品在市场上占据一定份额，销售增长趋于平稳，利润水平也相对稳定。此时，经营活动现金流入显著增强，通常能够覆盖日常运营所需，同时投资活动的需求相比成长期可能会放缓，使得投资活动现金流流出减少，经营活动现金净流量扣除投资活动净现金流出仍可能是正数，实现正的自由现金流。成熟期是企业获取稳定现金流的重要阶段，企业可以利用经营净现金流扩大投资或偿还贷款，还可以加大对股东的利润分配。

（4）衰退期

当产品或服务市场需求逐渐饱和，或者受到新技术、新产品替代的影响时，企业可能步入衰退期。在这一阶段，企业销售收入一般会下降，因市场竞争激烈，产品价格下降，销售规模缩减，单位产品成本上升，企业盈利下滑甚至亏损。从现金流看，经营活动现金流入减少，但由于企业削减成本，减少投资，企业经营活动现金流出也相应减少，经营活动现金净流量可能为正数也可能为负数。为应对已有业务衰退，企业可能会通过资产处置收回投资现金流，如果不再加大投资，投资活动现金净流量可能为正数。如果在这个阶段企业加大新业务的投资，投资活动现金净流量可能为负数。

综上，企业生命周期的各个阶段都与现金流状况紧密相连，现金流管理的好坏直接影响着企业能否顺利度过各个发展阶段，实现可持续发展。企业应当结合其所在生命周期阶段的特点，科学合理地规划现金流，确保在满足日常经营需求的同时，有效支持战略目标的实现。通过合理的财务预算与现金流量预测，企业能更好地控制风险，把握投资节奏，优化资本结构，以适应不断变化的商业环境。

如图 6-33 所示，苏宁易购的三类活动现金流量呈现出较明显的特点。近些年来，传统线下零售业处于成熟和衰退阶段，苏宁易购的经营活动现金净流量持续为负数,尤其是2018、2019年为大额负数,减少了至少百亿元的资金。而苏宁易购为走出困境,盲目进行多元化发展,在2019年投资活动现金净流出209亿元。为支撑其经营活动和投资活动,在2018、2019年加大筹资,两年筹资活动现金净流入合计487亿元。2020—2022年,苏宁易购资金紧张,改善了现金流并不断偿还债务,连续三年通过收回投资来偿债、支撑运营,所以其投资活动现金净流量为正数,而筹资活动现金净流量为负数。

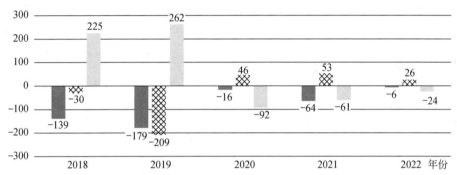

图6-33 苏宁易购2018—2022年三类活动现金流量净额(亿元)

二、经营活动现金流量预算

经营活动现金流是企业现金流量表中的一个重要组成部分,它反映了企业通过经营活动所产生的现金流量,包括销售商品、提供劳务等经营活动的现金收入和支出。

经营活动现金流是企业生存和发展的基础,我们经常说经营活动现金流是企业的造血功能,一个企业要持续存在,必须有自身的造血能力。企业需要足够的现金来支持其日常经营和扩张,而经营活动现金流是企业最稳定、最可靠的现金来源。经营活动现金流反映了企业的盈利能力和经营效率。经营活动现金流也为企业的债务偿还提供了保障,为企业的投资支出提供资金来源。

1. 直接法编制经营活动现金流预算

所谓直接法编制经营活动现金流预算,就是直接对经营活动现金流入、经营活动现金流出进行预算编制,经营活动现金流入主要指销售回款,而经营活动现金流出主要指采购付款、人工成本、付现费用等。

（1）回款预算

市场经济下，信用结算方式非常普遍，大多数企业会采取赊销方式进行销售，因此当期确认的销售收入并不能在当期全部收回。销售回款是企业最主要的经营活动现金流入，编制经营活动现金流入预算就需要对企业回款进行预算。

回款预算以预算期间的销售按照赊销账期计算何时回款，这是较为准确地根据合同条款编制预算的方法，也可以利用回款与销售收入的比例关系进行预算编制。

① 按照销售与回款时间关系计算。我们假设公司有两类客户，第一类客户赊销，账期为1个月，第二类客户为现销，我们给出第一类客户、第二类客户每月销售收入，计算各月回款数，在此不考虑1月之前的销售收入对回款的影响。对于第一类赊销客户，其当月的销售收入在次月收到回款。对于现销客户，其当月收入在当月就会收到回款。回款计算表如表6-3所示。

表6-3　回款计算表1　　　　　　　　　　　（亿元）

类别	1月	2月	3月	4月	5月	6月	7月	8月	9月	10月	11月	12月
赊销收入（第一类客户）	1.2	1.3	1.3	1.4	1.4	1.5	1.5	1.6	1.6	1.7	1.7	1.7
回款（第一类客户）	0	1.2	1.3	1.3	1.4	1.4	1.5	1.5	1.6	1.6	1.7	1.7
现销收入（第二类客户）	0.3	0.4	0.3	0.4	0.4	0.5	0.5	0.6	0.6	0.6	0.7	0.7
回款（第二类客户）	0.3	0.4	0.3	0.4	0.4	0.5	0.5	0.6	0.6	0.6	0.7	0.7
回款合计	0.3	1.6	1.6	1.7	1.8	1.9	2	2.1	2.2	2.2	2.4	2.4

② 另外一种方法是根据预算期销售收入和回款与销售收入比例计算回款。其计算公式为：

$$销售回款额 = 预计含增值税的销售收入 \times 销售回款百分比$$

销售回款百分比可以参照历史水平或行业水平及企业信用政策等来确定。

比如，根据历史统计数据，当期回款是当期收入的80%，则可以依据这一比例计算每期回款,如表6-4所示。

表6-4 回款计算表2 （亿元）

类别	1月	2月	3月	4月	5月	6月	7月	8月	9月	10月	11月	12月
A 赊销收入	1.2	1.3	1.3	1.4	1.4	1.5	1.5	1.6	1.6	1.7	1.7	1.7
B 含增值税收入（A×1.13）	1.36	1.47	1.47	1.58	1.58	1.70	1.70	1.81	1.81	1.92	1.92	1.92
C 回款（B×0.8）	1.08	1.18	1.18	1.27	1.27	1.36	1.36	1.45	1.45	1.54	1.54	1.54

③ 含税收入现金含量,又称含税销售收入收现率或含税销售现金比率,是衡量企业经营活动产生的现金流入与含税销售收入之间关系的财务指标。该指标反映了企业销售收入转化为实际现金流入的程度,对于评估企业的盈利质量、运营效率和现金流状况具有重要意义。其计算公式为:

$$含税收入的现金含量 = \frac{销售商品、提供劳务收到的现金}{含税营业收入}$$

企业实现销售后,客户对企业的付款不仅包含营业收入还包含增值税,因而企业营业收入和回款金额并不一致,差额就是增值税。为使口径一致,计算收到的现金和含税收入的比例可以反映回款的回收程度。如果没有坏账,长期来看,含税收入的现金含量应该为1,但事实上大多数企业的含税收入现金含量并不等于1,这与企业各个期间（如各月）的营业收入波动、增长以及企业结算政策有关。当月收到的款项一般而言并非当月销售对应的款项,可能是收回之前月度赊销款项、预收款项、部分当月现销款项。

当含税收入的现金含量大于1时,说明企业在销售过程中收回当月销售款项的比例大,还可能是由于收回以前赊销款项多,或者预收款项多。这通常表明企业的经营现金流状况良好,收款能力较强,且对下游客户的议价能力较强。

当含税收入的现金含量等于1时,并不表示每一元销售收入都转化为了当期的现金流入,也可能是形成了部分应收账款,通过收回前期应收账款或预收部分款项弥补了当月未收回的款项。

含税收入的现金含量小于1,意味着企业当月的款项没有全部收回,形成了较多的应收账款。

计算含税收入现金含量的变化趋势并与其他公司进行对比，可以帮助管理层深入理解企业的经营特点、市场地位以及潜在的财务风险。高含税收入现金含量通常被认为是公司健康运营的重要标志之一，但也应结合具体行业特征、业务模式和发展阶段等因素进行综合分析。

④ 除以上直接计算回款方法外，还有一种是通过销售收入和应收账款变动方法来计算回款，如果不考虑预收账款，企业的回款取决于销售收入和期初期末应收账款变动。为加强回款管理，可以设置应收账款周转率指标来约束企业的赊销账期，在此基础上预测期初、期末的应收账款余额并计算回款。此时销售回款额的计算公式为：

销售回款额 = 预计含增值税的销售收入 + 期初应收账款 - 期末应收账款

（2）经营活动现金流出预算

经营活动现金流出预算主要是企业支付各项经营活动相关款项的预算，包括采购付款、经营相关费用付款等。该预算编制过程如下。

① 确定主要付款项目，包括原材料采购付款、职工薪酬、税金等。在确定付款项目时，要注意识别出付现项目。企业编制预算时需要确定各项成本费用项目，要注意成本费用项目和付现项目的差异，比如固定资产折旧费用、无形资产摊销费用不属于付现支出。明确需要付款的对象，如供应商、承包商等，并确定每个对象的付款时间。

② 收集相关信息，确定付现金额、付款方式和时间。收集这些付现项目的发票、合同条款、公司惯例等信息，以确保计算的付款金额和时间准确。比如，租赁费按月核算，但支付可能是年度一次性在某个月支付，比如职工薪酬在某月计提，在下月发放。要结合各个项目资金支付的时间特点将其资金支出计入相应月度。付款方式一般包括现金、承兑汇票两种主要方式，这两种方式要区分出来，以便于资金安排。

2. 间接法编制经营活动现金流预算

所谓间接法编制经营活动现金流预算，是以净利润为起点，通过对若干项目的调整，最终测算确定经营活动产生的现金流量。

由于净利润是根据权责发生制核算的结果，收入并不完全对应资金流入，成本费用并不完全对应资金流出。要将净利润调整为经营活动现金净流量就需要识别二者的差异,并将这些差异进行调整。净利润和经营活动现金净流量主要有三个差异:一是有收入没有现金流入,比如赊销收入;二是发生成本费用不需要支付现金,比如固定资产折旧费;三是投资活动和筹资活动对利润产生影响。间接法编制经营活动现金流的公式为:

经营活动现金净流量=本期净利润+[不减少现金的费用(如坏账损失和折旧)+营业外支出+非现金流动资产减少及流动负债增加]−[不增加现金的收入+营业外收入+非现金流动资产增加及流动负债的减少]

公式中的期间可以为年度,则净利润采用年度净利润,资产负债项目减少或增加额用年末较年初的变化金额;也可以为月度,则净利润为月度数,资产负债项目减少或增加额用月末较月初的变化金额。

为简化计算,我们主要考虑折旧摊销、存货、应收账款、应付账款等对经营活动现金净流量的影响,则简化为如下公式:

经营活动现金净流量=本期净利润+折旧摊销费+存货减少额+应收账款减少额+应付账款增加额

以下是间接法编制经营活动现金流预算的一个简单例子:

假设某企业本年度的净利润为1000万元,固定资产折旧为500万元,年末较年初存货减少200万元,应收项目年末较年初增加100万元,经营性应付项目年末较年初增加50万元,则经营活动产生的现金流量净额为1650(1000+500+200−100+50)万元。

间接法编制经营活动现金流量预算的优点在于它可以更为直观清晰地反映出企业净利润与当期经营活动现金净流量之间的差异,更易于将现金流量表与资产负债表联系起来,通过当期现金流量信息,判断企业的收益质量。此外,间接法编制经营活动现金流预算可以基于已有的利润、资产负债预算项目调整编制,数据资料容易获取。

三、投资活动现金流预算

投资活动现金流预算反映企业在特定期间内因投资行为而产生的现金流入和

流出情况。通过投资活动现金流预算的编制，企业能够对未来投资项目的资金需求、投资回报以及对整体现金流的影响有更清晰的认识与规划。

投资活动现金流主要包括购买或处置长期资产（如固定资产、无形资产、投资性房地产等）、对外股权投资（包括取得和处置）以及债券投资和收回对外债权投资所产生的现金流量。这些活动通常涉及较大的资金投入和回收，对企业现金流状况产生较大影响，其主要编制过程如下。

① 收集历史数据。分析历史投资活动现金流，研究过去年度投资活动的现金收支情况，识别投资模式、投资周期及其对现金流的影响。

② 结合战略规划预测未来投资项目。根据企业战略规划、业务发展需求、行业发展趋势等因素，明确未来可能进行的投资项目及其规模。

③ 编制购置长期资产预算。固定资产投资预算包括基于产能扩张计划、设备更新换代需求等，预计未来将购置的固定资产种类、数量及预期价格，计算出资本支出预算。无形资产和其他长期资产投资预算包括对研发投入、专利购买、商誉收购等情况，预计相应的支出金额。

④ 编制处置长期资产预算。分析现有长期资产中可能在未来出售、报废或转让的部分，估算其处置收入和可能发生的处置损失，从而得出处置长期资产带来的现金流入。

⑤ 编制股权投资项目预算。对外股权投资预算：结合企业并购、联营合作、战略投资等计划，预计未来对外股权投资的支出以及可能获得的投资收益（如股息、分红）。股权处置预算：对于已持有的股权投资项目，预测未来可能的处置时间点、处置价格，以及由此产生的现金流入。

⑥ 编制债权投资项目预算。结合企业资金状况和投资策略，对企业对外贷款、投资债券等的时间、规模、利率等进行预测；针对企业发放的长期贷款、债券投资等，预计本金收回、利息收入以及其他相关现金流入和流出。

⑦ 汇总编制投资活动现金流预算。汇总上述各项投资预算的数据，运用如下现金流量表的直接法编制公式：

投资活动现金流入 = 处置长期资产收入 + 投资收益收回 + 债权投资收回 + 其他投资活动现金流入

投资活动现金流出 = 购置长期资产支出 + 对外股权投资支出 + 其他投资活动现金流出

投资活动产生的现金流量净额 = 投资活动现金流入 – 投资活动现金流出

四、筹资活动现金流预算

筹资活动现金流预算是企业财务预算的重要组成部分，它主要反映企业在一定时期内通过各种筹资方式获取资金以及偿还债务等筹资活动对现金及现金等价物的影响。科学合理的筹资活动现金流预算有助于企业优化资本结构，降低融资成本，防范财务风险。

筹资活动现金流包括流入、流出两类。筹资活动现金流入主要包括预计发行新股或增发股票所获得的资金，发行债券、银行借款等债务性融资的现金流入，以及从关联方或者内部积累形成的现金流入等。筹资活动现金流出包括支付股东分红、偿还债务本金及利息、支付发行债券的手续费、承销费等相关费用，以及购买子公司股权、回购本公司股票等投资活动引起的现金流出。筹资活动现金流预算编制主要过程如下。

① 确定筹资目标与规模。依据企业发展战略、投资计划和现有资金状况，明确筹资需求的数量和期限，设定筹资目标。

② 选择筹资方式。结合市场环境、利率走势、公司信用等级等因素，选择合适的筹资工具，如银行贷款、发行股票或债券、吸收直接投资等。注意筹资成本与收益的匹配，避免过度负债和短期负债比重过高导致的财务风险。

③ 预测筹资流入。针对每一种筹资方式，预计筹集资金的具体时间、金额，形成筹资现金流入预算。针对每一种筹资方式，分别预测，例如，发行新股时要考虑新股发行价格、数量等因素；借款时要考虑到借款额度、利率、期限及偿还计划等。

④ 预测筹资成本。根据选择的筹资方式和市场环境，预测各种筹资方式的成本，包括利率、手续费等，这需要参考市场利率、企业的信用评级等因素。

⑤ 预测筹资流出。考虑到期债务偿还、利息支出、股利分配等情况，预测在未来预算期内因这些活动导致的现金流出。

⑥ 编制筹资活动现金流预算表。将上述筹资流入和流出数据汇总，得出净筹资现金流，纳入企业整体现金流量预算中。

筹资活动现金流预算需要企业充分考虑内外部因素，科学合理地预测和规划筹资行为。通过有效的筹资活动现金流预算管理，确保资金链条稳定，降低融资成本，实现可持续发展。

第七章

预算执行:控制、分析与调整

有些公司预算编制完成后,就将预算束之高阁,没有将预算用于控制,缺少对预算执行情况的分析,或者是预算不再适用时仍然坚持僵化的预算,这些都是预算执行不到位的表现。执行是预算得以发挥作用的重要一步,没有执行,再漂亮的预算也仅仅是数字而已。控制、分析、调整是预算执行的重要内容。

第一节　三分战略七分执行

预算管理并不等于预算编制，预算管理要发挥作用，执行是关键一环，同样的预算目标，不同的执行力会带来不同的结果。就管理而言，三分战略七分执行，预算管理也是如此，既要注重预算编制，更要通过执行将预算由目标变为现实。

一、预算执行的常见问题

有一群老鼠开会，研究怎样应对猫的袭击。

一只被认为很聪明的老鼠提出，给猫的脖子上挂一个铃铛。这样，猫行走的时候，铃铛就会响，听到铃声的老鼠不就可以及时跑掉了吗？大家都公认这是一个好主意。

可是，由谁去给猫挂铃铛呢？怎样才能挂上呢？这些问题一提出，老鼠都哑口无言了。

聪明的老鼠提出的主意相当于有了一个很好的预算方案，但如果方案不可行或者没有行动，那再好的规划也只是纸上谈兵。

一提到预算，我们往往先想到的是各种预算表格，但全面预算管理是一项管理工具，具备管理的计划、组织、协调、控制的职能，是一个 PDCA 循环。预算编制仅仅是预算管理工作的起点，还有大量的预算控制、预算分析、预算调整等工作需要完成。预算编制是纸上功夫，预算执行则是真刀实枪。预算执行中存在的常见问题如图 7-1 所示。

1. 预算编制不够细致，缺少控制依据

在一些公司中，预算编制工作通常由财务部门主导，主要集中在财务预算的制定上，即重点关注收入预算和费用预算的编制，而忽略了业务预算的详细规

划。即便这些公司尝试编制业务预算，往往也是以较为宽泛的方式进行，缺乏深入和精细的考量。例如，在销售和生产领域的预算编制中，可能没有制定具体的明细预算，生产成本预算也没有明确的定额标准，这导致在执行过程中难以进行有效的控制和监督，责任归属也变得模糊不清。

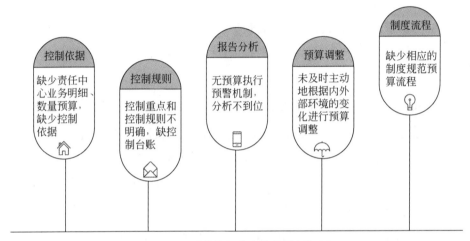

图 7-1 预算执行中存在的常见问题

预算不仅要有年度数据，还要分解成月度数据，不仅要有金额，还要有数量，有比率，有时我们控制的标准并不是金额，而是数量、比率等指标。收入、成本要做明细预算，分解详细，明确责任。对原材料成本预算细化到原材料的数量、单价是做好成本控制的关键因素，为以后定额成本预算控制打下必要的基础。

预算编制完成后，在预算执行之前，管理人员要经过预算的分解、下达和宣贯等准备步骤来保证预算的有序执行，保证预算体系运转良好。

2. 控制重点和控制规则不明确，控制台账等基础工作不到位

在财务部门进行账务体系的设计和优化过程中，必须充分考虑预算管理的需求，确保会计核算工作能够支持预算的有效执行。为此，财务部门需要确保每月能够及时向各部门提供预算执行情况的详细数据，并将这些数据作为评估和分析各部门绩效的关键依据。财务部门应建立并执行一套预算责任会计账套系统，以定期生成和报告预算执行的相关数据。

此外，为了加强内部控制并提升预算管理的效率，公司还应要求各预算管理责任中心建立自己的预算台账。通过这种方式，各部门可以更加主动地监控和管理自己的预算执行情况，进行自我控制和评估。这不仅有助于及时发现和解决预算执行过程中的问题，还能够促进各部门对预算目标的责任心，确保公司整体预算管理的有效性和效率。

3. 分析不到位，未建立预算执行预警机制

缺少分析报告、分析会议等环节对预算执行情况进行控制，仅能简单揭示差异，未能对经营管理中存在的问题进行深入分析。

4. 未及时主动地根据内外部环境的变化进行预算调整，机械执行

常见问题有两个。一是预算目标不能随环境变化进行调整，预算约束僵化。二是在资金支出审批时不能区分预算内还是预算外支出，对预算内的支出审批程序复杂、周期长，大大延缓了审批效率，得不到执行者的支持。

5. 缺少相应的制度规范预算流程，未将执行结果纳入考核

每年的预算工作着眼于具体的预算方案，缺少规范的制度、流程，缺少将预算执行情况纳入绩效考核的制度。

例如，企业在制定年度预算时，需要明确预算编制的具体流程和要求。这包括确定预算的编制方法、组织结构、起始时间点、预定完成时间，以及编制过程中应遵循的具体内容规定和步骤。同时，还要设计出相应的预算表格，明确编制的具体要求和目标。所有这些细节都应当以明确的制度形式固定下来。

在预算审定后，关于预算是否可以进行调整、调整的具体方式、调整的审批流程等，也都需要有明确的规定。这些规定应确保预算的灵活性，同时保障预算调整的合理性。

此外，为了确保预算的有效执行，企业需要将预算管理与人力资源管理相结合，完成关键绩效指标（KPI）的量化，并将其导入绩效考核项目中。通过建立健全的预算配套考核制度，确保预算执行者既有执行预算的压力，也有达成预算目标的动力，从而提高整个组织预算执行的效率。

二、预算执行的三项内容

全面预算执行主要包括三项内容，如图 7-2 所示。

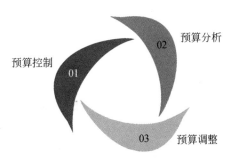

图 7-2 全面预算执行的三项内容

首先，预算控制是全面预算执行的首要任务。预算控制的核心目标是确保实际运营结果与预算目标之间的偏差保持在可接受的范围内。这需要企业管理层对预算执行过程进行严格的监控，及时发现和分析偏差产生的原因，并采取有效的措施来减少不利偏差。这些措施可能包括调整生产计划、优化资源配置、改进成本控制等，目的是使企业的运营更加符合预算的预期，提高企业的财务表现和市场竞争力。

其次，对预算执行情况的分析是提升经营管理水平的关键。通过定期的预算分析，企业能够发现经营管理中存在的问题和不足，如市场预测的准确性、成本控制的有效性、产品定价的合理性等。这些分析结果可以帮助企业识别风险点，优化决策过程，改进业务流程，提高整体的经营效率。同时，这有助于企业更好地理解市场动态和客户需求，从而在激烈的市场竞争中保持优势。

最后，预算调整是全面预算执行中不可或缺的一部分。在市场环境、政策法规或企业内部条件发生变化时，原有的预算目标可能不再适用或难以实现。在这种情况下，企业需要根据实际情况对预算进行适时的调整。这种调整应当基于对市场和企业内部状况的深入分析，确保调整后的预算目标既符合企业的长期战略，又能够适应当前的经营环境。通过灵活的预算调整，企业可以避免因僵化地坚持不合时宜的预算而产生的消极影响，确保企业稳健发展。

第二节 预算控制：航行中的舵盘

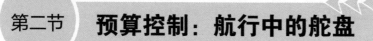

预算执行的第一项重要工作是预算控制，即对可能与预算目标出现的偏差进行管理，尽量减少不利偏差。实现预算目标，就像轮船在海上航行，没有舵盘不断调整方向，轮船就难以到达目的地。

一、预算控制：预算管理航行中的舵盘

预算控制作为全面预算管理中的一项关键环节，其核心在于对企业经营过程中的实时监控。这一过程涉及对经营成果与预算目标之间潜在差异的持续预测，并根据预测结果对资源分配和执行方案进行及时的调整和重新评估，以确保预算目标顺利实现。

在执行预算控制时，有两个关键点需要特别关注。

第一，控制必须是"实时"的，这意味着企业需要在每月、每周，甚至每天的周期内，对经营活动中可能出现的偏差进行分析，并制定相应的应对措施。这种实时的监控和分析能够帮助企业及时发现问题并迅速反应，从而减少偏差的发生。

第二，预算控制应当侧重于"预测"的经营成果与预算目标之间的对比分析，而不仅仅是简单地比较月度或季度的实际经营成果与预算目标之间的差异。通过预测与预算目标的对比，企业能够前瞻性地识别风险和机会，从而在问题出现之前采取预防措施，或是在机会出现时迅速把握。

舵盘在航行中的作用是实时对航行方向进行微调，确保航船快速抵达目的地。传统的预算管理仍然停留在事后差异分析上，对预算管理的事中控制重视不够，造成企业可能已偏离航道而经营者却全然不知。

首先，预算控制的作用在于能够迅速识别潜在的经营问题，并通过及时调整

资源分配来促进预算目标的达成。以 A 企业为例，其在南京地区的销售业绩高度依赖于单一的大客户 B 企业，因此在预算分配时给予了该客户较大的销售比重。然而，B 企业在第二季度遭遇了监管部门的调查，发现存在严重问题，导致其高层管理人员受到处罚，企业运营陷入停滞。在这样的情况下，A 企业在 7 月进行季度预算控制时，敏锐地察觉到了这一风险。经过评估，企业判断 B 企业的困境在短期内难以解决，于是决定将原本专注于南京地区的销售和执行团队调往北方，开拓新的市场。尽管年终时 A 企业未能完成对 B 企业的销售任务，但由于及时调整战略，新市场的开拓带来的收益成功弥补了 B 企业订单的缺失，A 企业最终仍然顺利完成了全年的销售目标。这一案例表明预算控制的重要性和及时调整策略的必要性。

其次，预算控制的主要作用在于使企业管理层能够实时掌握预算执行情况是否与战略目标保持一致。许多人认为预算管理的最终目的是追求预算的绝对精确。然而，实际上，企业制定预算的目的并不是要将企业的运营严格限制在某一具体的收入或利润水平上，而是要在一定的范围或趋势内控制企业的运营和发展。有时，尽管受到宏观经济环境的影响，企业的实际情况与预算之间存在较大偏差，但只要企业领导能够通过预算控制清楚地了解企业当前状况与战略目标的一致性和偏差程度，并据此制订切实的行动计划，那么预算管理就可以说是成功的。

二、预算控制如何实现预算目标？

预算控制主要有两类方式。

其一，对比"预测"经营成果与预算目标之间的差异。企业可以通过实施 3～6 个月的滚动预测，对关键预算指标进行持续的监控和调整。在此过程中，财务负责人承担着预算控制职责。每月或每季度，财务负责人召集职能部门负责人和公司高层领导，共同参与预算会议。在这些会议中，各个职能部门需要对未来一段时间内的关键预算指标，如销售收入，进行预测。随后，财务部门将这些预测与既定的预算指标进行比较分析。如果分析中发现显著的差异，团队需要立即讨论并制定相应的应对策略。

这种方法不仅增强了预算流程的透明度，而且使责任分配更为明确。当预测与预算目标出现偏差时，公司能够迅速在各个层面采取行动，通过整合和调配资源来应对挑战，确保即便在宏观经济环境发生不利变化的情况下，企业的战略目标仍然能够实现。

以 A 企业为例，在 2008 年初制定预算时，A 企业未能充分预见北京奥运会对销售额的潜在影响。然而，随着奥运会相关政策的逐步出台，A 企业在 4 月份进行的 6 个月滚动预测中意识到，奥运期间的交通管制可能会对其生产原料的供应造成重大影响。因此，A 企业及时调整策略，在第二季度提前储备了额外的存货。这一举措有效确保了第三季度生产任务的顺利完成。这个案例展示了滚动预测在预算控制中的重要作用，以及它如何帮助企业在面对不确定性时保持灵活性和适应性。

其二，"实时"对历史数据进行对比分析，总结经验教训。以一家汽车生产和销售企业为例，在 2008 年 7 月，由于南方遭遇严重水灾，导致新车无法及时运抵北京市场，这对当月的销售业绩产生了极大的负面影响。在分析 7 月份的实际销售收入数据时，企业发现 7 月的汽车销量仅达到了第三季度预算目标的 8%，远低于过去几年同期通常的 20%～30% 的销量占比。企业意识到，如果不采取紧急措施，第三季度的预算目标可能无法完成。为了应对这一挑战，企业从 8 月份开始加大市场促销和广告宣传的力度，以刺激销售。同时，企业预测这些宣传活动将吸引众多潜在消费者，因此提前对南方的工厂生产计划进行了调整，确保了充足的产品供应。通过这一系列的积极措施，企业最终确保了第三季度销售任务的顺利完成，展现了预算控制和及时调整策略在应对突发事件中的重要作用。

三、预算控制：三个阶段八个规则

预算控制按照预算与活动的时间关系分为事前控制、事中控制和事后控制，如图 7-3 所示。

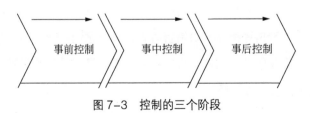

图 7-3　控制的三个阶段

事前控制是指组织活动开始之前进行的控制，其目的是防止问题的发生而不是当问题出现时再补救，防患于未然。

事中控制是指组织活动开始以后，对活动中的人和事进行指导和监督。

事后控制是指在同一个时期的组织活动已经结束以后，对本期的资源利用情况及其结果进行总结。

1. 扁鹊三兄弟，谁的医术高

扁鹊是历史上非常有名的医生，但我们看看下面这个故事，就知道在扁鹊心中，他的两个哥哥比他更强。

魏文王问名医扁鹊说："你们家兄弟三人，都精于医术，到底哪一位最好呢？"

扁鹊答："长兄最好，中兄次之，我最差。"

文王再问："那么为什么你最出名呢？"

扁鹊答："长兄治病，是治病于病情发作之前。由于一般人不知道他事先能铲除病因，所以他的名气无法传出去。中兄治病，是治病于病情初起时。一般人以为他只能治轻微的小病，所以他的名气只及本乡里。而我是治病于病情严重之时。一般人都看到我在经脉上穿针管放血、在皮肤上敷药等大手术，所以以为我的医术高明，名气因此响遍全国。"

治病的时机不同，治病的方式也不同。虽然可能都会达到救人的目的，但及早治病，人受到的伤害也小，待人病危时再救治，即使可以挽救生命，人体也受到重创。

所以医学上有治未病的理论，指机体已受邪但尚处于无症状或症状尚较少、较轻的阶段。"治未病"的概念最早出现于《黄帝内经》，《素问·四气调神大论》中提出："是故圣人不治已病治未病，不治已乱治未乱，此之谓也。夫病已成而后药之，乱已成而后治之，譬犹渴而穿井，斗而铸锥，不亦晚乎。"需要水时才去挖井，临到打仗才去铸造兵器就晚了。

唐代医家孙思邈提出了"上医医未病之病，中医医欲病之病，下医医已病之病"，将疾病分为"未病""欲病""已病"三个层次。

从这个故事我们可以看出，事后控制不如事中控制，事中控制不如事前控制,可惜大多数时候我们做不到提前预防,往往是在事后进行管理,等到错误的决策造成了重大的损失才寻求弥补,这就是救火式管理。企业经营最好是规范有序的,经常会有轰轰烈烈的大事发生并不是好事。就像消防,即使在起火后及时扑灭了,即便没有非常重大的损失,至少也造成了一些损失,打乱了正常的工作,浪费了资源。

预算执行过程中,要通过控制促进目标实现。图7-4表明了预算控制的过程。预算控制首先要确定控制标准;其次要衡量实际或预测情况;再次要比较差异;最后针对差异采取纠偏措施。

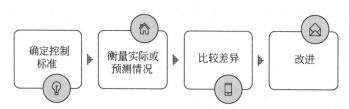

图7-4 预算控制的过程

2.预算控制的八个规则

预算控制并不是单一的方法,在此将预算控制的具体原则概括为预算控制的八个规则,如图7-5所示。

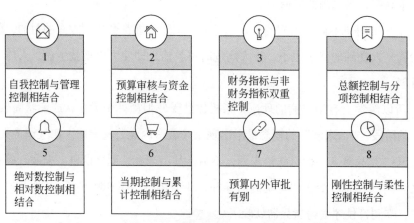

图7-5 预算控制的八个规则

(1)规则1:自我控制与管理控制相结合

自我控制是指特定部门或人员对自己权责范围内的预算进行监督,找出任务的实际完成情况和预算指标的差异,并进行自我分析,然后在上级管理人员的指导下采取相应的措施。

管理控制是指在预算执行过程中上级对下级预算执行情况的监督和分析评价。管理控制的措施包括:①规章和条例,即对员工的工作状态和组织行为期望要求的表述;②产出控制,即控制业务结果,使员工慎重考虑应如何完成任务。产出控制中,必须做到以下几点,才能保证有效性:要设定一个或几个目标;必须有可以衡量的产出,如成本、收入或产量等;要有可以预测的模型,通过这一模型,可以找到产生差异的原因和适当的改正措施。另外,在控制指标设定的时候,一定要考虑指标是否是可控的。对非可控的指标进行控制既没有意义,也不合理。

比如费用控制。许多企业每年都会对员工进行培训,并为此拨出专门的培训经费,例如,某年度企业可能投入了200万元用于员工培训,这笔经费通常由人力资源部门管理。在企业内部,如果存在公司车辆,那么车辆的调度和费用控制一般由行政部门负责。

然而,可能会出现这样的情况:行政部门今年负责的10辆小车预算为50万元,但实际上却花费了70万元,超出预算20万元。超出预算的原因在于,这10辆车中有2辆是公司高层领导专用的,这些车辆的使用不受行政部门的直接控制,领导可以自由决定用车目的地和费用。在财务部门对行政部门进行绩效考核时,应当只考核其能够控制的8辆车的费用,而将另外2辆车从考核范围内扣除。当然,对于行政部门来说不可控的事项,对于整个公司而言,可能仍然是可控的。因此,在对不同责任中心进行考核时,必须区分考核指标是可控的还是非可控的。

(2)规则2:预算审核与资金控制相结合

预算控制的主要手段是在资金支出时进行控制,一般而言这是一种事后控制手段。为加强事前控制,有些事项可以在发生前进行预算审核,否则,等需要支出资金时再控制已经晚了,生米已煮成了熟饭。

预算额度内的支出是不是就不需要审核了?有些公司比较机械,认为既然预算都批准了就不需要审核预算事项,只要不超出预算,全都授权给执行人,这样很容易导致失控。编制预算阶段与实施预算阶段的环境往往有变化，经批准编制的预算不能成为资源投入的唯一理由和依据。因此，对于预算内支出也有必要区分预算的项目，分别制定事前进行审核和控制的流程、标准。

（3）规则3：财务指标与非财务指标双重控制

预算控制中使用的数据可以分为财务指标和非财务指标两大类，二者在应用中各有特点，忽视任何一类指标对于控制都不利。

在预算控制中，主要采用的是财务形式的管理控制。预算与实际生产经营的对比主要是基于控制成本的目的，采用的主要是财务指标。

财务指标之所以受到青睐，是因为其背后的财务数据是基于严格的会计准则和核算程序形成的。此外，财务指标为管理者和员工提供了清晰的视角，使他们能够直观地认识到自己的行为如何影响企业的财务状况和最终的经营成果。但是，仅依赖财务指标来评估管理人员和员工的工作表现可能会激励他们为了达成目标而采取一些短期行动。此外，财务指标通常只能反映过去行为的结果，而无法实时监控过程中的动态变化。因此，在绩效控制过程中，除了财务指标之外，还应当结合使用非财务指标，例如对生产量、销量、订单数量等进行监控，以实现更全面和及时的绩效管理。

（4）规则4：总额控制与分项控制相结合

总额控制是指对若干具有相似特点的预算项目进行综合控制，只要总额度不超出预算即可。分项控制是指按照明细预算项目的金额进行控制。

以管理费用控制为例，如果把管理费用作为一个最小的控制项目，总额控制就是只要"管理费用"这个预算总项的额度不超出预算，此业务就可以进行；超出预算额度，业务是否可以进行，需要经过追加的程序进行审批。

单项控制是指对每个预算项目，如管理人员薪酬、办公费、差旅费、业务招待费等管理费用项目分别加以控制。

（5）规则5：绝对数控制与相对数控制相结合

绝对数控制是指用预算项目的预算数控制，对于固定成本、费用、业务稳定的销售部门的销售收入等指标，可以采用绝对数控制，比较实际金额和预算金额的差异。

相对数控制是指用预算值的百分比、比率、单位指标来控制。比如，对于变动费用，如果按照费用总额控制，可能会出现总额没有超出预算指标，但任务完成得差的情况。比如，有些费用是直接与业务量相关的，总预算是100万元，对应的销量是1万件，实际花了90万元，但销量只完成了7000件，这种情况下就不能再用总额控制，而是用单位费用或者费用率来控制。

企业在实际操作中，往往是绝对数控制和相对数控制相结合。尽量把所有的成本、费用与销售收入挂钩，这样费用率就可以得到控制，企业的利润率就有了保障。分析成本、费用中的固定成分、变动成分，归纳出历年来经营活动中各项变动成本费用占收入的比例，然后确定出费率的控制标准。把成本费用额的管理转变为成本费用率的管理，管住利润率，这就管住了过程，再抓销售收入，利润目标就实现了。

（6）规则6：当期控制与累计控制相结合

当期控制是指按照当期的预算额度进行控制，不考虑前期预算执行情况，一般按照月度进行控制。

累计控制是指按照多个期间的累计预算额度和累计实际情况对比进行控制，如按季度累计、半年累计、年度累计金额控制。

按年考核允许年度之内累计计算，这个月少花点，下个月多花点，只要累计金额实际不超过预算标准就可以。预算责任单位可以自己把握刚性力度，针对不同的费用，有的可能按年考核，有的可能按季度考核，有的可能按月考核。

针对年底突击花钱的问题，有企业采取如下做法：下半年的花费不能超过全年的55%，每个月的花费不能超过10%，具体可由企业依据本企业淡旺季特点、成本费用的月度分布特点去确定成本费用的各月度结构控制标准。

（7）规则7：预算内外审批有别

为发挥预算的作用，针对预算内外的审批事项应制定不同的审批流程，适度简化预算内事项的审批流程，提高审批效率。

对预算内事项尽量将审批权限下移，简化审批程序。简化审批流程并不代表在预算发生时不需要审批。预算内事项审批也应根据重要性区别处理，分为非重点控制项目和重点控制项目。应充分考虑成本效益原则，对重点项目严格管理，其他项目简化管理。制定各个预算项目审批流程表，分项目确定控制标准与审批流程。

对预算外事项应严格控制，体现预算的严肃性，尽量减少预算外审批事项，增加经营的可预见性。建立重大意外事项特批机制，提高组织反应速度。

（8）规则8：刚性控制与柔性控制相结合

预算执行和控制时，应该考虑刚性控制与柔性控制相结合。

刚性控制是指以预算值为约束指标，任何超出预算值的支出都需要通过特定的审批流程审批后才能使用。有人担心预算的刚性控制会影响业务，一旦没有预算就不允许开支了，那还不把业务耽误了，实际上不见得。比如燃油汽车都有油箱，油箱中油的数量是有限的，但我们平时很少会把油箱的油耗尽而导致汽车抛锚，都会在油用完之前加满。

柔性控制是指超出预算的一定幅度内可以直接执行或者可以在企业的预算管理系统中提交申请，各级审批者根据授权进行成本和收益权衡后决策是否可以批准执行。

企业一开始做预算的时候，有个试行期，允许适当修改补充，这样可以通过编制临时预算来解决。所以，企业一开始的时候临时预算比较多，这是正常现象。预算推行一段时间以后，如半年、一年以后，就要严格预算执行，没预算不花钱。为什么要这样搞点"刻意效益"？刻意是心理学的概念，就是想办法在人的大脑中留下非常深的印记。管理需要刻意效益，就像当年张瑞敏砸冰箱，给海尔职工留下非常深的印象，质量一点不能含糊。有了严格执行就会引起大家对此项工作的重视，明确规则，利于后续推进预算管理工作。

第三节 预算分析并持续改进

企业经营管理往往是分期间的，比如按照月度对经营管理活动进行总结和安排。预算管理也需要按照一定的期间及时对预算执行情况进行分析，并通过分析找出问题，进行改进。

一、有预算报告才能心中有数

1. 汽车仪表盘与预算报告

每辆车上都有仪表盘，我们想一想，如果车上没有仪表盘你敢开吗？好多人都不敢开，因为没有仪表盘，就不知道自己的车速，不知道还有多少油，不知道发动机温度等指标。其实预算报告是类似的，没有预算报告，企业就不知道自己的运行情况，不知道实际与预算的差异，也就无法决策。

为了确保能够全方位地展现各个责任单位在特定时期内执行预算指标的表现和成效，定期根据经过核实的会计核算资料编制预算执行情况报告是必不可少的。

预算执行情况报告依据经过审核的责任预算指标核算资料，概括性地展示了特定责任单位在一定时期内预算的完成情况及其实际表现。报告的基本构成要素包括预算数、实际数以及两者之间的差异。这些差异的性质和幅度能够揭示责任单位在执行预算指标过程中的成效，它们是执行预算控制和进行预算绩效评价的关键参考依据。

为了确保对各项责任预算指标的执行情况进行准确核算，可以采用责任会计的核算方式，这意味着将责任预算指标的核算整合进现有的财务会计核算体系。在这种核算体系下，会计部门能够在维持现有总账科目及其核算内容不变的前提下，适当地进行调整或新增一些相关的明细科目。例如，可以设置"产品销售收入—具体产品—具体责任单位""生产成本—具体产品—具体责任单位""管理费用—具体责任单位"等明细科目,以便更好地追踪和评估各个责任单位的预算执行情况。为了能够对关键指标、关键项目的执行情况进行醒目的反映,可以采用红绿灯方式进行预警,对于实际或预测与预算有较大不利差异时,采用红灯方式进行预警。所谓不利差异,对于收入、利润等产出指标而言指未完成预算指标,或者成本、费用等耗用或投入指标超出预算指标。以红灯表示出现了不利偏差,发出危机防范信号,适时控制,谨防风险恶化,责成责任人做出解释与限期整改措施。以绿灯表示预算执行处于完成或较理想状态。

2. 预算报告应该符合的要求

预算执行情况报告是反映预算完成情况的主要形式,各公司信息化水平不同,有些公司可能以电子表格文件呈现,有些公司可能以数字化系统呈现,比如以 BI(Business Intelligence)商业智能系统呈现。无论以何种方式呈现,预算报告都应符合如下基本要求。

① 系统性。预算报告依托于责任预算,详尽阐述了报告期间的预算目标、实际完成状态、完成百分比、差异分析以及差异产生的原因等关键信息。该报告应当以最基础的责任单位作为分析的起点,通过逐层向上汇总的方式,对各项指标进行全面分析。报告中所包含的指标内容应超越单纯的财务指标,还应涵盖经营管理的相关数据。

② 相关性。预算数据和实际数据须反映各责任中心所能控制的内容,能够提供各责任单位的数据。

③ 及时性。预算报告的及时编制和提交是确保预算控制功能得以有效发挥的关键因素。预算报告中所揭示的问题若能被及时发现,便能够更快地进行调整和处理,从而更有效地确保任务目标的顺利实现。实际工作中,预算报告一般按月编制,报告期间越短,报告期结束后出具报告时间越短,及时性越强。

④ 灵活性。预算报告有定期报告,也有非定期报告。预算报告的核心不仅仅在于展示预算执行过程中的差异,更关键的是对这些差异背后的原因进行深入分析,并据此提出针对性的改进措施。因此,预算报告的呈现不应局限于传统的表格和图表,还应当结合数据分析和详尽的文字解释,以确保报告内容的全面性

和透彻性。同时，为满足及时性要求，还可采用口头汇报和例会等其他形式。

3. 徐工集团的预算报告系统

徐工集团以商业智能系统实时反映企业运营状况，预算执行报告内容有：

① 经营日报体现当日和累计销售收入、回款、发车量、开票量；

② 月度核心指标驾驶舱体现主营业务收入、毛利率、净资产收益率、现金及现金等价物净增加、市场份额等重要指标；

③ 年度核心指标主要为预算体系中各层级预算执行（年度进度率）及趋势分析，包括营业收入、备件收入、出口收入、利润总额、销售费用、管理费用、财务费用、应收账款占用、存货占用、产成品占用等指标[1]。

年度经济工作会议上，总裁与各副总裁、各事业部总经理签订年度经营责任状，事业部总经理与各事业部副总经理、副总经理与职能部门部长分别签订年度经营责任状。责任状明确全年工作目标、KPI 指标，集团审计部门按年度、半年度进行经营责任状审计，签订责任状的责任人薪酬与指标挂钩。各部门月度工资薪酬系数的考评依据，同样来自其所在事业部和部室的 KPI 指标完成情况，以此打造从预算到考评的闭环管理。

二、三维度预算报告体系

预算报告的信息具有多重属性，比如是实际信息还是预算信息，是属于哪个责任主体的信息等。另外，同一信息需要满足不同管理者的需要。此外，管理者的管理重点和风格各异也导致不同的报告需求。企业需要构建多维度的预算报告，可以从三个主要维度构建，如图 7-6 所示。一是基于管理主题的角度，比如提高销售收入、控制产品成本、加速资金周转等。二是基于管理主体的角度，比如战略层、经营层、作业层，或者是企业管理的其他组织形式，比如各个事业部等。三是基于管理职能的角度，比如用于决策的报告、用于控制的报告、用于绩效评价的报告等[2]。

---

1 程芳,吴江龙.徐工集团全面预算"315"法则[J].新理财,2016 (6):83-85.

2 于培友,王玉英.管理会计报告的构成:基于价值动因视角的研究[J].会计之友,2017 (15):64-67.

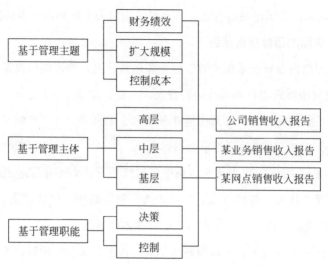

图 7-6　三个维度的管理会计报告示例

1. 基于不同管理主题的报告

不同企业价值创造模式不同，比如有些企业实施的是低成本战略，有的企业实施的是差异化战略，因此企业管理的重点会有所不同。企业如果处于不同发展阶段，其管理重点也不同。我们可以将企业不同管理策略和管理重点称为管理主题。比如，降低产品成本、加速资金周转等都可以作为管理主题。一个管理主题的实施会贯穿企业各个层级的管理主体，涉及企业管理活动的各个方面。管理会计报告中应明确管理主题，根据不同的管理主题为高层、中层、基层设置管理会计报告，比如降低产品成本的管理主题，高层会关注企业可比产品的平均成本与历史相比的变动幅度，与竞争对手相比处于何种水平；中层会关注各个产品型号各月产品成本的变动情况，主要材料采购价格、人工成本变动等对产品成本的影响等；基层的生产管理者会关注材料的耗用量、生产损耗、不良品等对产品成本的影响，基层的采购管理人员则会关注每种材料采购价格变动、供应商供应物料的质量、及时供货率等。

2. 基于不同管理主体的报告

不同层级的管理主体，其报告涉及的范围和内容不同。高层报告涉及的范围最广，比如集团公司、事业部、业务单元等，涉及的事项更多的是以财务信息为主的结果信息,而以非财务信息为主的过程信息较少,如企业整体的价值创造模式、企业业务组合、重大投资、重大筹资、利润分配等。中层报告涉及的范围一般是职能部门、业务单元等,比如销售部、采购部、人力资源部、制造部等,涉及的内容多是企业某一职能的价值创造结果和过程情况,比如产品研发部门的费用发生情况、产品研发按计划完成率、目标成本达成情况等。基层报告涉及的范围主要是基层的管理主体,比如销售小组、生产小组等基层作业单元,内容一般是具体的作业计划,比如产品促销、产品生产、采购、人员招聘等。

将管理主体划分为高层、中层、基层只是一个最普遍意义上的划分方法,管理会计报告中管理主体的层级划分要适应企业组织架构和管理单元的设置。比如,实施阿米巴经营的企业,其管理会计报告的单元是阿米巴;销售组织设置办事处、销售小组的,要能够形成办事处或者销售小组的管理会计报告。

有的企业创造出人人损益表,人人损益表是以人为对象,以业务管控为核心,以会计核算为方法的一套体现投入产出评价机制的报告。人人损益表从结构上包含投入要素、产出要素、评价要素三部分。以销售经理为例,投入要素关注各项成本费用;产出要素关注在谈的客户数量、未来三个月签约额、客户转化率、本月合同额等;评价要素包括合同额、毛利率、回款率、业绩得分等。

3. 基于不同管理职能的报告

预算管理主要包括规划、决策、控制、评价四项主要活动,因此预算报告可以包括规划报告、决策报告、控制报告、评价报告。这四类管理活动的核心是决策和控制两大环节,决策和规划是紧密联系的,系统的决策要变成行动计划,变成预算,因此规划是决策的延伸,规划的核心是决策。而评价和控制都是为了实现规划目标,评价也是控制的一种方式。因此,预算报告应重点构建决策类报告和控制类报告。

决策类报告是指运用管理会计方法确定的事前行动方案的报告。决策报告一般会将决策方案变为专项的计划或者预算。全面预算是企业进行综合规划,有效协调各个部门、单元,并将预算责任层层分解的有效工具,是企业以价值形式进行规划的主要管理工具,而且全面预算不仅包括价值指标,也包括非价值指标,是企业后续控制、评价的基础。

决策报告的内容、决策频率等在不同层级管理主体间差异很大。比如，高层管理者的决策事项少、决策频率低、决策时间一般不固定，决策内容一般涉及公司整体的价值创造模式、重大投资、重大筹资、业务结构调整等活动。中层管理者的决策报告事项较高层要多，一般涉及某一具体的职能，比如所生产产品的数量和型号决策、供应商的选择等，决策频率较高层要高。基层管理者决策报告的事项更为细致、具体，其决策的频率最高，可以是周决策、日决策或者随时决策。

控制类报告是反映企业规划和决策执行情况并进行控制的报告。控制是指为实现决策和规划而采取的行动。预算是企业控制活动的重要基准，将预测情况或及时反馈的实际情况与预算进行对比，分析经营中存在的问题，及时采取纠偏措施。为激励约束各级管理者的行为，需要对业绩进行准确、合理的评价并采取奖励和惩罚措施，企业需要设置各类绩效评价报告，通过评价促进管理者创造更大的企业价值。

正是由于预算报告的维度多，管理者需求差异大，导致预算报告的形式多样。企业应根据自己的管理需求设置固定格式报告和变动格式报告，比如设置固定格式的部门绩效报告，根据某时期临时管理需要设置人员费用构成报告等。由于预算报告形式多样，需求变化快，可以利用各种成熟的工具满足多样化的管理会计报告需求，比如利用商业智能（BI）可以生成多维度的管理会计报告，满足管理需要。

4. 海尔的全员管理会计报告体系

三大报表是企业最重要的财务报表，大多数企业的预算也是以三大报表的格式展示预算目标与数据，海尔创新了管理会计报告体系，建立了以人为单位以用户为导向的管理会计报告体系。三大财务报表主要是为股东获取信息而设计的报表；而员工是创造价值的主体，用户是价值的来源。管理会计报告是为企业提升内部管理效率而编制的，应该立足于用户和员工报告用户价值和员工价值创造情况。海尔在组织转型的同时建立起以员工为中心、以用户价值为导向的管理会计报告体系，如图7-7所示。

海尔建立了细化到自主经营体和员工的管理会计报告。管理的主体是人，人是企业价值创造的主体，将个人绩效与对个人的激励有效联系起来才能激发人的积极性和创新活力。管理会计报告如果能够以员工为主体，细化到员工，则会提高管理会计报告的效果。传统上管理会计报告的单位是各种责任中心，比如生产车间、营销部门、事业部等，责任中心不够细化，与员工的联系不直接，而海尔的自主经营体是一个独立的经营组织，组织单元较小，能够为每个经营体提供经营情况，还能够为每个员工提供其个人经营业绩和薪酬报告。

图 7-7　海尔管理会计报告体系的核心原则

另外，海尔还在其管理会计报告体系中突出了用户价值的报告。传统上企业注重财务结果，三大财务报表就是财务结果的体现，三大报表上并没有体现用户价值的创造情况，海尔实施的战略损益表等则体现了用户价值。

海尔的管理会计报告体系适用于员工个人或者自主经营体。对于自主经营体，主要报表有战略损益表；对于员工本人，则主要有人单酬表。海尔有2000个以上的自主经营体，约6万名员工，这么庞大数量的经营体和员工，为了给每个自主经营体提供经营情况，海尔建立了一个强大的信息系统。在这一系统中，每个自主经营体都有独立和唯一的账户，每个账户下有自主经营体的"电子损益表"，反映了自主经营体为用户提供价值增值方面的损益情况，可以为自主经营体提供目标、人员、收入、成本、费用、增值和损失等信息。自主经营体由此掌握其与目标的差距，及时关注与目标的差距。这也为绩效考核提供了基础数据，并能够及时地反映绩效和薪酬情况。

每个员工都有自己独立且唯一的代码。海尔为每个员工提供了人单酬表，反映每个员工的经营成果，其信息主要包括收入、费用、损失、利润以及薪酬等。通过人单酬表，员工可以动态地看到其目标完成情况，其创造的收入情况，个人产生的费用情况，各种损失情况。依据这些信息，员工可以及时掌握与目标的差距，明确影响其业绩的因素，由此而及时加以改进。

海尔除了对数据的报告体系，还建立了基于工作的日清系统，通过日清体系反映任务级目标的完成情况，及时清理、提高，将目标和工作落实到每天。海尔通过其"161"预算体系（见前文海尔的"三预"体系）可以实现其预算的滚动，在快速变化的环境中，既能够反映已经完成的情况，还能确立短期目标作为必须完成的工作，又能及时规划较长时间的工作并提前做好准备。

海尔借助其强大的信息系统，构建了全员管理会计体系，借助这个体系，每个自主经营体和每个员工得以将业务和财务相结合，将工作过程和业绩相联系。其预算体系也可以将预算目标分解到各个自主经营体，分解到每个员工，同时其强大的信息系统可以及时动态地提供目标完成情况及薪酬情况，大幅缩短了绩效信息的报告周期，使得自主经营体和员工及时掌握信息，有利于及时纠正偏差以实现目标。这一全员管理会计体系有力地支撑了其转型，使得其战略落地，使其预算体系融入日常经营活动和薪酬体系，提高了预算管理的效率与效果。

三、预算分析：改进的起点

预算分析是指依据预算执行情况报告对预算差异产生原因进行分析，及时发现经营管理的问题并制定措施进行改进。预算分析能够使责任单位和责任人清楚实际业绩，激励其更好地完成预算目标，可以使公司根据反馈信息采取纠正措施或修改不切实际的预算目标，可以使公司领导掌握整个企业及各部门实际业绩。

1. 预算分析的形式

预算分析有预算分析报告、预算分析会、预算差异分析等形式，如图7-8所示。

图7-8　预算分析的形式

(1) 预算分析报告

由预算责任单位负责，针对预算的执行偏差，充分、客观地分析偏差产生的原因，提出相应的解决措施或建议并进行改进。预算分析报告的内容包括预算指标完成情况、预算执行存在的主要问题及改进措施、预算管理体系运行状况等。

(2) 预算分析会

在预算执行过程中，各级预算单位应定期召开预算分析会，对照预算指标及时总结预算执行情况、计算差异、分析原因、提出改进措施，召开频率有月度、季度、半年度或年度。

(3) 预算差异分析

如果出现了预算差异，就要进行差异分析，找出原因，判断哪些属于重要的差异。要分析差异的原因和类型，从而采取不同的解决措施。

预算管理委员会负责制定预算差异的重要性评判标准，预算管理部将依据这些标准来评估实际发生的预算差异，并识别出那些重要且需要相关责任部门进行解释的差异。

差异重要性标准可以根据项目的不同特点采取以下方式确定：

① 设定差异率标准，即当差异超过某个特定百分比阈值时，认为该差异为重要差异；

② 设定差异金额标准，即当差异的绝对金额超过某个预设金额时，视为重要差异；

③ 考虑差异变动趋势，即如果差异在连续几个月内持续增长，则认为该差异为重要差异。

一旦确定了重要差异，预算管理部将要求各责任单位对差异产生的原因进行详细解释。

预算差异的成因可能多种多样，通过差异分解虽然可以揭示并排除部分原因，但要对预算差异进行全面的解释，还需要各责任部门在差异分解的基础上，对其经营活动进行更深入的定量分析，并对其可控性及未来可能产生的影响做出准确的判断。

根据预算差异，主要采取以下方式处理：

① 为了应对不利的预算差异，企业应采取相应的预算控制措施来调整经营活动。具体而言，当预算差异由内部可控因素引起时，相关责任部门应主动调整其运营策略，采取必要措施来解决导致不利差异的根本原因，并努力在随后的月份中吸收和纠正已经出现的预算差异。

② 调整后续月度的经营预算。为了确保年度预算目标的实现，并使月度预算能够及时反映经营活动的实际变化，预算部门需要根据公司为减少不利差异所采取的措施，对原定的后续月份预算进行适当的调整。这样的调整有助于更好地执行控制和评估工作。

③ 已产生的差异将根据其成因被归入相应责任部门的业绩记录中。同时，为了配合预算的调整，后续各期的考核指标也应做出相应的变更，这样做有助于责任部门更有效地识别并消除不利的差异。

2. 业务分析和财务分析

目前一些公司的预算分析会上，业务部门与财务部门的分析往往是脱节的，主要表现为：

① 数据口径的差异。业务部门往往按业务系统的各种数据口径进行分析汇报，真实性、统一性存在问题；而财务部门按核算口径进行分析，造成两者口径不一致。

② 分析路径的差异。财务部门的分析多基于财务数据，是定量分析，多停留在数据层面，发现的问题不会再追溯到很具体的业务问题；业务部门的分析多基于业务本身，是定性分析，与业务计划及目标完成情况有关，缺乏整体的财务数据支持与衔接。

要分析到位，需要结合业务模式和特点建立相应的分析模型，将财务结果和业务过程的数据有机连接起来，如人力资源效益分析的模型、投资项目收益分析模型、产品效益分析模型、重大费用支出效益分析模型等。

3. 某汽车企业的预算分析内容

某汽车企业建立了从周到年的定期预算分析制度，除定期分析外还不定期根据工作需要进行专题分析，具体分析内容如图 7-9 所示。

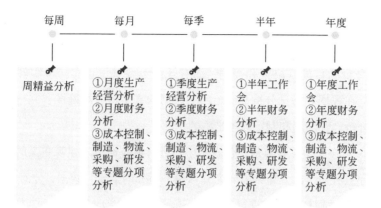

图 7-9 某汽车企业的预算分析频率及内容

4. 如何开好预算分析会

每一个预算期结束以后，都需要对预算执行情况进行分析。一般以月度为期间进行分析。每月初，公司总经理、各部门经理必须参加预算月度例会。各部门经理陈述本部门工作完成情况，下一期要进行的主要工作，其中哪些工作需要其他部门的配合支持、公司给予的资源支持等。公司高管评价上月各部门工作的执行情况，协调各部门的工作，给予部门完成工作的资源支持，明确下月工作重点、责任人、完成时间及督办人。

预算分析不仅要分析差异，还要分析为什么有差异，确定是由于预算编制不准确，还是由于没有认真执行。分析虽然是事后的，但通过事后分析可以进行合理的绩效考核，可以促进下一个期间工作的改善。预算分析最显著的特征是将预算作为分析的基准，其他分析的方法与企业经营分析基本是一致的。

某家电业集团一般每个季度召开子公司预算分析会。季度预算分析会是集团与直管公司共同分析经营中问题并对子公司提出要求的重要方式。直属公司要从当月和累计的财务指标入手，总结评价公司在上一季度的经营情况，提出改进措施。最后，还要对后续三个月财务指标的实现情况进行预测。

会议时间一般在每季度的第一月，参会人员有集团董事长、总裁、副总裁、集团职能部门负责人、各公司经营层以及主要中层干部。

预算分析会上报告内容一般分四部分：预算指标完成情况，存在的问题清单、问题分析（包括问题表现、原因、对策）、后续改进问题的思路及措施。

5. 如何基于事实进行决策

预算分析的目的是决策和控制，而有效决策要基于事实。事实就是客观存在，是建立在数据和信息分析基础上的，数据的真实性、准确性、完整性、相关性是准确分析经营问题和制定改进措施的基础。

基于事实决策似乎很容易，但现实中不进行调查研究、主观主义的领导不乏其例。领导只有通过深入地调查研究并掌握了充分的信息与数据，才有发言权。

我们如何做到基于事实进行决策？一是要建立信息收集系统，二是对信息进行分析，三是进行决策，四是评价改进。

（1）建立重要数据和信息收集的系统，及时、完整、准确地提供信息

杰克·韦尔奇是原通用电气总裁，是职业经理人的楷模，他说："如果你无法用数字表达你所知道的东西，那么实际上你所知无多；如果你所知无多，就无法管理企业。"

① 要有适当的信息和数据来源。企业在经营过程中会接触到各种类型的信息和数据来源，这些来源可以是定期的，也可以是不定期的。定期的信息来源包括但不限于各类财务报表、业务报告和市场分析等；而不定期的信息则可能来自员工通过非正式渠道提出的反馈、现场检查发现的问题等。我们常用的信息系统是财务系统，但由于财务系统往往是以提供月度数据为主，且财务系统的核算依据会计准则要求，并不能完全满足经营数据的需要，所以有许多数据是从业务管理系统收集的数据。企业应该通过一个系统把财务、业务的数据收集起来。而大多数企业并未建立这样一种信息系统，基本是通过各种报表传递来收集数据。

② 应当以正确的态度对待收集到的数据与信息。在数据和信息经过多次传递后，它们很可能会发生扭曲或失真。根据信息论的观点，在传递过程中受到的"噪声"干扰越大，信息的准确性受损的可能性也就越高。我们生活中也会发现，张三本来说的是西瓜，经过多次信息传递后，到王五那里后，王五会理解为是一个西红柿。实际上，在许多组织中，统计数据如报表和质量指标等，常常因为各种原因而不那么真实可靠。常见的问题包括夸大成绩、隐瞒真相、虚假报告、在

数据收集过程中的不负责任态度以及随意捏造数据等现象。作为领导者,在依赖这些上报的数据和信息的同时,也不能完全依赖它们,而应该持有质疑的态度,进行更多的独立调查和研究,并将这些独立获取的信息与上报的数据结合起来综合分析。领导者要有深入现场的习惯或制度,尽量掌握第一手资料。

稻盛和夫有一个理念"答案永远在现场"。现场有两个,一是客户,二是员工。如果管理者远离"现场",那意味着他正远离客户,远离员工。公司如果远离客户,企业的创新与变革源泉无从谈起,否则,客户就会毫无情面地抛弃你,因为你对他的变化熟视无睹;如果远离员工,企业的成长与持续就变成无源之水,员工最先接触客户,员工负责完成产品,一旦员工出问题,哪怕企业规模再大、品牌再响、核心竞争力必然会受到极大挑战。管理者要重视现场,通过深入现场,了解顾客和员工的需求和实际情况,依据实际作出决策。

(2)对数据和信息进行分析

不能把数据收集起来后束之高阁,有的企业有很好的信息系统手段,数据也很多,但数据都只是放在那儿,不能充分利用起来。对数据和信息进行分析的方法可以是逻辑的,可以是直观的,也可以是数理统计,或者借用一些决策模型。企业分析一些常用的方法包括SWOT分析、波特五力分析、波士顿矩阵、价值工程、量本利分析法、弹性分析法、敏感性分析等。

(3)靠事实分析、经验与直觉作出决策并采取措施

搜集和分析数据与信息是为了支持决策过程,但这仅仅是确保决策正确的基础,并不等同于决策本身。确实,正确的决策既需要依赖真实可信的数据和信息,也需要依赖于恰当的决策方法。领导者要提升决策能力,就必须学会并掌握有效的决策技巧。特别是在面对多个各有利弊的方案时,运用正确的决策方法来挑选最合适的方案变得尤为重要。

(4)对决策效果进行评价并进行必要的修正

一旦决策被执行,领导者还应持续关注执行后产生的数据和信息,对决策的效果进行评估。这样做可以及时发现在实施过程中出现的新问题。在必要时,领导者应当对原有决策进行调整甚至改变,以确保决策能够达到预期的目标和效果。

四、闭环管理,持续改进

1.PDCA 闭环管理

有人认为,经营管理不是惊天动地的大事,只是简单的 PDCA 循环,但是这个循环看似简单,也要变成每个人的思维方式和行为习惯才有效。

PDCA 循环的建立是质量管理在方法上的一个重要发展,它同数理统计方法结合在一起,使质量管理更加系统化、条理化。由于 PDCA 循环的概念最早是美国的质量管理专家戴明提出的,所以又叫戴明环。

PDCA 循环表明管理中任何工作都要分为四个阶段,即计划、执行、检查、处理,如图 7-10 所示,每个阶段都不可或缺。每循环一次,产品质量、工作质量将会提高一步,不断循环,管理工作就会不停顿地前进和提高,水平不断提高。PDCA 循环不是自发的,而是靠组织推动的,是各方面工作努力的结果。

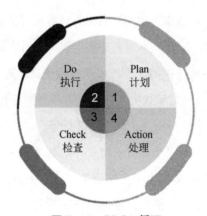

图 7-10　PDCA 循环

(1) P (Plan):计划阶段

分析现状,找出问题。必须自觉地查找问题,如果自认为没有问题,那么"没有问题"正是问题所在。分析影响经营结果的因素,识别主要影响因素。针对主要影响因素采取措施,措施应包括内容、做什么,目的是什么,谁负责,什么时间、地点完成,用什么方法,做到什么程度,也就是"5W2H"。

(2) D (Do):实施阶段

按计划去做。有计划却不实际去做,计划就等于零。

（3）C（Check）：检查阶段

根据方针、目标要求，对过程和结果进行监视和测量，并报告结果。

（4）A（Action）：处理阶段

采取行动以不断优化流程的性能，将实践中的经验和教训转化为标准操作程序，确保成功的经验得到持续执行，同时防止再次失败。对于那些尚未解决的问题，将其作为下一个改进循环的目标，继续寻求解决方案。

这就是 PDCA 循环，看似简单，但任何工作改进都可以遵循这个过程。无论是质量管理还是其他管理工作，抑或是我们日常的具体工作，都可以按照这个循环去持续改进。

2. 持续改进

分析的目的是决策，决策的目的是改进，而且企业管理没有完成时，只有进行时，改进是要持续不断的。企业为什么要持续改进？

① 组织持续获利的需要。通过减少浪费和资源的过度使用，以及降低运营成本，组织能够以更高的效率和更佳的成果运作，从而提升组织的利润率和整体收益。持续改进可以改善组织的经营状况，更多地获利。

② 满足顾客需求的需要。由于组织要以顾客为焦点，而顾客的要求是不断变化的，所以，一个组织要想提高顾客满意的程度，就必须不断寻求对经营管理过程进行改进的机会，以实现经营管理所设定目标开展持续改进活动。

③ 市场竞争的需要。市场的常态是不断竞争的，竞争对手的提高迫使企业不断创新和改进。

④ 适应环境变化的需要。组织所处的环境在不断变化，社会、政治、经济、技术都在不断变化，企业不改进就不能适应环境，就难以生存。

⑤ 系统运行的需要。任何运行中的系统都不可避免地会遇到各种问题。如果这些问题得不到及时解决，系统将逐渐陷入混乱，最终可能走向衰败。无论是组织本身，还是其下属的各个部门和层级机构，都可以被视为一个系统。为了避免问题累积导致的混乱状态，并确保组织始终保持活力和动力，持续改进是必不可少的。

既然持续改进如此重要，为什么大多数组织做不到持续改进？主要有如下几方面的原因。

① 缺乏改进的文化。缺乏问题意识，要认识到问题就是机会，有问题就是有改进的空间。有些人总是觉得没有问题，实际上问题一大堆。经营者缺少主动发现问题的意识和能力，管理就没有改进，就不是一个合格的管理者。合格的管理者要能够主动发现问题，而不是被动应付。

② 缺乏改进的机制。将持续改进作为每个员工的目标。承认改进结果并通报表扬提倡改进与绩效挂钩的思想，使组织从每次改进中受益。

③ 缺乏改进的方法。经营革新、合理化建议、标杆管理、基层改善等都是持续改进的方法，而PDCA循环是持续改进的过程，适用于所有改进活动。

3. 两类改进：纠正措施和预防措施

改进并不是简单把错误行为纠偏，而是包括纠正和预防两类措施，如图7-11所示。

图7-11 两类改进措施

纠正措施是指为消除已发现的问题所采取的措施，属于事后控制。

预防措施是指为消除潜在问题的产生原因所采取的措施，属于事前控制。与纠正措施不同，预防措施是针对消除潜在问题的产生原因所采取的措施，是事前措施。

纠正措施是对不良结果的纠正，此时不良结果已经形成，造成了损失。另外，对不良结果的纠正还会带来成本。而预防措施可以防止不良结果的产生，但预防也是需要成本的，只是相对不良结果，成本是相对小的。比如救火和提前预防火灾，救火是灭火，提前预防火灾是防火，消防工作的重点是防，提前做好预防。组织的改进措施既要对已产生的问题进行纠正，还应针对经营管理体系中存在的潜在问题，采取适当的措施，以防止问题的发生。

第四节 预算调整：该调就调

在预算执行过程中，有时公司战略发生了变化，或者外部环境发生了重大变化，使得原有预算与实际出现了巨大偏离，此时是否对预算进行调整？如何进行调整？

一、预算目标调还是不调？

预算执行后，实际情况往往与预算有较大差异，此时是否调整预算就变成一个问题。企业在预算执行中通常存在以下问题：①过于强调预算刚性，不能根据环境变化及时调整，导致资源重大浪费，考核失效；②有些企业走向另一极端，预算调整的随意性较大，频繁调整预算，预算调整依据不充分、方案不合理、审批程序不严格，预算失去严肃性和"硬约束"。

1. 调整情形

预算调整是指企业的内外部环境或者企业的经营策略发生重大变化，致使预算的编制基础不成立，或者将导致企业的预算执行结果产生重要偏差，原有预算已不再适宜而进行的预算修改。

如图 7-12 所示，横轴代表时间，纵轴代表预算数或实际数，企业预算执行可能存在三种情形：

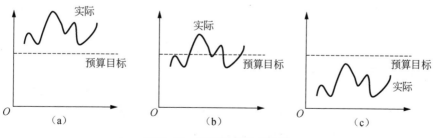

图 7-12　预算目标偏离情形

① 企业实际运行状况良好，远远超过预算目标的期望。

② 企业实际运行状况与预算目标期望基本吻合。

③ 企业实际运行状况与预算目标期望相差甚远。图中第一种和第三种情况一般需要进行预算目标调整。

从内外部环境来看，以下情形往往需要对预算做出调整。①市场形势发生重大变化，比如对于国际业务，主要客户所在地区发生战争、经济危机等。②国家相关政策发生重大变化，给企业带来重大影响，比如调整水电价格、产业政策、营业税改增值税、节能环保政策、外贸政策、利率政策等。③公司内部组织架构调整，如部门撤销、合并，出于整体战略发展需要将子公司出售等。④发生不可抗力事件等，如某国发生恐怖袭击，发生地震等。

2. 调整原则

企业的预算调整应坚持以下原则：

① 预算调整应当仅在出现"客观"的"重大"变化时进行；此类调整主要集中在预算执行过程中发现的重要、非正常、非预期的关键性差异上。

② 按规定程序进行调整，规范预算调整程序，严格审批。预算管理委员会或董事会审批预算调整方案时，应当依据预算调整条件，在进行预算调整时，应严格遵守既定的原则并进行严格的审核。对于那些不符合预算调整条件的提案，应坚决予以拒绝。对预算调整方案存在不足之处的情况，应协调相关各部门和单位共同探讨改进措施，并要求预算管理工作机构对方案进行修正，再次提交审批。

③ 调整频率、调整范围（局部或整体）要适当。要限制调整次数，增强预算的严肃性，调整时尽量避免整体调整，一般采取对局部调整的方法，尽量减少调整对整体预算目标的不利影响。

二、调整程序内外有别

预算调整要分情况分别制定程序。对于不影响总体目标完成的调整，我们称之为预算内调整；其他的调整称之为预算外调整，如图7-13所示。

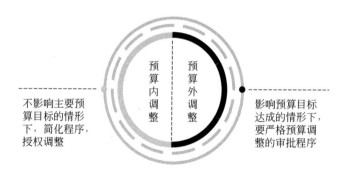

图 7-13 预算内调整与预算外调整

1. 预算内调整采用内部授权机制

当发生预算的基本假设出现显著变化、公司业务结构发生转移、组织架构调整或会计核算方法变更等情况时，企业需要对某些预算项目进行重新分配或合并，或者对预算指标本身进行必要的修正，即进行预算内调整。

对于这类调整，企业可以按照内部授权批准制度执行，鼓励预算执行单位及时采取有效的经营管理对策，保证预算目标的实现。

2. 预算外调整要严格履行程序

在发生了重大不利变化，原预算目标无法实现，或者在公司扩大生产和经营规模，导致业务量增长或开拓新的业务领域时，企业需要对现有预算项目的预算指标进行增加，或者创建新的预算项目和设定新的预算指标，即进行预算外调整。

这类情况应经过申请调整、审议方案和批准方案三个环节。

① 预算执行单位对需要进行预算调整的事项进行深入分析，明确调整范围和金额，说明调整的理由。在预算调整过程中，初步的调整方案，调整导致的预算指标变化，以及调整方案实施后的责任分配情况等都是关键要素。预算执行单位须向主管领导提交预算调整的申请，并等待主管领导的审查和批准。同时，预算执行单位也应向预算管理办公室递交正式的预算调整请求。

② 预算管理办公室组织对调整申请进行审议，提出审核意见，并将审核意见向预算管理委员会上报。

③ 预算管理委员会批准或退回预算调整申请。申请通过的，预算管理办公室下达预算调整通知。

第八章

预算考评：
战略落地有保证

　　没有绩效管理就没有管理，对于预算管理而言，如果不能对预算执行情况进行考核评价并与绩效挂钩，就难以引起足够重视。预算考评可以增强对预算责任人的激励与约束。预算考评要设置好预算考评指标、考评方法，要将预算执行结果与绩效挂钩。

第一节 无考评不预算

预算考评是对预算执行情况的考核和评价。这是预算管理最后一环,但这最后一环是决定企业预算管理真正被重视、被执行的关键。激励是指挥棒,人们往往会做被考核的工作,预算考评在时间顺序上是预算管理最后一环,但预算考评是引导管理者行为的关键机制。

一、预算考评的常见问题

预算管理建立了公司战略与公司绩效之间的联系,预算可以将战略目标分解为责任单位的绩效目标并进行管理,使战略落地。全面预算管理与绩效管理相结合,使部门和员工的业绩评价有明确、可行的目标,促进企业绩效提升,公司战略、全面预算和公司业绩三者是密不可分、紧密联系在一起的,全面预算在公司战略与公司绩效之间起到了承前启后的重要作用。

如图8-1所示,预算考评中存在的常见问题主要有以下几个方面:一是缺少预算考评,预算管理流于形式;二是预算考评指标设置不科学,只采用单一的指

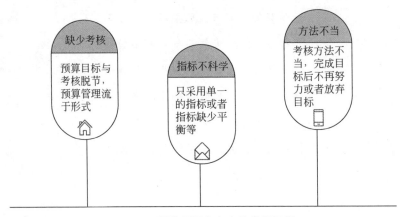

图8-1 预算考评中存在的常见问题

标或者指标缺少平衡等;三是预算执行结果应用于考评的方法不当,导致完成目标不再努力或者放弃目标等情况出现。

二、预算考评的作用与内容

预算考评机制是对企业内各级责任部门或责任中心预算执行结果进行考核和评价的机制,是管理者对执行者实行的一种有效的激励和约束形式。

1. 预算考评的作用

预算考评,主要有激励、沟通和控制三个方面的作用,如图8-2所示。

图 8-2 预算考评的作用

(1)激励作用

预算考评结果作为执行者业绩评价的重要依据,有助于激励被考评人积极、主动和创造性地完成工作。

人类的行为通常源自内在的动机,而这些动机往往基于未满足的需求。行为科学的研究揭示了激励与努力之间的联系,即激励能够激发个人的努力,而努力是取得成就的关键因素。因此,在进行预算管理的过程中,企业应当构建一套与预算相匹配的激励机制。缺乏合理的激励措施将导致预算执行者在执行预算时缺乏积极性和主动性。企业应根据自己的具体情况,制定科学、合理的奖惩制度,激励预算执行者完成或超额完成预算。

(2)沟通作用

通过预算考评,上级准确了解下属的能力和对企业的贡献,使人力资源管理科学化。

(3) 控制作用

通过考评，被考评人清楚实际与预算的差异，明确改进工作的方向，有利于努力实现预算目标。

2. 预算考评的内容

预算考评有两方面内容，一是对预算指标完成情况的考评，二是对预算管理工作质量的考评。

(1) 预算指标完成情况考评

预算考评与绩效考评是统一的，不能割裂，否则预算就是空中楼阁，起不到较好的作用。企业绩效考评的内容很多，预算指标要作为绩效考评的重要内容。

(2) 预算管理工作质量情况考评

预算工作质量情况考评主要考评企业各部门是否认真编制并认真执行预算。它主要对预算编制差错率和预算执行过程中的统计反馈情况进行考评，目的是促使各责任单位认真参与预算管理工作。

预算管理工作考核质量最终也是为了提高公司绩效。预算考评应以预算指标完成情况为主，以预算管理工作质量为辅助。对于预算管理已经规范的企业，预算管理工作质量已经不成问题，不需要对预算管理工作质量进行考核。

3. 考评期间

企业的预算期长度并不一致，一般是以年度为期间，各类指标一般又分解到月度。实践中，期末考评是在预算期末对各预算执行主体的预算完成情况进行分析评价。期中考评是在预算执行期间开展的，依据企业全面的预算计划，对实际执行情况及预算指标进行评估和对比的过程。这一过程旨在识别实际执行与预算计划之间的偏差，并分析造成这些偏差的原因，以便为企业在生产过程中的实时监控和必要的调整提供准确及时的信息支持。

考核期间越短，对预算责任人的预算执行力要求越高，例如，每个月考核，可能会存在有些业务准确分解到月度比较困难的情况，预算期间加长则可以减轻这一压力，所以可以以稍长的期间进行考核，比如按季度考核，将一个季度三个月累计在一起计算预算完成情况，将季度预算完成情况与季度奖金挂钩；年度结束后，计算年度预算完成情况，将年度预算完成情况与年度奖金挂钩。对于执行层面，如生产、营销等基层工作，可以在稍短一些的考评期间进行考评。而对于高层管理者，则应以较长的期间进行考评，比如年度考核，年度预算考评的对象是企业各层级的经营层，包括公司的总经理、副总经理、财务负责人等。

4. 考评原则

预算考评应当遵循以下主要原则：

① 应遵循上级对下级的逐级考评原则，即由直接上级预算责任单位对下属预算责任单位进行考评；直接上级负责执行考评，而间接上级不得越级对间接下级进行考核。

② 预算执行与预算考评应当保持独立，即预算执行单位的考评工作应由其直接上级部门负责，执行单位本身不得自行进行自我考核。

③ 预算考评应基于公开、公平、公正的原则进行。企业需要及时公布全面的预算考评流程、标准、奖惩措施以及考评结果。考评过程应以客观事实为依据，对于预算执行的成效，可以通过内部审计的方式来确认业绩成果。

④ 考评结果需与相应的奖励和惩罚措施相结合，并确保这些措施及时执行。预算考评的结果应与执行单位及其员工的薪资、职位晋升等方面紧密相连，并据此实施奖惩。在设计预算奖励和惩罚方案时，首要原则是确保全面预算目标的实现，并且应坚持奖惩并举的原则，避免只奖励不惩罚的情况。同时，还需警惕在奖惩实施过程中可能出现的主观和人为因素。

5. 某矿业集团预算考评

某矿业集团公司成立于1950年，曾是国家五金矿产品进出口的主渠道，是国家专业骨干外贸公司。全面预算管理成为该集团公司多年来改革发展的重要切入点和工作抓手，是提升企业管理水平的重要举措，是"一把手"工程，是企业运营管理的核心，在预算考评方面的主要做法包括[1]：

① 实现了全面预算与业绩考核目标一致。其业绩考核指标体系包括五大类：效益类、运营类、组织类、战略及管理类、约束类。其中，效益类指标和运营类指标占预算单位业绩考核权重达75%以上。考核指标与考核标准均严格依据预

---

1 中国五矿实施全面预算的经验与成效[J].国际商务财会,2015(5):12–15.

算单位年度预算目标确定，实现了基础相同、指标定义相同、目标值相同。

② 预算管理流程与业绩考核流程的相互衔接。年度业绩考核与年度预算的编制、调整保持同步，年度预算编制阶段进行考核目标确定、签署考核任务书；预算调整阶段同步进行考核目标调整；预算执行阶段，通过战略质询会监控预算、考核目标执行情况。

③ 将预算管理与薪酬绩效挂钩。年末，集团根据预算目标及其他定性指标实际完成情况进行计分评价，依据考核评价结果，对集团领导的年度业绩考核结果参照《中央企业负责人经营业绩考核暂行办法》有关规定，与国资委核定的企业负责人奖金挂钩；各部门或单位总经理及以上人员的年度业绩考核结果与其本人的奖金直接挂钩；各单位内部通过逐级分解，最终影响至每一位员工的个人薪酬。

第二节 考评指标：不平衡就偏颇

预算考评要借助可以量化的指标才能实施，而对管理者的考评往往有多个方面的指标，这些指标的设置要考虑指标间的关系，不能只考虑单一方面。不全面的指标会导致实现了某个目标却产生其他问题。

一、对猎狗的激励与预算考评

有一个寓言故事，猎人带着一群猎狗打猎，一开始猎狗在森林里转悠，见到什么都追，最终一无所获。后来猎人告诉猎狗，专抓兔子，狗群这才不再乱走乱钻，可它们即便围住了兔子，依旧很容易无功而返。猎人想了想，原因是他喂狗实行"大锅饭"，出不出力都一样，猎狗当然偷懒。于是他决定对猎狗实行论功行赏：抓到兔子的狗奖励骨头，没抓到的就没有。猎人的做法奏效了，每天都有兔子入账。可是，兔子的个头却越来越小。原来大兔子抓起来比小兔子更费力，猎狗们更喜欢抓小兔子交差。猎人思前想后，规定奖励骨头的多少与兔子数目无关，而是根据兔子重量决定。这下猎狗们的积极性被充分调动起来了，每天都能收获不少胖乎乎的大兔子。

后来，收获再度下降，猎人在充分了解情况的基础上又对目标和分配做出了改动。年龄较大、体力不好的猎狗们，重量合格标准适当下调；把狗群分成了几个团队，每一队都设计了合理的猎物标准，完不成可能整队狗都没得吃，令狗群互相监督；对于年轻力壮、充满干劲的猎狗们则采用额外奖励，譬如让每天打猎的头几名担任"队长"，分给更好的狗舍。在这样的机制下，猎人的收获愈发丰盛起来。

整个全面预算管理的过程，与猎人和狗的寓言十分相似。全面预算管理是利用预算有效组织协调生产经营活动，完成经营目标的过程。故事里，兔子代表的是企业的目标，包括战略目标、利润目标等。在预算管理中，这些目标会被分解到销售目标的层面。猎人则代表履行指挥职责的企业管理者，驾驭着企业大船追逐、获取利润目标。与之对应的，猎狗就像是企业运作的各个部门，共同构成了确保战略落地的预算执行单位。喂食的过程就像预算执行完毕后绩效考核的过程，通过合理的激励机制调动各部门积极性，确保部门之间除了合作外还有良性竞争，使业绩竞相增长。平均分配奖励会造成狗群不满意"大锅饭"、出工不出力；反之，分组设计目标的方法更利于整体目标的实现。

二、预算考评指标设置原则

预算涉及的指标非常多，预算考评不能包括所有的预算指标。预算考评时应该设置哪些指标？一般而言，预算考评指标设置应遵循如图 8-3 所示的原则。

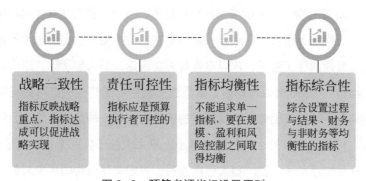

图 8-3 预算考评指标设置原则

（1）战略一致性

指标反映预算期战略重点，指标达成可以促进战略实现。采用平衡计分卡的方法，企业可以将长期战略规划的目标分解为短期的业务计划目标。通过与业务活动紧密相关的预算编制流程，这些目标被进一步细化并量化为具体的年度预算目标，以此构建起一套完整的业绩评价指标体系。

（2）责任可控性

指标应是预算执行者可控的。在执行预算管理时，企业高层管理者应重点关注那些对目标达成起决定性作用的关键要素。考核内容应当聚焦于预算责任人能够直接影响或有能力通过信息反馈、预警、协调和支持等方式进行规避的因素。一些影响因素超出了管理者的控制范围，例如行业环境的变动、市场趋势的转变，以及严重的意外灾害等。面对这些因素的冲击，企业应当及时依照既定程序对预算进行调整，并且在进行绩效考评时，应以经过修正的预算作为评估的基准。

（3）指标均衡性

设置了收入规模指标，还应同时有利润要求，还要有风险控制指标。比如，设置了销量占有率，如果没有约束，可能会追求销量，而不注重销售结构，卖的都是低端产品，量上去了，销售收入没上去，价格没上去，毛利没上去。因此，可以设置销售额占有率或者设置价格的指标。

（4）指标综合性

构建的预算考评指标应坚持规模与质量兼顾、当前与长远均衡、内部与外部并重、过程与结果结合的原则，各类指标的综合平衡应用是一个主要趋势，用单一财务指标对管理者业绩进行评价的时代已一去不复返。在评价管理者的业绩时，应将财务指标如成本和利润等与非财务指标相结合，形成一个有机的评估体系。虽然两类指标各有优势和局限，但过分侧重于非财务指标可能会使企业在财务方面缺乏灵活性，从而面临财务失败的风险。相反，如果只关注财务指标，则可能促使管理者采取短视行为，不利于企业的长期发展。因此，合理应用财务和非财务指标的结合，对于全面评价管理者的业绩至关重要。预算考评指标要以各责任中心承担的预算指标为主，同时本着相关性原则，增加一些全局性的预算指标和与其关系密切的相关责任中心的预算指标。

第三节　考评方法：非白即黑不可取

预算考评指标是对管理者考核的内容，如何依据这些指标实际值计算预算完成的业绩情况，这需要设置合理的考评方法，不合理的方法可能会导致管理者放弃目标或者不努力完成更高的目标。

一、拼老命还是留一手？

谢尔盖·布勃卡是苏联著名撑竿跳高运动员，20世纪最伟大的田径巨星之一。

1983年，19岁的布勃卡在第1届世界田径锦标赛上，以5.71米摘得金牌。

1984年，他3次创造室内世界纪录、4次创造室外世界纪录。此后，他就1厘米又1厘米、1英寸又1英寸地改写着撑竿跳高世界纪录。

他先后34次打破世界纪录，其中室内18次、室外16次，是田径史上打破世界纪录次数最多的人，他保持的室内世界记录和室外世界纪录分别为6.15米和6.14米。

布勃卡被国际田联授予终生成就奖。

不同于布勃卡，球星乔丹在每场比赛都要竭尽全力，像布勃卡那样"留一手"的现象是不存在的[1]，为什么二者行为模式不同，其差异如表8-1所示。

表8-1　两种不同的行为模式

项　　目	布勃卡行为模式	乔丹行为模式
本次成绩后续影响	本次纪录高度为下次破纪录的基准高度	本次得分与下场球赛无关
考核基准指标确定	以跳过的申请高度作为奖赏依据，而不是实际跳过的高度	仅仅以全队实际的终场得分作为奖赏（输赢）依据
考评奖赏标准	奖赏前景明确，考评基准是数值固定的世界纪录	奖赏前景不明；考核基准是数值不固定的对方得分

1　张发均.次次"留一手"与场场"拼老命"[J].企业管理,2009(8):23-25.

预算管理领域有一些"布勃卡行为模式"的表现，年度经费预算、分公司年度销售指标凡是以上期行为结果作为下期考评基数的，被考评人就在达到考评基数后不再努力大幅提高业绩，否则将会给自己造成过高的下期考评指标。而我们所期望的是每次都能尽最大努力实现最好绩效的"乔丹行为模式"。

单单是"本次成绩的后续影响"，并不必然使布勃卡与乔丹产生不同的行为模式，是考核基准指标的确定导致了不同的结果。布勃卡的考核基准指标的确定是自己申请的纪录高度，而不是他实际跳过的高度。布勃卡"留一手"，就是这样以自报指标而不是实际完成指标为下期基准指标。在申请高度时，为什么布勃卡每次都只比原纪录多一点点，而不考虑可能会白白丧失跳过更高的高度而未能成为纪录的损失？超过多与超过少最后的奖赏都一样，行为人当然不会有"超过多"的积极性。

二、自主高效才是好制度

人的行为是制度的产物，企业管理制度是管理过程中大量使用的口头的或文字化规章、标准或约定等。全面预算管理涉及企业的各个部门、各个管理过程，需要将一些基本的要求转变为管理制度，提高执行效率和严肃性。全面预算管理的制度包括全面预算管理组织、预算编制内容及流程、预算控制、预算分析、预算考评等。

为建立管理秩序，许多企业建立了各种规章制度。比如产品质量管理制度、员工招聘制度、员工出勤制度等，制度涉及企业经营管理的方方面面，涉及各类职能，可以说制度无处不在，制度在规范员工行为、提高管理效率方面也确实发挥了作用，以致人们凡事都想通过制度规定来解决，形成所谓的"制度依赖""制度迷信"。

但过于依赖制度会导致管理复杂、低效。制度大多是惩罚性的，主要约束员工的不良行为，但是不能激发员工的热情与积极性，一些僵化的制度还可能制约企业创新。而制度的制定、推广、执行、监督等都需要大量的人员参与，导致很高的管理成本。随着企业规模的增加，制度越来越多，貌似建立了制度管理体系，但企业的执行力却变差，流程复杂，效率变低，导致所谓的大企业病。

制度设计不仅应考虑对员工的约束，更要将员工利益与制度密切联系，激发员工活力和积极性，让制度自动高效运行。这样的制度是广义的制度概念，我们可以将此类制度称为机制。所谓机制，就是实现高效管理或自主管理的方法。机制也可以以制度的方式存在，这种制度就是好制度。真正好的机制往往简单容易理解，并不直接规定员工的行为，而是通过目标和激励拉动工作行为，好的机制能够持久有效。因此，我们在解决管理问题时要思考可否从机制层面解决问题，这是比制度更高层面的解决方法，如图8-4所示。

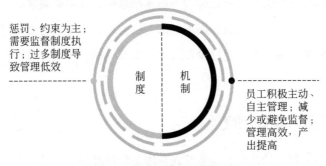

图8-4 机制和制度的差异

机制和制度到底有什么差异。下面以一个经典的"分粥故事"来说明制度和机制的差异。

有七个人组成了一个小团体共同生活，其中每个人都是平凡而平等的，没有什么凶险祸害之心，但不免自私自利。他们想用非暴力的方式，通过制定制度来解决每天的吃饭问题：要分食一锅粥，但并没有称量用具和有刻度的容器。

大家试验了不同的方法，发挥了聪明才智，经过多次博弈，最终形成了日益完善的几种方法。

方法一：确定一个人负责分粥事宜。很快大家就发现，这个人为自己分的粥最多。于是又换了一个人，但总是主持分粥的人碗里的粥最多最好。

方法二：大家轮流主持分粥，每人一天。这样等于承认了个人有为自己多分粥的权力，同时给予了每个人为自己多分的机会。虽然看起来平等了，但是每个人在一周中只有一天吃得饱且有剩余，其余六天则饥饿难挨。

方法三：大家选举一个信得过的人主持分粥，并且制定选举办法、粥的分法、分粥人的绩效考核等,开始这还能基本公平,但久而久之,负责分粥的人为自己关系好的人多分,其他人少分,组织氛围变差。

方法四:选举一个分粥委员会和一个监督委员会,形成监督和制约。分别选举分粥委员会和监督委员会,并辅之以一个更加详细的操作标准和管理制度。公平基本上做到了,可是由于监督委员会常提出多种议案,分粥委员会又据理力争,等分粥完毕时,粥早就凉了。

方法五:每个人轮流值日分粥,但是分粥的那个人要最后一个领粥。在这个制度下,七只碗里的粥每次都是一样多,因为每个分粥的人都意识到,如果七只碗里的粥不相同,他最后一个取粥的将是最少的。

同样是七个人,不同的分配方法,就会有不同的结果。前四种方法都是传统制度的范畴,是通过对人的大量行为约束来实现目标,而方法五则是一种机制,良好的机制设计会提高管理效率。

三、从目标博弈到对赌契约

1."要我做"机制下的目标博弈到"我要做"机制下的对赌契约

管理就是要完成组织目标,目标管理是管理的重要方法,目标的确定是目标管理的核心之一,也是预算管理的重点和难点。在传统预算管理中,预算目标的确定往往变成了上下级之间的博弈。层级越高,与组织整体利益越相关,而层级越低相关性越弱,领导承担着组织整体目标,力图将高目标分解到各个部门和单元,但由于掌握的信息并不完整,上级的目标制定往往是考虑战略需要或者拍脑袋而定,而下级单位因高目标面临考核压力,如果不能配以适当的激励机制,下级单位往往会想方设法"反抗"目标,通过掌握更多具体运营信息的优势,夸大环境的不利因素等试图降低目标,上下级之间就预算目标不断博弈。最终的博弈结果取决于双方的博弈能力,最后往往是上级将目标强压给下级。这样确定的目标虽然是博弈的结果,体现了上下级之间一定程度的平衡,但目标往往远离市场和竞争,并不是取得竞争地位和战略实施需要的目标。为什么下级单位不愿意承担高目标?一方面是传统管理体系下,上级掌握权力和资源,由行政权力驱动下级,下级的动力是"要我做",大多数企业也未设置有更高吸引力的绩效机制,薪酬机制比较僵化，更多的是一种压力，缺少积极性和动力。另外，权力和资源掌握在上级手中，为完成预算目标需要向上级申请资源，资源和目标之间没有建立匹配机制。

不同的机制会带来不同的行为，在"我要做"机制下，员工有很高的积极性主动承担高目标，如图 8-5 所示。这一机制的设计必须具备两大条件。一是完成高目标给予高额激励，而且这种激励方式最好是基于剩余收益的分享制度，如此员工有动力去挑战更高目标。高目标并非由上级权力驱动，而是由市场驱动，由用户驱动。二是需要具备资源条件，企业平台能够为员工提供资源或资源整合的条件，使得员工具备完成目标所需的资源。从机制上解决了"我要做"而非"要我做"的问题，才能从根本上解决目标制定时挑战性不够的问题。企业可以引入对赌契约方式，设定完成不同的目标所对应的资源和报酬，完不成则需承担一定的责任。

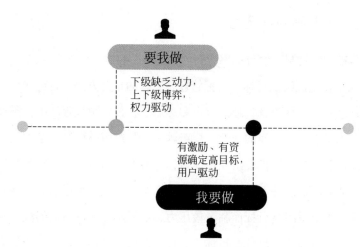

图 8-5 "要我做"和"我要做"对比

2. 海尔的"高单"生成机制

在海尔，自主经营体必须制定具有"第一竞争力"的目标，如此才可能得到资源支持，才能获得高薪酬，否则的话，自主经营体就可能被解体或者被合并。具有竞争力的目标在海尔被称为"高单"，海尔强调必须锁定"高单"，而且要把单细化，只要用户的需求存在，单就不能变化。海尔是如何确保"高单"的落地的呢？海尔有不同于传统企业的一些机制设计，如图8-6所示。

图8-6　海尔的"高单"生成机制

① 目标不是因人而异，而是"锁单找人"，一般企业根据人的能力和经验确定其目标，但海尔是先确定有竞争力的"高单"再去找人，目标是由用户驱动的，而不是由上级领导驱动。海尔的自主经营体组建等机制支持海尔按单聚散的组织模式。执行过程中，单被锁定，不得更改，责任人的职责是"关差"，即缩小与预算的不利差距。

② "高单"获得更高薪酬，有第一竞争力的高单可以得到一流的薪酬。高薪酬是敢于举高单的自主经营体的动力，而实现高薪酬是因为完成了有挑战性的目标，用户、股东、员工都可以满足自己的价值诉求。

③ 海尔的生态系统可以使"高单"获得更多资源。海尔的自主经营体可以实现自主经营，具有用人权、决策权、分配权，自主经营体的成员也是由双方互选而确定的。此外，海尔的利益共同体模式将海尔的自主经营体与外部的供应商等利益攸关方连接起来，让海尔打破了组织边界，变成了一个开放组织，从而更容易实现资源的整合与协同，共同创造用户价值。

第四节 薪酬挂钩：人人为己，客观为企

绩效管理的一个重要目标是准确衡量每个人的绩效并依据每个人的绩效进行薪酬设计，海尔智家（简称海尔）在个人薪酬和业绩之间挂钩方面做了很多有益的探索，理想的绩效管理体系是每个人为自己的薪酬努力，最终会共同实现组织的绩效目标。

一、人单酬账户体系

为了核算每个员工创造的用户价值及薪酬情况，海尔创造性地提出了人单酬账户，每个员工可以及时掌握自己的薪酬情况及其影响因素。人单酬账户由薪酬账户、费用账户和资产账户组成，薪酬账户反映薪酬情况，费用账户核算员工经营活动所发生的费用及其超支和盈余情况，分别以损失费用和收入的形式影响薪酬账户。而资产并不是传统会计意义上的资产，用户是企业最大的资产，该账户反映用户资源及为用户创造的实际价值与目标差异。海尔的人单酬账户体系如图 8-7 所示。

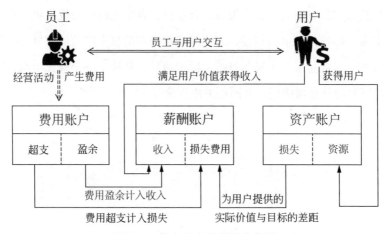

图 8-7　海尔的人单酬账户体系

（1）资产账户

该账户包括两个项目：资源和损失。资源就是能带来价值的用户，开发用户、提高用户黏度就拥有用户资源。不同于传统会计意义上计量的资产，用户资源才是企业未来经济利益流入的源泉。而员工获得用户的前提是为用户不断提供有价值的服务，满足用户的需求。员工为用户提供的实际价值与第一竞争力价值之间如有差距，会形成该账户的损失，包括交货损失、质量损失、物料损失等多种损失。

（2）费用账户

该账户反映自主经营体的费用情况，海尔不再采用传统的费用预算控制方式，费用是自己挣的，"自挣自花"，根据不同的产品等标准确定费用标准，销售、生产、研发等自主经营体根据相应的产品数量确定可以花的费用金额。根据标准核定的费用可以由自主经营体自主支配，如果费用有盈余则转入薪酬账户的收入中，如果超支则计入薪酬账户中的损失。这样将费用情况以直接影响薪酬的方式进行管控，使自主经营体可以主动进行费用管控，提高费用的使用效果。

（3）薪酬账户

该账户包括收入、损失和费用两个项目。收入来自客户，按照一定的方法计算满足用户价值而给经营体员工带来的收入，收入计算标准因产品、服务内容的差异而有所不同。损失和费用则由费用账户和资产账户转入，比如超支的费用额计算为损失，未能为用户创造第一竞争力的价值差额计为损失并转入薪酬账户。通过薪酬账户，自主经营体员工可以清楚收入来源及数值、损失来源及数值，因此会有非常明确的方向提高薪酬账户数额。

海尔的这一人单酬账户体系通过信息系统使每个人都清楚自己账户情况，数据也会每天动态变化，从而将业绩透明化、薪酬透明化，起到了事前激励的作用，也促进了员工为用户创造价值从而提高薪酬，成为海尔人单合一双赢管理模式的重要支撑，成为海尔管理会计的重大创新。

二、从企业发薪到向市场要薪

薪酬是影响员工利益、影响员工积极性的关键因素，传统上是企业给员工发薪,海尔将此转变为向市场要薪。传统做法是根据员工职位、能力、业绩等因素对员工的绩效进行评价,并区分不同等级确定薪酬,员工往往会高估自己的工作绩效,并与其他员工进行比较,对于所领到的薪酬会有不公平感,影响其工作积极性和努力程度。绩效评价中也难以避免主观因素的影响,领导者对于员工薪酬具有决定权,薪酬很难准确与绩效挂钩,因此传统的企业发薪有许多弊端。海尔的向市场要薪则将薪酬规则明确与市场表现挂钩,与创造的用户价值挂钩,实现"我的用户我创造,我的增值我分享",薪酬规则明确,员工可以及时查看影响自己薪酬的因素及差距,从而激发了员工的积极性,如图8-8所示。海尔的向市场要薪机制主要有预酬、"关差"、实酬三个前后连接的流程,如图8-9所示。

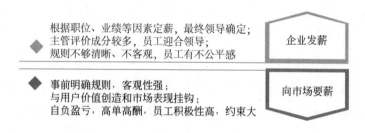

图8-8 从企业发薪到向市场要薪

图8-9 海尔的预酬机制

(1)预酬环节规则明确

在预酬环节,海尔设置了明确的薪酬规则,规则设置在前,明确签订契约,避免在事后定规则。传统上企业一般采用职位薪酬管理方法,领导拥有很高的决策权,员工听命于领导,而非听命于用户,薪酬的评定具有主观性,而且一般员工的薪酬受绩效影响小,绩效提高时员工要求更多薪酬,绩效变差时员工却一般不易接受薪酬降低。海尔创新地采用了人单酬制度,其基本做法是:规则透明、高单高酬、自负盈亏、超利分成、自主分配。根据单（目标）的高低确定薪酬标准的高低，单如果具有第一竞争力，就会获得一流的薪酬，从而激发经营体去制定有第一竞争力的目标，单具有第一竞争力就会为用户创造价值，让企业取得回报，员工和股东利益均得以保证。如果经营不好则需要降低薪酬甚至是经营体自己借钱发薪，员工由旱涝保收的被雇佣者变为承担风险的创业者。根据单的完成情况来确定实际薪酬，对于超出目标利润的超额利润，经营体缴足利润后可以分享超额利润。而对于经营体内部薪酬如何分配，经营体可以自主决定，具有完全的分配权。

（2）获得预酬就需要努力"关差"

单确定了，目标就明确了，预酬对应单的各个目标也就分别确定。根据实际执行情况，实际和目标之间的差距会带来实际薪酬和预酬的差异，海尔建立了一套人单酬信息体系，以人为单位，每个人都有自己的人单酬表，可以及时清晰地查阅自己的收入、费用、损失等信息，能够清楚自己薪酬的差距。而减小薪酬差距实现预定薪酬的方法就是关闭现状与目标之间的差距，即"关差"。实现预定薪酬会激励员工不断努力去"关差"，做大薪酬包。

（3）根据设定的规则和实际完成情况确定实际薪酬

通过预酬，员工可以得知薪酬标准和分配方法，而目标实际完成情况会决定实际薪酬情况。实际薪酬与预酬之间的关系一般有四种情况：

①如果实际情况低于行业平均水平，只能获得最基本的薪酬，而且员工需要在限定时间完成目标，否则可能被"优化"；

②如果实际完成情况达到行业平均水平，对应的薪酬为行业薪酬水平的90%，并制订改进计划；

③实际完成情况略高于行业平均水平时，可以拿到行业内较高的薪酬；

④如果能够取得行业里最有竞争力的地位，则对应可以获得行业第一竞争力的薪酬。

海尔的向市场要薪、自负盈亏还改变了企业费用控制的方式，由他控变为费用自控、费用自挣。由于自主经营体的利益分配机制是自负盈亏，挣够费用，缴足利润，超利分成。费用控制往往是企业财务管理的难点；审核和控制费用往往需要提供大量的说明，经过多级的审批流程，费用控制效率低；有时简单刚性的控制费用可能会带来该做的投入被取消或者费用使用后带来的产出低，甚至会导致舞弊的现象。而实行自主经营体自负盈亏的机制后，经营体会权衡费用的投入及其对利润的影响，提高费用的投入产出比。比如，以前按照不同职级、不同城市标准等制定的差旅费标准比较复杂，严格控制，而这些自主经营体会根据自己需要来确定，不再需要统一和刚性控制。

第五节 从全面预算到超越预算

一、传统预算的弊端

在大规模生产模式下,企业注重提供高性能产品和服务,注重内部管理效率和成本控制,预算管理对于提升管理效率发挥了重要作用。但随着外部商业环境的变化,企业创造价值模式、员工及组织形态等都发生了变化,传统预算的弊端愈加显露。传统预算的主要弊端如图8-10所示。

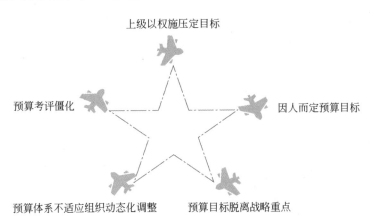

图8-10 传统预算的突出弊端

1.上级以权施压定目标

对于目标的制定程序,比较常见的一种说法是上下结合,即下级报目标,上级进行审核,反复沟通确定目标。理论上这一程序的好处是下级掌握具体运营和市场情况,提出的目标会有依据,而上级掌握战略规划,可以使目标满足战略需要。上下级就目标制定的过程是一个信息沟通的过程,是博弈的过程,可以提高目标制定的科学性。而事实上,具有优势的是掌握资源和权力的人,上下结合的过程基本会变成形式上是上下沟通、实质上由权力高的上级决定的过程。如此制定的目标往往会偏离市场或者简单将目标压制给下级，使其自主性和积极性受到打击。而如果下级掌握更多信息，制定的预算目标松弛，则会导致企业效率低下、价值受损。

2. 因人而定预算目标

传统上企业确定预算目标首先会考虑现有团队的能力限制，在现有团队能力基础和企业具备的资源条件基础上确定目标，而这一目标可能并不能满足竞争和战略实施的需要。然而，企业资源的集聚和取得并非易事，企业往往会限于资源条件确定目标。而具备资源整合能力和开放式的企业可以依据竞争和战略需要确定需要实现的目标，根据目标需要进行资源整合。

3. 预算目标脱离战略重点

我们已经进入以互联网、新经济为代表的新时代，而许多企业的预算管理仍然停留在过去工业时代的管理理念和方法上。在工业时代，企业注重营业收入、利润等财务目标，企业一味控制成本、费用，而在新经济时代，企业价值创造模式创新需要实施战略变革，用户资源、以用户为中心的效率提升等显得颇为重要，应将这些重要变量进行量化纳入预算目标才能促进企业价值创造模式创新的落地。预算的资源配置不应以成本、费用最小为基准，而应以提升用户价值、获取价值增值为基准。

4. 预算体系不适应组织动态化调整

伴随企业商业模式创新、战略变革、企业转型，企业需要对组织进行调整，而组织调整的一个方向是组织划小，责任单元变小。而且组织的调整日益经常化。预算体系从编制、执行到考评都要适应组织的调整，从目标分解到控制和考评都以调整后的组织为基础，这就需要企业建立一套基于IT系统的管理会计报告系统，支持组织调整，提升预算管理效率。

5. 预算考评僵化

预算考评方法僵化，难以激发员工的积极性。常见的预算考评方法是将主要的预算目标设置权重，根据完成预算程度设置绩效薪酬。不合理之处往往有以下几种情况。一是目标单一并将考评标准确定为是否完成预算,这样会导致被考核单位在难以完成预算时放弃努力,因为没有100%的完成率,结果都是一样的。而一旦完成目标后不再努力,因为完成多高都是一样的。二是目标并非来自市场和用户,制定的目标缺乏合理性,可能预算目标完成了,但企业的发展低于行业水平,竞争力还变差了。或者完成了预算目标但用户的满意度并未提高,用户资源并未增加,未能挖掘用户价值。

二、超越预算的由来

管理大师德鲁克有一句名言:动荡时代最大的危险不是动荡,而是延续过去的逻辑。

由于传统预算在编制、考评等方面的弊端,如今已在传统预算的基础上发展出改进预算、超越预算等概念和理论。

改进预算(Better Budgeting)聚焦于简化传统预算,比如只对公司成功的关键业务流程编制预算,管理者需要透彻地分析关键和核心的流程,从基础开始编制预算而不是简单依靠历史数据。

超越预算(Beyond Budgeting)不是对传统预算的改良,它不再使用预算管理作为企业管理的工具,而是建立一套新的管理机制。跨国型高新科技制造业联合会(CAM-I)于1998年成立了超越预算圆桌会议论坛(BBRT),有34个企业参加,超越预算的概念得以推广。该组织认为,超越预算是为了激发有能力的员工从由上而下的绩效合同中解放出来,使他们能够满足顾客并持续获得竞争优势。他们认为,传统预算非常耗时,其价值却很低,应该被替代,不再编制传统预算,而将组织进行分权管理,在此情况下管理公司绩效。例如,北欧化工公司放弃预算,转而采用标杆管理、平衡计分卡、作业成本管理、滚动预算等管理工具代替预算编制过程。

从对传统预算变革的程度和应用某类别预算的公司数量看,传统预算、改进预算与超越预算的关系如图8-11所示。

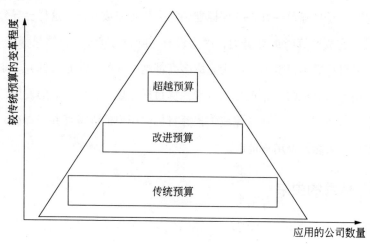

图 8-11　几类预算的变革程度和应用数量

三、超越预算的原则

针对传统预算在目标制定、资源分配、控制方式等方面的弊端，超越预算提出了不同的理念。表 8-2 对比了传统预算与超越预算在一些关键管理要素上的差异。

表 8-2　传统预算与超越预算在一些关键管理要素上的差异

管理要素	传 统 预 算	超 越 预 算
目标	一般是年度固定的目标，内部导向	能够持续获得竞争优势的相关目标、自定目标，市场导向
报酬	激励完成个人目标，可能会产生不合理行为	激励完成用户导向的战略目标
资源	集中分配资源，比较低效，可能会产生浪费	按需分配资源并减少浪费
协调	由于采用集中方式的协调，不能很好地满足用户需求	与用户之间动态连接，快速满足用户需求
控制	通过财务数字比较实际与预算差异进行控制	具备多维度、多层级的信息系统数据

通过传统预算与超越预算的对比可以看出，超越预算更强调以市场为导向确定有竞争力的目标，强调将组织分权，给予基层、下级更多自主权，使组织能够快速响应客户需求，并建立多维度的信息系统促进信息共享。

超越预算有如表 8-3 所示的关键原则，这些原则可分为关键绩效管理原则和关键领导原则。

表 8-3　超越预算的 12 条原则

序号	关键绩效管理原则	序号	关键领导原则
1	超越竞争者	7	创造基于持续获得竞争优势的绩效氛围
2	基于团队竞争获胜而激励	8	建设有共同目标、清晰价值观和共享收益的团队
3	制定持续且独特的战略	9	为一线团队提供行动自由和能力
4	根据需要提供充足的资源	10	节约资源，实现资源价值增值
5	通过模拟市场方式协调交互活动	11	建立能够响应客户需求的网络型组织
6	向各层级开放信息并及时提供	12	建立透明和开放的信息系统

超越预算倡导建立新型组织，主要包括：

① 减少组织层级，使组织更加灵敏，能够对外部环境的变化进行快速应变，在不确定的环境中进行正确决策；

② 组织是动态的，能够选择出优秀的管理者和合作伙伴；

③ 降低组织运行的成本；

④ 组织能够不断地自我完善和成长；

⑤ 授权给基层员工，鼓励创新。

四、超越预算的过程

超越预算认为，可以通过两个阶段来对企业管理进行改进，如图 8-12 所示，第一个阶段是建立适应性管理流程，提高价值创造水平；第二个阶段则是建立分权化组织，将权力由最高层转移至基层。

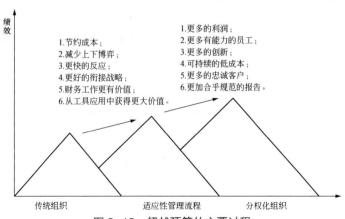

图 8-12　超越预算的主要过程

适应性管理流程主要有六项原则：

① 以绩效最大化为目标；

② 基于相对进步程度进行绩效评估和表彰；

③ 制订全覆盖、持续不断的行动计划；

④ 按需要配置资源；

⑤ 基于用户需求的趋势与其他公司合作；

⑥ 通过相对指标对绩效进行控制。

分权化组织的六项原则包括：

① 建立一个原则明确、界限清晰的管理架构；

② 营造一个基于比较评判高绩效的工作氛围；

③ 在组织目标和原则之下，给予部门或员工独立决策的自由；

④ 赋予一线部门创造价值的责任感；

⑤ 培养员工对用户的责任感；

⑥ 建设透明的信息系统，传递一致的信息。

超越预算是一种原则性框架，其中的一些理念很先进，但是它忽视了预算的货币属性，而货币属性是众多利益相关者所关注的，也是实现股东财富最大化目标所依据的重要信息。没有预算，对于制造企业的库存管理、生产等都是巨大的挑战。同样地，企业也需要对现金进行预算以保证资金的流动性。没有预算将会导致企业无法为股东、分析师及其他利益相关者提供具有前瞻性的信息，也无法为银行提供未来的预测信息。另外，预算是一种事前估算，可以对收入、利润、现金流等进行估算，是决策的依据。预算的功能不仅是控制，还有决策支持。

对于全面预算管理中存在的问题，不是摒弃预算，而是要超越传统预算。我们在此使用超越预算的概念，并不是完全套用其原则与理论框架，而是要在当今价值创造模式创新和组织革新的背景下，将传统预算进行创新，使其能够适应企业价值创造模式和组织变革的需要，提升全面预算管理对企业战略转型的支撑作用，提升管理效率。